主编简介

邓纯东 男，1957年生，马克思主义研究院党委书记、院长，研究员、硕士，博士后合作导师、中国社会科学院研究生院博士生导师，第十三届全国政协委员，全国政协社会和法制专门委员会委员。

主持国家重大交办委托课题和特别重大交办委托课题多项；主持国家社科基金课题4项。筹划马克思主义研究院每年主办的马克思主义及其中国化系列国内论坛10余个，国际论坛3个。

在《人民日报》《光明日报》《求是》等报刊发表理论文章10余篇。主编《中国特色社会主义理论“新思想 新观点 新论断”研究丛书》（6本），《社会主义核心价值观丛书》（12本），《中国梦与中国特色社会主义研究丛书》（10本），《中国道路为什么能成功丛书》（10本），《马克思主义中国化最新成果研究报告》（2013年起每年一卷）等丛书多部。

中国社会科学院
马克思主义理论学科建设与
理论研究工程项目

治国理政思想专题研究文库

人类命运共同体思想研究

邓纯东　主编

RenLei
MingYun GongTongTi
SiXiang YanJiu

人民日报出版社

图书在版编目（CIP）数据

人类命运共同体思想研究 / 邓纯东主编 . —北京：
人民日报出版社，2018. 1
ISBN 978 - 7 - 5115 - 5258 - 7

Ⅰ. ①人… Ⅱ. ①邓… Ⅲ. ①中外关系—文集
Ⅳ. ①D822 - 53

中国版本图书馆 CIP 数据核字（2018）第 010496 号

书　　名：**人类命运共同体思想研究**
主　　编：邓纯东

出 版 人：董　伟
责任编辑：周海燕　孙　祺
装帧设计：中联学林

出版发行：人民日报出版社
社　　址：北京金台西路 2 号
邮政编码：100733
发行热线：（010）65369509　65369846　65363528　65369512
邮购热线：（010）65369530　65363527
编辑热线：（010）65369518
网　　址：www. peopledailypress. com
经　　销：新华书店
印　　刷：三河市华东印刷有限公司

开　　本：710mm × 1000mm　1/16
字　　数：233 千字
印　　张：13
印　　次：2018 年 8 月第 1 版　　2018 年 8 月第 1 次印刷

书　　号：ISBN 978 - 7 - 5115 - 5258 - 7
定　　价：68. 00 元

编者说明

中国共产党是高度重视理论指导、不断推进马克思主义中国化、善于进行理论创新的党。同时,我们党重视对马克思主义理论的学习和研究工作,重视用马克思主义中国化最新理论成果武装全党和教育人民,推进马克思主义大众化。

党的十八大以来,以习近平同志为核心的党中央坚持以马克思列宁主义、毛泽东思想、邓小平理论、“三个代表”重要思想、科学发展观为指导,坚持解放思想、实事求是、与时俱进、求真务实,坚持辩证唯物主义和历史唯物主义,紧密结合新时代条件和实践要求,以巨大的政治勇气和强烈的责任担当,对经济、政治、法治、科技、文化、教育、民生、民族、宗教、社会、生态文明、国家安全、国防和军队、“一国两制”和祖国统一、统一战线、外交、党的建设等各方面都做出了理论上的回答,以全新的视野深化对共产党执政规律、社会主义建设规律、人类社会发展规律的认识,进行艰辛理论探索,取得重大理论创新成果,提出一系列治国理政新理念新思想新战略。

围绕习近平总书记关于系列治国理政新理念新思想新战略的相关论述,学术界理论界发表了非常多的高质量的阐释性、研究性文章。为了更好地配合学习、研究和宣传习近平系列重要讲话精神,为了更好地推进和加强对习近平关于治国理政思想的研究,中国社会科学院马克思主义理论学科建设与理论研究工程决定编辑出版这套《治国理政思想专题研究文库》。文库从丰富的治国理政思想中撷取二十个方面的重要思想,分二十专题编辑出版。包括:《中国梦思想研究》《全面建成小康社会思想研究》《全面深化改革思想研究》《全面依法治国思想研究》《全面从严治党思想研究》《创新发展思想研究》《协调发展思想研究》《绿色发展思想研究》《开放发展思想研究》《共享发展思想研究》《意识形态工作思想研究》《民主政治建设思想研究》《经济建设思想研究》《社会建设思想研究》《文化建设思想研究》《生态文明建设思想研究》《民族工作思想研究》《国防军队外交思想研究》《"一带一路"思想研究》《人类命运共同体思想研究》。文库采集的论文来自党的十八大至党的十九大期间,在重要报刊上发表的部分理论和学术文章。

限于篇幅,不能把所有的高质量文章收入;基于编者水平,可能会遗漏一些高质量文章,另外,本书在选编工作中难免出现错误与不妥之处,敬请作者与读者一一谅解与指正。

2017 年 10 月

目　录

CONTENTS

“打造人类命运共同体”与中华优秀传统文化

张岂之*

一、“打造人类命运共同体”的重要意义

2014年,习近平总书记在阐述中国特色外交理念时提出了“打造人类命运共同体”的理念。2015年9月28日,在出席纽约第七十届联合国大会一般性辩论时,他对这个理念做了系统的论述。习近平总书记指出:“在联合国迎来又一个10年之际,让我们更加紧密地团结起来,做携手合作共赢的新伙伴,同心打造人类命运共同体。”

1848年,马克思、恩格斯在《共产党宣言》中对“科学社会主义”做了系统论述。他们期待在西欧,特别是法国和英国的无产阶级进行推翻资本主义统治、建立社会主义新社会制度的大革命。马克思、恩格斯将无产阶级的奋斗目标定为建立社会主义社会和共产主义社会,这是一个“人的自由全面发展”的社会。我们对此并不陌生,早在秦汉之际的《礼记》一书中就记载了前人理想的“大同”社会,并认为只有从衣食不愁的“小康”才能进入“天下为公”的“大同”世界。

十九世纪的英法没有发生无产阶级革命,也没有进入社会主义。1917年,俄罗斯发生了十月社会主义革命。当世界从1848年推进到2013年,时间过去了165年。习近平总书记在2013年3月访问俄罗斯期间提出全世界“构建人类命运共同体”的理念,强调和平、发展、合作、共赢是时代潮流。2015年10月16日,习近平总书记在世界减贫与发展论坛上发表主旨演讲,主张“消除贫困是人类共同的使命”,他向世界各国呼吁,“应凝聚共识,同舟共济,不断深化减贫工作,携手共

---

* 作者简介:张岂之,男,清华大学双聘教授,西北大学名誉校长、中国思想文化研究所所长,《华夏文化》主编,教授、博士生导师。

建没有贫困、共同发展的人类命运共同体”。

总之,马克思、恩格斯创立的科学社会主义,其基本精神和目标没有过时,因为它符合全人类的共同发展要求。但是如何实现这个伟大的理想,必须与时俱进。可以预见,中国马克思主义提出的同心打造人类命运共同体,才是实现世界和平、发展、繁荣、公平、正义的康庄大道。我们中国人实践社会主义核心价值观,不能离开对于全人类命运的关怀和思考。因此,我们应当在同心打造人类命运共同体的过程中,贡献更大的力量,努力使之实现。

二、维护世界文化的多样性,传承中华优秀传统文化

在我们没有谈到人类“共同价值”之前,就应认识并维护世界文化的多样性这一客观事实。人类文化的特殊性与普遍性辩证地联系在一起,不能割断。

每年5月21日联合国各国都开会纪念“世界文化多样性促进对话和发展日”。世界各国都具有自己本国民族特色的文化,正是因为文化具有鲜明的民族性,才愈益彰显出世界性。文化的多样性使世界文化之林百花齐放、绚烂多彩。文化的共同性在多样性中才便于交流和合作,否则,共同性便会转化为单一性,反而阻碍事物的创新和发展。

强调文化的多样性,也就是在强调文化的民族性和特殊性。对中华优秀传统文化而言,其本身的独特优势集中地体现在若干核心理念上。几年前,我和学术合作者尝试这样去表述:天人之学—天人和谐的探索精神,道法自然—顺应自然的辩证法则,居安思危—安而不忘危的忧患意识,自强不息—生生不息的奋斗精神,诚实守信—进德修业的立身之本,厚德载物—做人做事的根本原则,以民为本—中国古代政治的根本原则,仁者爱人—实现社会和谐的基本出发点,尊师重道—传道授业解惑的教育理念,和而不同—博采众长的会通精神,日新月异—与时偕行的革新精神,天下大同—指向未来的理想之光。

这些理念与孔子在春秋末期开创的儒学联系在一起。儒学是中华民族古代共同价值观的体现。孔子以前及其同时期,许多人都讲“仁”。“仁”必涉及人与人的关系。《论语》多处为“仁”规定界说。孔子不赞成把“亲亲”与“爱人”对立起来,认为“亲亲”是“爱人”的起点;同时,讲“仁”不能离开“亲亲”,也不应局限于此。《论语·颜渊》记载,樊迟问“仁”,孔子回答:“爱人。”一方面是“己所不欲,勿施于人”,另一方面是“己欲立而立人,己欲达而达人”,应将这两方面加以结合。孔子所说的“仁”是各种德目的总称。他曾提出其他德目,如恭、宽、信、敏、惠,认为“能行五者于天下为仁矣”。孔子非常重视孝道,认为人们心里尊敬父母才是真正的孝;如果没有孝心,赡养父母和饲养犬马又有什么区别呢?

战国中期,儒学传承发展者孟子曾说,君子身处富贵温柔之乡,不能丧失志向;身处贫贱困苦之地,不能改变人格;身处强暴威胁之时,不能丢掉气节,这才是真正的“大丈夫”。在他看来,君子有了这样宏大的志愿,就有了充塞天地之间的“浩然之气”,再伴以扎扎实实的行动,这就是实现“人”的价值的历程。

孔子、孟子关于“君子”的共同价值观的论述,是中华民族子孙们宝贵的精神财富。春秋战国时期产生的“百家之学”都为中华民族共同价值观做出了贡献。其中的儒学对中华古代价值观的影响更大。

儒学不是“神”的文化,而是以“人”为核心的道德文化,讲如何做人,做有道德、有理想、有作为的人;与人讲诚信,讲相互尊重,讲“己所不欲,勿施于人”。儒学不是宗教,而是人文文化,但它吸取了佛、道宗教中的某些优秀成分,加以改造,使自身更加充实。

儒学是讲爱心的文化,爱家乡、爱国家、爱大众、爱一草一木,即所谓“泛爱众而亲仁”。儒学是重视“民本”的文化,主张以民为本,继承了西周以来“明德保民”的政治思想。其特色是将道德和政治相结合,提倡“重民”“爱民”“保民”等。儒学是充满忧患意识、毫不懈怠的思想文化。“忧患”一词,最早见于《周易·系辞下》:“《易》之兴也,其于中古乎? 作《易》者,其有忧患乎?”忧患意识,也就是“安不忘危”或“居安思危”的意识,提醒人们身处太平顺达的境遇不忘记危险祸患,时常警戒,避凶趋吉。儒学是引导人们追求社会与自然和谐的文化,并鼓励人们营造人与人、人与自己内心的和谐,主张用和谐取代社会冲突。儒学不排斥中华传统文化中的其他优秀文化,主张“和而不同”,倡导博采众家之长的文化会通精神。儒学重视人才培养,主张经过努力人人都可以成才,它不是少数天才的文化,而是代表中华民族整体的文化。儒学是追求思想文化“活水源头”、与时俱进的文化。宋明时期的理学既保留了儒学的基本原则,又增加了许多新内容。

总之,儒学给中华儿女留下了许多宝贵的文化基因,需要代代守护,又要推陈出新。

三、中华优秀传统文化的会通精神

“会通”一词,最早见于《易大传·系辞上》。《易大传》是秦汉之际儒者们研究《周易》的成果,《系辞》是对其中理论宗旨的说明。《系辞》上说,不同历史时期的典章制度,其中有融会贯通之处;“圣人”研究典章制度,其中有融会贯通之处;“圣人”是研究典章制度融会贯通有成就的人,因而“会通”可以被认为是高深的学问。

从战国末到秦、汉,再到魏晋时期,约有 600 多年,主要是儒学与道家学说的会通，由此产生了魏晋玄学。从唐至北宋约有600多年，经过五代十国，又有儒学与佛教、道教的会通，从而产生了北宋时期开始的儒学新形态，称之为“宋明理学”。

中华文化不仅有国内各民族间的文化会通，而且重视对外域文化的研究；不仅重视语言文字的翻译，还侧重思想内容的介绍与阐释，以便从整体上加以理解，使之成为中华思想文化的有机构成部分。比如，从两汉之际传入中国的印度佛教文化，在中国是从整体上加以研究的，在唐代完成了佛教中国化的历程。十三世纪，在印度，佛教已式微，但那里佛教的许多教派和经典仍然可以在中国找到它的源头，这是我国佛教学者全面整理印度佛教文化的结果。我国佛教学者对东方文明和西方文明都做出了贡献。

值得注意的是，唐代开始的儒释道“三教”的会通，并没有取消或阻碍各自的发展，反而促进了彼此新的发展，形成了新的思想文化形态与学术流派。这反映了会通的独特创造力和思想文化的传承与发展的法则。这种学术和思想文化的会通精神，在中国近代仍然得到不断传承和发展，从而产生了“中西融汇”的学术大家。

四、古丝绸之路与二十一世纪“人类命运共同体”

西汉时期，中国西部玉门关和阳关以西的地域，即今天新疆乃至中亚地区，称为“西域”。当时，汉王朝遭到匈奴的侵犯，住在敦煌、祁连山之间的大月氏，以及祁连山下的乌孙等，都曾受到匈奴的袭击。汉武帝为保卫国土，派遣在宫廷担任郎官的汉中城固人张骞从长安出发，出使西域，历尽千辛万苦，用了13年时间，使中原人获得了前所未有的西域知识，并说服西域的一些国家共同抗击匈奴。

张骞两次出使西域，开辟了陆上丝绸之路，即从长安出发，经新疆，到中亚、西亚各国，再到意大利的威尼斯，全长7000余公里，在中国境内有4000余公里。

古丝绸之路在今天获得了新的巨大活力，正在为人类命运共同体服务。2013年9月，习近平主席出访中亚五国，访问哈萨克斯坦时，在纳扎尔巴耶夫大学讲演，他深情地说：“我的家乡在中国陕西省，位于丝绸之路的起点，站在这里回顾历史，我仿佛听到了山间回荡的声声驼铃，看到了大漠飘飞的袅袅孤烟。这一切，让我感到十分的亲切。”习近平主席出访期间提出了建设新丝绸之路的倡议，得到中亚五国的赞同。

还要谈到海上交通。唐代国力强盛，却没有大规模远行出使记录。事实上，随着海上贸易往来的发展，出现了从今天福建泉州出发的“海上丝带”。明清之际，尽管官方采取了“海禁”政策，但民间的海上交往并未停止。在郑和下西洋终止以后，中国的一些商人和平民，经过海上交通往来贸易，甚至到东南亚以及世界各地定居，成为今天海外华人的祖先，他们为中华文明远播做出了贡献。

习近平主席访问哈萨克斯坦时还提出，用创新的合作模式共同建设“丝绸之路经济带”，以点带面，从线到片，逐步形成区域大合作。经过三年的努力，大家可以看得很清楚，这个战略构想世界上已有几十个国家参加，是“打造人类命运共同体”的具体落实。这正如习近平主席 2016 年 9 月 3 日在 G20 峰会开幕式上所说：“‘一带一路’的倡议旨在同沿线各国分享中国发展机遇，实现共同繁荣……中国对外开放，不是要一家唱独角戏，而是要欢迎各方面共同参与；不是要谋求势力范围，而是要支持各国共同发展；不是要营造自己的后花园，而是要建设各国共享的百花园。”

人类共同价值是有的，世界上不同国家与民族的人民都想过上幸福的生活，这是大家共同追求的理想。这个理想如何实现？习近平总书记提出的“打造人类命运共同体”具有重要的理论和实践意义。归结到一点上，就是这个重大战略构想，既要有中华优秀传统文化，又要有世界上各国各民族优秀文化的支撑，才能够真正实现。

作为祖国优秀传统文化的学习者、研究者和传播者，我们今天和未来需要从时代的要求出发，用我们专业上的研究成果为“打造人类命运共同体”提供精神营养，从而实现我们的理想。

（原载于《山东省社会主义学院学报》2017 年第 1 期）

儒家大同思想与人类命运共同体建设

孙聚友*

当代社会,随着全球化进程的发展,人类面临着许多突出的难题需要解决。特别是世界各个文明之间如何和睦相处,和平与发展如何得以实现,成为人们共同关注的问题。中国提出的“一带一路”倡议,体现了“睦邻、安邻、惠邻”的诚意和“与邻为善、以邻为伴”的友善,是承贯古今、连接中外、造福沿途各国人民的事业,得到国际社会的广泛关注和积极支持。它强调共商、共建、共享原则,是促进共同发展、实现共同繁荣的合作共赢之路,是增进理解信任、加强全方位交流的和平友谊之路。“一带一路”倡议,其目的在于,秉持和平合作、开放包容、互学互鉴、互利共赢的理念,全方位推进务实合作,其目标是要构建一个政治互信、经济融合、文化包容的人类利益共同体、命运共同体和责任共同体。人类命运共同体意识,是以儒学为核心的中华文化自信的重要体现,是寻求与其他多元文明取长补短,合作共进的积极探索,它承载了对人类命运的历史思考,也是对当前全球化深入发展的现实回应。

人类命运共同体意识,具体表现为“五位一体”的布局和路径。政治上,要建立平等相待、互商互谅的伙伴关系。安全上,要营造公道正义、共建共享的安全格局。经济上,要谋求开放创新、包容互惠的发展前景,打造兼顾效率和公平的规范格局。文化上,要促进和而不同、兼收并蓄的文明交流。生态上,要构筑尊崇自然、绿色发展的生态体系。打造人类命运共同体,就要是建立合作共赢新型国际关系,它包括价值共识、制度实践和文化认同三个相互联系的层面。与西方全球主义的模式不同,人类命运共同体在价值共识上提倡真正的全人类价值,而不是所谓的普遍化的西方价值;在制度设计上尊重当前以联合国宪章为基础的秩序和规则,强调主权平等,反对帝国霸权;在文化上,主张尊重多样性,各文化间和而不

---

* 作者简介:孙聚友(1963—),男,山东社会科学院国际儒学研究与交流中心主任、研究员。

同,包容互鉴,反对文明优越论和普世论。这一观念的提出,与儒家的大同思想有着历史的相连,观念的相通,更有着价值上的相融。如果说儒家大同思想是古代思想家对于人类美好社会的理想追求,那么人类命运共同体意识,则是现代中国对于当今世界进步发展的理想追求。

因此,深入探讨儒家大同思想的当代价值,推动当今世界人类命运共同体的构建,对于实现儒家思想的创新性发展和创造性转化,深入认识和构建新型国际关系,解决当代人类社会面临的难题,促进世界文明的和谐发展,揭示儒家文化在当今世界文明发展的地位和价值,有着重要而深刻的现实意义和实践作用。

一、儒家大同思想的内容及其历史演变

大同社会展示了儒家对人类美好社会的理想构建,这一理想社会首先是在《礼记·礼运》篇提出的。关于大同社会的具体特征,《礼记·礼运》载:昔者仲尼与于蜡宾,事毕,出游于观之上,喟然而叹。仲尼之叹,盖叹鲁也。言偃在侧曰:“君子何叹?”孔子曰:“大道之行也,与三代之英,丘未之逮也,而有志焉。大道之行也,天下为公。选贤与能,讲信修睦,故人不独亲其亲,不独子其子,使老有所终,壮有所用,幼有所长,矜寡孤独废疾者,皆有所养。男有分,女有归。货恶其弃于地也,不必藏于己;力恶其不出于身也,不必为己。是故,谋闭而不兴,盗窃乱贼而不作,故外户而不闭,是谓大同。”大同社会,就是孔子所说的尧舜尚且没有达到的“博施于民而能济众”①的至善境界的社会。这一尽善尽美的理想社会,主要具有这样一些特点。

大同社会是“天下为公”的社会,天下为天下人所共有的社会,在这个全民公有的社会制度中,既包括权力的公有,又包括财物的公有。因而,大同社会实行的是选贤与能的管理体制,社会的管理者是被人们公正选举出来的贤能之才,只有选用德贤之人,才能得到民众的信服。正如孔子所说:“举直错诸枉则民服,举枉错诸直则民不服。”②选举贤能的权力属于全社会的民众,持守的原则是“不恤亲疏,不恤贵贱,唯诚能之求”③,选举的标准是以人的道德修养和管理能力为依据的。儒家认为,只有贤能之人管理社会,社会才能得到和谐有序地运行,而大同社会正是持守的选贤任能的人才管理机制。

在大同社会中,讲求信睦是构建良好人际关系的原则。持守诚信道德,是大

① 《论语·雍也》
② 《论语·为政》
③ 《荀子·王霸》

同社会对人的社会行为的基本要求。特别是管理者更要做到讲求信睦,合于道义,这样才能引导人们去践德行义。故孔子说:“上好礼,则民莫敢不敬;上好义,则民莫敢不服;上好信,则民莫敢不用情。”①孟子也指出:“君仁,莫不仁;君义,莫不义;君正,莫不正”②。管理者的行为合于诚信道德,这是实现人际关系和谐的重要基础。

在大同社会中,实行了良好的社会保障制度,人人皆有“所终”“所用”“所长”“所养”,既为社会发展贡献能力,又拥有社会保障的权力。人们视他人父母如自己父母,视他人子女如自己子女,真正实现了孟子所说的“老吾老以及人之老,幼吾幼以及人之幼”③。任何人都能得到社会的关怀,任何人都主动关心社会。社会管理者在治国理政时,必须实行以民为本、重民爱民的政策,保证民众的生存特别是弱势群体的生存。孟子曾说:“老而无妻曰鳏,老而无夫寡,老而无子曰独,幼而无父曰孤。此四者,天下之穷民而无告者,文王发政施仁,必先斯四者。”④实行爱民养民的仁政德治,重视社会弱势群体的生存,实行社会保障制度,这是儒家以民为本思想的重要表现,它充分指出了社会中的每一个人都有其不可剥夺的生存权利。保护每个人的生存发展,这是为政者所应担负的职能和义务,更是大同社会所具有的重要特征。完善的社会保障制度,和谐有序的社会运行秩序,成为大同社会的重要特征。人们依据自身的年龄性别而具有相应的社会分工,担负相应的社会职能,各尽其力。因此,大同社会没有尔虞我诈的阴谋诡计,整个社会处于安定祥和之中。大同社会,就是儒家追求的修己安人、治国平天下的社会管理目标的完美实现。

大同社会理想在儒家思想中占有重要的地位,它是儒家关于治国理政所应追求的价值目标,是历代政治家思想家所向往的社会目标。在古代社会中,许多有为的政治家思想家都对理想的大同社会进行了新的阐发,成为贯穿于中国传统社会的重要政治目标和社会理想。近现代以来,儒家的大同社会理想依旧为人们所关注和重视,围绕着如何实现大同社会理想,许多政治家和思想家结合社会的发展,对儒家大同社会进行了新的探讨,在促进中国社会和文明的进步中,产生了重要的作用和影响。儒家大同思想追求的是人类的和平相处,倡导的是人类的共同进步,这一价值观与当今世界的发展主题和人类命运共同体的建设,是相互贯通的。

---

① 《论语·子路》
② 《孟子·离娄上》
③ 《孟子·梁惠王上》
④ 《孟子·梁惠王下》

二、儒家大同思想与人类命运共同体建设

儒家大同思想作为儒家思想的集中表现,具有重要的现实价值。人类命运共同体意识,是超越民族国家和意识形态的"全球观",表达了中国追求和平发展的美好愿望,体现了中国与各国合作共赢的目标追求。

1. 儒家大同思想与人类命运共同体具有"天下为公"的价值共识。

与西方全球主义的模式不同,人类命运共同体在价值共识上提倡真正的全人类价值,而不是所谓的普遍化的西方价值。儒家的大同社会追求的是天下为公的社会,实现的是天下人共同的利益。

当今世界,人类生活在不同文化、种族、肤色、宗教和不同社会制度所组成的世界里,各国人民形成了你中有我、我中有你的命运共同体。虽然仍然存在着不同国家利益、不同宗教信仰、不同意识形态、不同社会制度的分歧甚至对立,但无论怎样,我们是共同的人类,有着共同的利益。人类命运共同体的建设,需要有共同准则,共同的准则才能保证人类整体利益的实现。而儒家的大同思想,可以为这一准则的确立提供重要的思想基础,这一思想基础就是天下为公。

儒家的天下为公思想,是建立在对人之所以为人的认识基础上的,是建立在人类应当如何生存发展的人文之道基础上的,是建立在对人的生存价值充分尊重和全面保护基础上的。儒家指出,仁是人的存在的本质属性的规定,"仁也者,人也;合而言之,道也"①。仁,既是指人之所以为人应具有的仁爱道德,又是社会运行发展所应实施的仁政德治人道。它表现于人的存在的各个方面,贯穿于社会活动的所有领域。无论是儒家对于人的存在的本质属性阐发,还是对于社会运行发展的人道揭示,都是围绕着仁德而展开的,都是以尊重和保护人的生存为目的的。由此仁德出发,儒家指出,实现社会的和谐进步,尊重人的生存权利,保障民众的生存发展,是为政者所应持守的仁德,是人道社会的基本特征。因此,儒家主张,为政必须实行以民为本、重民爱民的政策,重视对于弱势群体生存权利的落实和保障。孟子曾以周文王为例,指出文王之所以能够为周朝政权的创建奠定下厚实的根基,就是由于其在政治活动中实行了保民爱民的仁政,能够重视保证弱势群体的生存。他说:"老而无妻曰鳏,老而无夫曰寡,老而无子曰独,幼而无父曰孤。此四者,天下之穷民而无告者,文王发政施仁,必先斯四者。"②所以,为政者必须实施仁政德治,保证民众的生存发展。由此可见,儒家以民为本的理论价值在于,

---

① 《孟子·尽心下》

② 《孟子·梁惠王下》

它指出了社会中的每一个人，都有其不可剥夺的生存权利，保护每个人的生存发展，这既是为政者所应担负的职能和义务，是仁德的实践，更是人道社会所具有的特征。

儒家对于人的生存价值的尊重，对于和谐社会进步发展的追求，与人类命运共同体的价值追求，是相互贯通的。可以说，人类命运共同体意识的提出，就其价值追求而言，正是对儒家大同思想的继承发扬。以“和谐相处、合作共赢、和平发展”作为构建人类命运共同体的核心原则，与儒家“仁者爱人”“天下为公”的思想有着紧密的联系。中国坚定不移走和平发展道路，中国也希望世界各国都走和平发展道路，世界各国也应把和平发展的理念落实到各自的政策和行动之中。所以，国际社会应该携手努力，一起来维护世界和平、促进共同发展。只有这样，和平才有希望，发展才有希望。而要实现世界的和睦相处、和谐发展，共谋和平、共护和平、共享和平，其中很重要的一个方面就是要从思想上确立天下为公、和平发展的理念。儒家大同思想追求的是人类的和平相处，倡导的是人类的共同进步，人类命运共同体理论是以相互依赖、利益交融、休戚相关为依据，以和平发展与合作共赢为支柱，二者在价值观上是相互贯通的。

2. 儒家大同思想与人类命运共同体贯穿着“公平正义”的治理理念。

维护当今世界的和平，实现人类的共同发展，正确处理好国家之间的关系，促进世界文明的全面进步，是当今社会共同的话题。儒家大同思想倡导的公平正义的理念，与人类命运共同体所追求的全球治理观是相互一致的。

儒家大同思想追求的是整个天下人类的共同发展和进步，在大同社会中，政治上讲求选贤与能，经济上追求共同发展，人们之间彼此和睦相处，尽职尽能，整个社会安定祥和。这一公平正义的社会制度和理想追求，与人类命运共同体意识有着相互一致的目标趋向。人类命运共同体意识，在政治上主张要建立平等相待、互商互谅的伙伴关系，营造公道正义、共建共享的安全格局，在经济上谋求开放创新、包容互惠的发展前景，打造兼顾效率和公平的规范格局，在生态上构筑尊崇自然、绿色发展的生态体系，它追求的是世界各国在和平中走出一条和衷共济、合作共赢的新路子，推动构建以合作共赢为核心的新型国际关系，保证国际秩序朝着更加公正正义、合理有序的方向发展，更好地造福于世界人民。

儒家的大同思想，特别重视尊重和保障人的生存权利，主张人不独亲其亲，不独子其子，老有所终，壮有所用，幼有所长，矜寡孤独废疾者，皆有所养。这一仁者爱人、推己及人、博施于民而能济众的思想，也同样适应于国与国之间的关系。当今世界，贫国与富国之间的经济差距在不断拉大，发达国家和发展中国家以及不同发展中国家之间分配的不均衡现象继续加剧，这是导致整个世界动荡和混乱的原因之一。因此,从全球治理观出发,建立一个公平正义,共赢共荣的国际新秩序,实现世界各国的共同发展,才能有利于解决当今世界出现的各种问题。

而人类命运共同体意识,主张国际社会要本着相互尊重和相互信任的原则,通过积极有效的国际合作,共同构建和平、安全、开放、合作的世界秩序,建立多边、民主、透明的国际治理体系。全球治理理论的核心观点是,由于全球化导致国际行为主体多元化,全球性问题的解决成为一个由政府、政府间组织、非政府组织、跨国公司等共同参与和互动的过程,这一过程的重要途径是强化国际规范和国际机制,以形成一个具有机制约束力和道德规范力的、能够解决全球问题的"全球机制",而公平正义就是实现全球治理所应遵循的原则。

世界各国应当真正从全人类长远利益出发来考虑当今社会所面临的各种问题,而不是从短期国内政治需求出发来制定政策。各国之间的合作共赢,就是要倡导公平正义的理念。各个国家在世界关系中,树立双赢、共赢的新理念,在追求本国利益时兼顾他国合理利益,在谋求本国发展中促进各国共同发展,建立更加平等均衡的新型全球发展伙伴关系,同舟共济,权责共担。要尊重各国自主选择的社会制度和发展道路,尊重彼此核心利益,客观理性看待别国发展壮大和政策理念,努力求同存异、聚同化异。因此,全球治理体系的建设,一是应创造一个"各尽所能、合作共赢的未来",摈弃"零和博弈"狭隘思维,推动各国尤其是发达国家多一点共享、多一点担当,实现互惠共赢;二是应创造一个"奉行法治、公平正义的未来"。要提高国际法在全球治理中的地位和作用,确保国际规则有效遵守和实施,坚持民主、平等、正义,建设"国际法治";三是应创造一个"包容互鉴、共同发展的未来"。所以,人类命运共同体意识超越种族、文化、国家与意识形态的界限,为思考人类未来提供了全新的视角。政治上要坚持正义、秉持公道、道义为先,经济上要坚持互利共赢、共同发展,积极主动参与全球治理,构建互利合作格局,承担国际责任义务,打造人类命运共同体,这是推动世界和平发展、合作共赢的一个理性可行的行动方案。

3. 儒家大同思想与人类命运共同体蕴涵着"和而不同"的文化理念。

儒家大同思想,体现了儒家对于理想社会的追求,展示着人类对于美好生活的向往。而大同社会的实现,是以儒家思想贯穿始终的,是儒家所追求的治国平天下的价值目标。儒家关于人与人之间、国与国之间的相处之道,是以持守"和而不同"的原则为其鲜明特点的,它强调"己所不欲,勿施于人",主张"己欲立而立人,己欲达而达人"①。儒家提出的"己所不欲,勿施于人"的忠恕之道,至今仍是

① 《论语·卫灵公》

国际社会公认的伦理准则。而在历史上,中国也是真诚地把"忠恕之道"作为国际关系的处理准则。这些思想,同样也适用于人类命运共同体的构建。人类命运共同体的构建,离不开对人类各种优秀文明成果的吸收,儒家"和而不同"的思想,可以为人类命运共同体的构建,提供有益的启示。

人类命运共同体意识,倡导的是和平发展、和谐相处、合作共赢的国际观,主张世界各国人民应当和睦相处、和谐发展。构建人类命运共同体,在文化上,应当持守和而不同、兼收并蓄的文明交流原则,尊重不同文明的特点,维护文化的多样性,正确地学习借鉴、传承人类所创造的优秀文明,不断赋予其新的时代内涵,以适应当今世界的进步发展。

儒家文化崇尚和谐,倡导天人合一的宇宙观、协和万邦的国际观、和而不同的社会观、人心和善的道德观。在5000多年的文明发展中,中华民族一直追求和传承着和平、和睦、和谐的坚定理念。仁者爱人,以和为贵,己所不欲、勿施于人等思想,深深植根于中华民族的精神之中,构筑了中华民族为人处事、治国理政的行为方式特点。儒家所追求的大同社会理想,是儒家思想的集中体现。协和万邦、和而不同的思想,正是人类命运共同体构建所应持守的原则。因此,维护当今世界的和平,实现人类的共同进步,构建人类命运共同体,世界各国必须坚持相互尊重、平等相待;必须坚持合作共赢、共同发展;必须坚持不同文明兼容并蓄、交流互鉴;必须正确处理好国家之间的关系,实现文明的对话,寻求多元文明交流互鉴的新局面,寻求人类共同利益和共同价值的新内涵,寻求各国合作应对多样化挑战和实现包容性发展的新道路,做到以合作谋和平、以合作促安全,以和平方式解决争端。

儒家大同思想可以为人类命运共同体的构建,提供有益的借鉴,是促进当今世界和平与发展的重要思想资源。人类命运共同体意识兼顾了现实针对性与长远方向性,具有深远影响与巨大生机。大同社会的实现,是儒家修己安人思想的最终价值追求。这一理想社会的实现,是建立在修身的基础上的。唯有做到修身,始能齐家、治国、平天下。同样,人类命运共同体的构建,需要坚持"天下为公"的价值观,需要坚持公平正义的原则,需要坚持"和而不同"的理念,需要各国政府和团体共同的努力。尽管各国的政治体制、意识形态、经济策略、文化传统各有不同,但这并不妨碍人类命运共同体的构建。而如能持守儒家所主张的修身思想,做到个人道德的完善,拥有关爱众生的理念,实践"仁者爱人"的行为,那么,人类命运共同体的建设就会有着更为踏实的根基。

(原载于《东岳论丛》2016年第11期)

马克思哲学的“类”概念与“人类命运共同体”

贺　来*

随着改革开放进程的不断深入，中国已经不可逆转地成为整个“世界历史”的一部分，“人类命运共同体”的观念日益得到人们的关注和热议。从哲学视野对此进行深入反思，揭示“人类命运共同体”的深层思想根据，并为促进人们对于“人类命运共同体”的自觉提供思想力量，这是哲学不可回避的一个重大理论与现实课题。

对“人类命运共同体”的深刻关注和思考，是马克思哲学的核心议题之一。在一定意义上可以说，“人类命运共同体何以可能”这一问题构成了马克思哲学的深层的重要问题意识和价值关怀。围绕这一议题进行多方面探讨，将为马克思哲学与当代哲学和当代世界的对话与结合提供重要的理论生长点。本文仅从马克思哲学的“类”这一重要概念出发，阐发其与“人类命运共同体”之间内在的思想关联，以期从一个特殊的视角推动对此课题的研究。

一、“类”概念与对“人类命运共同体”自觉的价值追求

“类”概念是马克思哲学中的一个重要概念。但长期以来，人们把它视为费尔巴哈哲学抽象的人本主义的残余而没能给予应有的重视。费尔巴哈把人理解为一种具有“类本质”的存在，马克思为此批判其把“人的本质理解为‘类’，理解为一种内在的、无声的、把许多个人纯粹自然地联系起来的共同性”①，指出其脱离人的现实的社会关系理解人的本质，从而导致了对人的抽象化理解。因为这一缘故，人们常把马克思哲学曾使用的“类”概念与费尔巴哈的“类”概念等同起来，将其视为没有摆脱旧哲学痕迹的“不成熟”的表现。然而，如果深入思想史就会发

---

* 作者简介：贺来，吉林大学哲学社会学院、哲学基础理论研究中心。

① 《马克思恩格斯全集》第3卷，第5页。

现,前人的概念通过后来的哲学家的创造性阐释而重获生机,这是哲学史上屡见不鲜的现象。同样是"类"概念,由于马克思赋予了其独特的、崭新的含义,克服了对它的抽象化理解,使其获得了与费尔巴哈以及此前哲学中根本不同的内涵并焕发出重大的理论生命力。

"类",德文为"Gattung",英文译文为"species",按照德英辞典的解释,它具有kind、sort、type、class、genus、rece、family等意义。美国社会学家魏林曼综合以上含义,把"类"定义为:总集各种具有共同本质属性的存在物的一般概念。① 这即是说,"类存在"这一概念所指是具有某种普遍的、共同的根本性特质的存在物。因此,当哲学家用人的"类存在""类本质"等理解和规定"人的本质"时,实际上所要追问和回答的是:人区别于动物的、而为人所共同具有的、人之为人的本质属性是什么。因此,"类"这一概念以及与此相关的人的类本质、类本性、类存在等并没有什么特别的神秘含义。问题的关键并不在于是否使用"类"这一概念,而在于从何种哲学视野、运用何种哲学思维方式理解人之为人的"本质属性"。如果不能超越旧哲学的理论视野和思维方式,即使不使用人的"类本质"等概念,其结果同样将导致人的抽象化。马克思所否定的只是费尔巴哈对人的类本质的抽象理解以及他对人的本质加以抽象化的观念,但并没有因此否定去追问和寻求人区别于其他存在物的"普遍本质"这一根本问题。

与费尔巴哈不同,马克思不是把人的"类本质"理解为"内在的、无声的把许多人纯粹自然地联系起来的共同性"。在马克思看来,这种"共同性"是一种"抽象的普遍性",无法说明人的社会关系的差别性、丰富性和具体性。马克思从人的实践活动、从现实的社会存在的人出发理解人的"类本质",指出:"一个种的整体特性、种的类特性就在于生命活动的性质,而自由的有意识的活动恰恰就是人的类特性。"②"通过实践创造对象世界,改造无机界,人证明自己是有意识的类存在物,就是说这样一种存在物,它把类看作自己的本质,或者说把自身看作类存在物。"③"正是在改造对象世界中,人才真正地证明自己是类存在物。"④可见,当马克思使用"类本质"来表述人的"普遍本质"时,他为理解人的存在、人与世界的关系提供了一种与费尔巴哈有着根本区别的理论视野和思维方式。

把自由自觉的实践活动理解为人的"类本质",使无论是人与自然的关系,还

---

① 宋国诚:《马克思的人文主义》,桂冠图书公司1990年版。
② 《马克思恩格斯全集》第3卷,第273页。
③ 《马克思恩格斯全集》第3卷,第273页。
④ 《马克思恩格斯全集》第3卷,第274页。

是人与他人的关系,都呈现出一种特殊的一体性关系。正是这种一体性关系,蕴含着对"人类命运共同体"鲜明的价值追求。实践活动首先体现的是人与自然的否定性统一关系。它意味着人超越了动物的封闭的、单一的生存方式,通过人与对象本质的相互交换,向整个世界保持开放态度,从而形成整个世界的一体性的内在关系。对此,马克思说道:"动物和自己的生命活动是直接同一的。动物不把自己同自己的生命活动区别开来。它就是自己的生命活动。人则使自己的生命活动本身变成自己意志的和自己意识的对象。他具有有意识的生命活动。这不是人与之直接融为一体的那种规定性。"①动物与其生命生活的"直接同一性",意味着它与自然之间是一种没有区分的、天然的统一性关系,与之不同,人不是直接地占有对象,而是以实践的方式,把自身的本质力量对象化,把自然变为"人的无机身体",并因此形成与自然的以实践活动为中介的新型的否定性的统一性关系。

这里所谓"否定性统一",意味着人与自然的双重关系。一是指人与自然的"否定性"关系,即人通过实践活动占有自然界,否定自然界的"自在"存在状态,把人的本质和力量对象化于外部存在,把自然对象和力量转化成"为我的存在",使自然成为属人世界的组成部分,在此意义上,人是自然的否定者和超越者。但另一方面,人对自然的这种否定同时又是深入自然、与自然在更高的层面结合为一体的过程。实践活动既是人占有对象,同时也是人为对象所占有,对象化意味着互为对象、相互对象化和相互占有,只有当对象"成为对象性的人"时,人才能真正占有对象。人否定和超越自然的过程,也是自然借助于人的力量展示、发挥其潜能的过程。就此而言,人属于自然,自然也属于人,人与自然体现为相互归属的关系。在此意义上,人对自然的否定实质上是迈向与自然的更高的统一的内在环节。

人与自然的否定性统一需要通过人与人的社会关系才能变成现实。对此,马克思说道:"只有在社会中,自然界才是人自己的人的存在的基础,才是人的现实的生活要素。只有在社会中,人的自然的存在对他来说才是自己的人的存在,并且自然界对他来说才成为人。"②因此,人的类本质不仅体现在他与自然界的一体性关系中,而且也体现在人与他人的一体性关系之中。人与自然的关系只有在人与人的社会生活中才能获得其现实性:"只有在社会中,自然界才是人自己的人的存在的基础,才是人的现实的生活要素。"③马克思所期待和追求的是,随着社会

① 《马克思恩格斯全集》第3卷,第273页。

② 《马克思恩格斯全集》第3卷,第301页。

③ 《马克思恩格斯全集》第3卷,第301页。

历史的发展,人与人真正形成一种突破抽象力量的扭曲和控制的自由的一体性关系,这是人真正走向成熟和解放的根本标志。

在马克思看来,旧哲学的出发点是市民社会,而新哲学的出发点则是人类化的社会或社会化的人类。"人类化的社会"或"社会化的人类"这一概念最集中地体现了马克思对人的社会存在这一类本质的理解。在此,"人类社会"和"社会化的人类"所指的正是人与人之间一体化的自由状态,它既超越了抽象的共同体,也超越了抽象的原子化的个人,是"自由人"的内在统一所形成的"联合体"。"市民社会"的人是由"利己精神"统治的个人,在这种状态下,"人绝对不是类存在物,相反,类生活本身,即社会,显现为诸个体的外部框架……把他们连接起来的唯一纽带是自然的必然性,是需要和私人利益,是对他们的财产和他们的利己的人身的保护"。① 与之不同,人的类本质的真正生成"建立在个人全面发展和他们共同的社会生产能力成为他们的社会财富这一基础上的自由个性"②,它意味着,真正的个人自由不是建立在人与人相分隔的基础上,而恰恰以人与人的结合为前提,它不再把他人看成自身自由的束缚和限制,而是看作自身自由的条件与实现,不再把个人看成独立自在、没有窗户的封闭单子,而是看成"他自己为别人的存在,……而且也是这个别人为他的存在"。③ 以这种对个人自由的全新理解为依据,"个体的感性存在"与普遍的"类存在"之间的矛盾将真正得到克服和超越,个人自由与共同体的自由实现了一种内在的统一:一方面,"代替那存在着阶级和阶级对立的资产阶级旧社会的,将是这样一个联合体,在那里,每个人的自由发展是一切人的自由发展的条件";另一方面,"只有在共同体中,个人才能获得全面发展其才能的手段,也就是说,只有在共同体中才可能有个人自由"。④ 在此意义上,可以说,真正的个人自由以共同体的自由为条件,同样,共同体的自由也必须以个人自由的保障和实现为条件。正是在这种"个人"与"共同体"的互为条件和交互关系中,人与自然、小我与大我、自我与他我、个人与社会等在此都实现了本质的统一。这种"本质统一"的状态,就是人的"社会性"的真正实现。可以看到,马克思所说的人的"社会性"的真正实现状态所体现的正是"人类命运共同体"。在这种社会关系中,每个人与他人、个人与社会在根本利益上实现了内在的统一:既消除了群体对个人的压迫,也消解了个人对他人的支配。自由个性得到充分发展的个

① 《马克思恩格斯全集》第3卷,第185页。

② 《马克思恩格斯全集》第46卷上,第104页。

③ 《马克思恩格斯全集》第46卷上,第298页。

④ 《马克思恩格斯选集》第1卷,人民出版社1995年版,第294、119页。

人形成的联合体,即是人类命运共同体。在这种共同体中,每一个人命运与共,每个人的自由发展与其他人的自由发展息息相关。在此意义上,“类”概念所表达的正是马克思哲学对“人类命运共同体”的价值追求。

二、“类思维”与“人类命运共同体”的思想基础

马克思哲学的“类”概念不仅蕴含着对“人类命运共同体”的价值追求,而且还内在包含着理解“人类命运共同体”的思想基础。它彰显了一种人的自我理解的崭新思想视野和思维方式,我们可称之为“类思维”,“类思维”是对“物种思维”的超越,而后者正是造成人与人的分裂并瓦解“人类命运共同体”的思想根源。“类思维”通过对“物种思维”的克服,为“人类命运共同体”奠定了重要的思想基础。

这里所谓“物种思维”,特指一种以认识“物”的方式去理解人的存在的思想观点和方法,运用这种观点和方法进行人的自我理解,必然导致人与人的分裂和瓦解,从而使一切真实的共同体成为不可能。概括而言,人们在认识“物”时,通常运用的是一种对象化的思维方式,即把物当成一种“现成存在者”,并运用知性的方式来进行认识。“物种思维”与物所具有的“封闭性”“孤立性”和“无矛盾性”等存在特性是相一致的。形式逻辑的“同一律”“矛盾律”与“排中律”所体现的正是物的存在特性。“同一律”与其自我同一性特征是正相适应的,“矛盾律”与其片面性特征是相适应的,“排中律”与其封闭性与单一性特征是相适应的。一句话,“物种思维”所代表的是与物的存在相适应的思维方式。

然而,上述“物种思维”只适用于物的存在,而不能用之来理解和认识人的存在,否则必然会导致人的抽象化。运用“物种思维”理解人的存在,意味着遵循如下基本原则:首先,把人与其他存在物区别开来,寻求人区别于其他物的、唯有人才具有的特征和属性;其次,从人身上的诸多特征中寻找和发现最“本质”、最“根本”的内容,并把它确定为人之为人的本质规定;最终,以这种“人之为人”的本质规定为根据,就可获得关于人的“本真存在”的认识和理解。很显然,这种思维方式本来是与上述封闭的、孤立的、无矛盾性的物的存在相适应的,以这种思维方式来把握人,必然导致人的“物化”;无论是人与自然之间开放的一体化关系,还是人与人之间的开放的一体化关系,都将被割裂和瓦解为封闭的、片面的、单一化的和实体化的抽象存在。

正如前面所阐发的,人的生命存在与物有着根本不同。如果说物的存在是自我封闭的,那么,人的存在则是面向整个世界开放的,其存在的特殊性不仅体现在与其他物的区别和界限,更体现在与自然、与他人的开放性的一体性关系之中。

它打开了物种生命自我封闭的循环圈,使自己的世界与整个世界融为一体。因此,人之为人的独特性,不仅不在于物种思维所强调的物与其他物的隔离性与疏离性,恰恰相反,而是在于人与万物、与他人的相通性与相融性。在此意义上,要克服对人的抽象化理解,就必须超越人的自我理解上的"物种思维",确立与人的生命存在特性相适应的哲学观点和思维方式。

马克思的"类"概念正是作为这样一种哲学观点和思维方式而产生的。它以"类思维"取代了"物种思维",实现了对人的具体的把握。这一人的自我理解的深刻变革,为"人类命运共同体"奠定了坚实的思想基础。具体而言,在人的自我理解上,"类思维"与"物种思维"将具有如下根本区别。

首先,"类思维"不是简单地寻求区别性,而是一种在区别性中同时又试图超越区别性并寻求统一性的思维,而这正是与人的存在特性相一致的。人来源于自然,在此意义上,人与其他物种一样,存在与其他存在者的区别和界限,但是,人的"类本质"在于它能够超越物种的区别和界限,与其他物,与其他人之间建立本质性的一体性关系,它并不否定人与物、人与他人之间的差别性,但是,人之为人,恰恰在于能够通过实践活动,向整个世界、向他人开放,并与之结成内在的否定性统一关系。这种关系,已完全超越了物与物之间封闭的、孤立的和隔离的关系,而成为既有确定区别,同时又本质性内在一体的"类"关系。

其次,"类思维"是一种体现着人的"自由自觉"本性的思维。它意味着,上述人与物、人与人之间的内在一体关系不是"自在""自发"地形成的,而是在实践活动中,通过人们的自由、自觉的创造性活动自为地建立起来的。这是"人生在世"对待和处理与世界关系的特有方式。马克思曾说道:"动物和自己的生命活动是直接同一的。动物不把自己同自己的生命活动区别开来。它就是自己的生命活动。人则使自己的生命活动本身变成自己意志的和自己意识的对象"。① 有意识的生命活动表明人与物的根本区别不在于某种唯有人具有的某种具体属性和特点,而在于其"自由"和"自主性",正是这一独特的存在方式,使得其可以突破物种的局限,与万物和他人"结缘"而形成否定性的统一关系。

第三,"类思维"是一种把人的"个性"与"社会性"内在统一起来的思维。人与他人的社会化的一体性关系是以个人的独立性为前提并以其个性的充分发展为条件的,因而这种一体性关系是包含着个性、差异性和多样性的"具体的普遍性"或"丰富的统一性"。对于物而言,是不存在真正意义上的"个性"的,它们完全属于其所隶属的物种,被物种的共同规定性所宰制,因而对它而言只存在抽象

---

① 《马克思恩格斯全集》第3卷,第273页。

的普遍性和单一的同一性。与此不同,人与人的社会化的一体性关系与个性的自由发展是相辅相成的、不可分割的辩证统一关系:一方面个性得到自由发展的个人同时也是其"社会性"得到充分展现的个人,只有在个人越是发挥其自由个性的条件下,"自由人的联合体"才真正成为可能;另一方面,人与他人在实践活动中所生成的社会关系也构成了个人自由发展的条件,正如马克思所说的:"只有在共同体中,个人才能获得全面发展其才能的手段,也就是说,只有在共同体中才可能有个人自由。"①

从以上分析可以清楚地看出,马克思的"类"概念所彰显的"类思维"代表着一种完全不同于"物种思维"的理论原则与思维方式。它超越了物种思维封闭性、片面性和孤立性的理解方式,把人真正理解为在与他人内在统一的社会化的、一体性关系中生存发展的开放性和包容性存在。这种新哲学意识充分彰显了人类相互依存、命运与共的整体性与内在相关性,以之为根据,才能避免那种把人与人的关系割裂、孤立开来的观念和倾向,从而为"人类命运共同体"奠定坚实的思想基础。

三、破除"抽象对人的统治":生成"人类命运共同体"的现实道路

马克思哲学的"类"概念不仅蕴含着对于"人类命运共同体"的价值追求,奠定了"人类命运共同体"的思想基础,而且还为"人类命运共同体"的生成提示了现实的道路,那就是必须消解种种把人与人隔离开来的抽象力量,破除"抽象对人的统治",不断促进人与人之间的团结,推动人与人的自由联合,从而推动"人类命运共同体"成为现实的可能。

在历史和现实中,存在着种种把人与人隔离开来的、造成人与人相对立和冲突的抽象力量。在前现代社会,这种抽象力量最典型地表现为共同体中"支配一切的抽象权力",在现代社会则最典型地表现为"支配一切的资本逻辑"。

按照马克思的观点,从人的历史发展的角度看,前现代社会的根本特点是"以人的依赖性为前提的人的独立性",马克思说道:"我们越往前追溯历史,个人,从而也是进行生产的个人,就越表现为不独立,从属于一个较大的整体"。② 这一更大的"整体"即是个人之上的"共同体"。与个人相比,"共同体"是真正自因自足的实体,而个人则是依附于这一实体的"偶性"和附属品;"共同体"是真正的目的和意义,个人只有在这一整体中通过"分享"整体所分配的角色和地位才能获得存

---

① 《马克思恩格斯选集》第1卷,人民出版社1995年版,第119页。

② 《马克思恩格斯全集》第46卷上,第21页。

在的价值和意义。可见,在共同体和个人关系中,只有前者是自足、自因和自由的存在,后者无条件地束缚于前者因而是微不足道的部分。马克思认为,这种"虚幻的共同体"对于个人来说,完全是"新的桎梏"①。

支配一切的"共同体的权力"形成了双重后果。一是造成了"抽象共同体对个人的控制",从而导致了共同体与个人的分裂;二是造成了"共同体的实体化",从而导致了不同共同体之间的分裂和对抗。

"共同体与个人的分裂"是共同体"支配一切的权力"的必然后果。相对于个人,"共同体"具有绝对的统治地位,与之相比,个人微不足道。马克思把"共同体"与"个人"之间的这种关系概括为"把社会当成抽象的东西同个人对立起来",并把这种意义的共同体称为"虚幻的共同体"。"共同体"与"个人"的分裂实质上是人与人的分裂,这是因为,"虚幻的共同体"之"虚幻",体现在"共同体"实质上是由共同体中占据统治地位的"特殊阶级"和"利益集团"所代表的虚假的普遍性,"正是由于特殊利益和共同利益之间的这种矛盾,共同利益才采取国家这种与实际的单个利益和全体利益相脱离的独立形式,同时采取虚幻的共同体的形式"。② 社会生活中占据统治地位的"特殊阶级"和"利益集团"把自身视为"共同体"的代表,"以便把自己的利益说成是普遍的利益",通过这种方式,使得他们对社会生活中其他个人的"实际的干涉和约束成为必要"。在此意义上,"共同体"和"个人"的分裂实质上是共同体中一部分人对另一部分人的控制和支配并因此形成的分裂。

"共同体"与"共同体"之间的分裂和"共同体"与"个人"的分裂是内在关联在一起的。"共同体"的代表者把共同体视为满足自身利益的工具和手段,对于他们而言,"共同体"是其特殊等级的扩大和延伸,这使得其产生一种幻觉,即其私人利益与共同体的普遍利益具有一致性。以此为前提,他们必然把共同体视为实现其特殊利益的封闭整体,并把一切异于其所属共同体的其他共同体视为威胁。在对其他"共同体"的占有和征服中不断扩大和膨胀其特殊利益,乃是冲突、纷争和战争的根源。因此,"支配一切的共同体权力"引发"共同体"之间的分裂具有内在的必然性。

在马克思看来,"支配一切的资本逻辑"是现代社会占据统治地位的抽象力量:"个人现在受抽象统治,而他们以前是互相依赖的。但是,抽象或观念,无非是

---

① 《马克思恩格斯选集》第1卷,人民出版社1995年版,第119页。

② 《马克思恩格斯选集》第1卷,人民出版社1995年版,第84页。

那些统治个人的物质关系的理论表现”。① 这里所谓“个人受抽象统治”，所意指的即是个人受“资本逻辑”这一抽象力量的控制。“资本逻辑”使资本的关系成为统治现实生活的“唯一的”、绝对的关系，把人的生命中一切丰富的因素，社会生活中的一切内容，都还原和蒸馏为抽象的“交换价值”。它操控一切、使一切发生扭曲和颠倒，它如同传说中的巫师，把“一切人的和自然的特性变成了它们的对立物”；更重要的是，资本的逻辑在根本上是一种社会关系的逻辑。在这种社会关系中，作为资本人格化代表的资本家为了其支配地位，必然会极力把资本逻辑的抽象统治永恒化。对此，马克思这样概括道：“你们的利己观念使你们把自己的生产关系和所有制关系从历史的、在生产过程中是暂时的关系变成永恒的自然规律和理性规律。”②

“支配一切的资本逻辑”同样造成了双重结果：一是造成了个人与个人之间的分裂，二是造成了以民族国家为主体的共同体之间的分裂。“支配一切的资本逻辑”必然导致人与人之间的分裂。马克思指出：“在‘市民社会’中，社会联系的各种形式，对个人说来，才表现为只是达到他私人目的的手段，才表现为外在的必然性。”③“资本逻辑”使得人的自由自觉的劳动退化为一种“抽象劳动”，“劳动”脱离了真实的劳动主体而成为一种为劳动主体之外的神秘力量服务的工具，这种神秘力量就是“资本”和作为资本人格化身的“资本家”，他的“劳动不属于他；他在劳动中也不属于他自己，而是属于别人”。④“自由这一人权不是建立在人与人相结合的基础上，而是相反，建立在人与人相分隔的基础上。这一权利就是这种分隔的权利，是狭隘的、局限于自身的个人的权利。”⑤“私有财产这一人权是任意地(à son gré)、同他人无关地、不受社会影响地享用和处理自己的财产的权利；这一权利是自私自利的权利。这种个人自由和对这种自由的应用构成了市民社会的基础。这种自由使每个人不是把他人看作自己自由的实现，而是看作自己自由的限制。”⑥很显然，建立在“人与人相分隔”“自私自利的权力”基础上，人与人之间的关系必然处于分裂状态。

在现代社会，“支配一切的资本逻辑”是与“民族国家”这一共同体的形成内在勾连在一起的。吉登斯曾指出：“资产阶级的出现只会通过其所掌握的已经建

---

① 《马克思恩格斯全集》第46卷上，第111页。
② 《马克思恩格斯选集》第1卷，人民出版社1995年版，第289页。
③ 《马克思恩格斯选集》第2卷，人民出版社1995年版，第2页。
④ 《马克思恩格斯全集》第3卷，第271页。
⑤ 《马克思恩格斯全集》第3卷，第183页。
⑥ 《马克思恩格斯全集》第3卷，第184页。

立起来的以国家机器为基础的统治权来进一步促进其经济目标。"①只有在"国家拥有行政权力,而且合法地垄断着相对完整的内部'秩序'"的条件下,资本逻辑运动所需要的基本前提才得以成立。② 因此,"资本逻辑"与"民族国家"共同体二者乃是现代社会相互支撑的"制度丛结"。"资本逻辑"具有永无止境地扩张和膨胀自己的特点和性质。为了不断为产品和资本赢得新的市场,资本必然要求自己走出民族国家的界线,跨越民族国家的边界为资本寻求海外出路和空间,这即是说,"资本的国际扩张"是资本逻辑运动的必然结果。"资本的国际扩张"一方面表现为把"过剩资本"输出到落后国家,就像列宁指出的那样:"只要资本主义还是资本主义,过剩的资本就不会用来提高本国民众的生活水平,而会输出到国外,以提高利润"。③ 这必然导致"先进国家"与"落后国家"之间的冲突与对立。另一方面,"资本输出国"之间为了争夺世界市场也难以避免地陷入激烈的争夺之中,并因此导致其冲突与对立。因此,"支配一切的资本逻辑"按其本性不可避免地会导致以民族国家为主体的共同体之间的对抗与分裂。

很显然,在共同体"支配一切的权力"和"资本逻辑"等"抽象力量"的统治下,人失去了自由自觉的、开放的、与他人在实践活动中实现内在统一的性质,而成为孤立、封闭和排他性的抽象存在。在此条件下,通向"人类命运共同体"的道路必然被堵塞。这一点,只要反观当代世界和人们的现实生活,就可以深切地认识到。在今天阻碍"人类命运共同体"成为可能的种种因素和力量中,马克思所指出和分析的上述两种抽象力量正扮演着关键的角色。可以说,在此问题上,马克思所给出的上述"病理学诊断"依然具有十分鲜明的当代意义。

因此,要超越上述人与人、共同体与共同体的分裂,推动"人类命运共同体"生成,首先必须超越"物种思维",唤醒和提升人的"类思维",并以此为引导,促进人与人之间、共同体与共同体之间的自觉联合,推动自觉的"类主体"的生成。正如前面已经指出的那样,"物种思维"的根本特点就是孤立性、封闭性和排他性,这是与物的存在方式相对应的思维方式。从马克思的"类"概念所彰显的"类思维"来考察问题,上述无论是"支配一切的共同体权力"还是"支配一切的资本逻辑"所造成的个人与个人的分裂和共同体与共同体的分裂,所体现的实质上正是"物种思维"。只有超越这种狭隘的思维方式,以"类思维"重新理解人与人、共同体与共同体之间的关系,"人类命运共同体"才能成为人们自觉追求的价值目标。

---

① 吉登斯著:《民主——国家与暴力》,胡宗泽等译,三联书店出版社 1998 年版,第 188 页。

② 吉登斯著:《民主——国家与暴力》,胡宗泽等译,三联书店出版社 1998 年版,第 192 页。

③ 《列宁选集》第 2 卷,人民出版社 1995 年版,第 578 ~ 579 页。

更重要的是要在实践活动中,不断祛除阻碍“人类命运共同体”生成的抽象力量,从而为“人类命运共同体”创造现实的条件。马克思指出,“建立在个人全面发展和他们共同的社会生产能力成为他们的社会财富这一基础上的自由个性”①,克服了“人的依赖关系”阶段和“以物的依赖性为基础的人的独立性”阶段的局限性,代表着可以预见的人类发展的最高阶段。在此阶段,人既不受超越个体生命之上的“抽象共同体”的支配,也不再受“支配一切的资本逻辑”的支配,个人与个人之间、共同体与共同体之间的分裂将因此而被自由人的联合体所取代。只有在此条件下,“人类命运共同体”才真正成为现实的可能。为此,人们必须通过自己的创造性活动,切实地否定和消灭统治人的“抽象力量”,为“人类命运共同体”开辟现实的道路。

(原载于《哲学研究》2016 年第 8 期)

① 《马克思恩格斯全集》第 46 卷上,第 104 页。

人类命运共同体与中国公共外交的方向

赵可金*

党的十八大以来,人类命运共同体成为中国外交中的一个热词,受到国内外舆论的广泛关注。在党的十八大报告中,首次提出了要倡导人类命运共同体意识。十八大以来,中共中央统筹国际国内两个大局,坚定不移地走中国特色大国外交之路,从理论上和实践上都丰富和发展了人类命运共同体的内涵。尤其是习近平主席在多个国际场合阐述人类命运共同体的内涵,与国际政要、大众传媒和社会各界阐述中国对人类命运共同体的理解,获得了世界上越来越多国家和民众的相应、理解和支持。人类命运共同体理念正在成为中国外交的一面新的旗帜,指引中国外交不断开创新的局面。

从国际社会到人类命运共同体

自威斯特法利亚体系确立以来,人们对世界的理解逐渐被"国际社会"(International Community)的概念所主导。国际社会的概念来自欧洲,是威斯特法利亚和会之后确立的,用来指由主权国家(后来转变为民族国家)构成的国际无政府社会。与国内等级化结构不同,国际社会是由众多主权国家构成的无政府社会,没有比主权国家更高的合法权威。长期以来,国际关系和国际法的主导原则就是主权平等,国家间政治(Politics Amon G Nations)成为国际关系的核心问题。在现实主义国际政治理论家汉斯·摩根索看来,国家间的政治无非就是强权政治,争夺权力、增加权力和炫耀权力是国际关系的常态,"强权即真理"成为国际社会的通用法则。美国著名外交家亨利·基辛格认为,自1648年以来,国际社会中的主导秩序就是势力平衡(Balance of Power)。

近现代五百年,也是国家间战争与革命的五百年。一方面,西方列强在势力

* 作者简介:赵可金,察哈尔学会高级研究员,清华大学国际关系研究院副院长、教授。

平衡的秩序下不断展开争权夺利的战争，甚至爆发了给整个人类带来深重灾难的世界大战；另一方面，在战争的洗礼下，被压迫国家和民族实现了政治觉醒，掀起了民族独立革命运动，先后获得独立，一大批社会主义国家通过走革命道路实现了国家独立和民族解放。然而，无论是欧美列强之间的世界大战，还是民族独立国家的社会革命，都没有根本改变近现代西方确立的“国际社会”，仅仅是通过建立联合国、IMF、世界银行、WTO 等一系列国际管制机构维持国际社会的和平与稳定。

真正推动国际社会发生革命性变化的是二战后波涛汹涌的全球化浪潮、如火如荼的信息技术革命。全球化浪潮在世界范围内释放了资本、技术、信息、劳动、管理等生产要素的全球化配置，不仅生产方式全球化了，生活方式也全球化了，整个世界成为你中有我、我中有你的利益共同体，“地球村”的概念已经成为现实。以互联网为载体的信息化浪潮更是将整个世界联结在一起，金融市场互联互通，资本流动异常活跃，气候变化日甚一日，跨国犯罪和大规模传染病在地球各地肆虐等一系列问题接踵而至，整个世界越来越成为一个一荣俱荣、一损俱损的命运共同体。

面对当今世界的新形势，即便是最坚定的现实主义者亨利·基辛格也开始意识到新世界秩序的重要性。在其《世界秩序》一书中，基辛格在继续强调势力平衡原则的同时，也强调国内政治合法性对国际秩序的重要性，认为除了欧美国家的政治合法性传统外，其他非西方文明的政治法统对未来世界秩序也十分重要。中国人对当今世界的理解正在从“国际社会”向“人类命运共同体”转变，相比“国际社会”，“人类命运共同体”更具开放性、包容性和合作性，它在尊重主权平等、不干涉内政、和平共处等国际关系准则基础上，强调维护国际公平正义，提倡正确义利观，倡导亲、诚、惠、容等周边外交新理念，倡导共同、综合、合作、可持续的新安全观，倡导建立不冲突、不对抗、相互尊重、合作共赢的中美新型大国关系，倡导遵守共商、共建、共享原则合作构建“一带一路”，等等。中国对世界的看法正在从欧美主导的“国际社会观”走向“人类命运共同体观”，这为中国外交和公共外交开辟了新的广阔空间。

正确理解人类命运共同体

2015 年 9 月，习近平主席在纽约联合国总部出席第 70 届联合国大会一般性辩论时，对人类命运共同体做了系统的阐述，认为打造人类命运共同体就是要建立平等相待、互商互谅的伙伴关系，营造公道正义、共建共享的安全格局，谋求开放创新、包容互惠的发展前景，促进和而不同、兼收并蓄的文明交流，构筑尊崇自然、绿色发展的生态体系。这是中国领导人第一次在联合国舞台上系统阐述中国人对人类命运共同体的理解，标志着中国外交上实现了从构建国际政治经济新秩序到打造人类命运共同体的转变。

人类命运共同体是中国人对当今世界的一种深刻理解，体现着中华文明的独特视角和思维方式，是中国智慧的集中释放。几千年来，中华文明历经沧桑，却始终保持着天下情怀。在中国人眼里，世界是一个和而不同的共同体，差异不是冲突的根源，而是和谐的前提。在面对不同族群、不同文明时，中国更多强调以和为贵、协和万邦，即使存在争执，也崇尚“己所不欲，勿施于人”，强调“四海之内皆兄弟”、“穷则独善其身，达则兼济天下”。在古典时代，面对来自游牧部落的袭扰和来自海洋的盗匪，中国人更强调文化天下，“远人不服，修文德以来之”。近代以来，面对西方列强的入侵，中国人不懈抗争，文化所蕴含的实力历久弥坚，最终在山河破碎的艰难境况下顽强地站起来，在中国共产党领导下建立了中华人民共和国。新中国成立以来，诚如周恩来总理所说，中国在外交上始终恪守中国人的哲学之道，坚持以和平共处五项原则为指导，广交朋友。改革开放以来，中国坚持对世界开放，积极融入国际社会，在参与世界事务中实现中国与世界的共同发展。不难看出，人类命运共同体的提出与中华文明的发展是一脉相承的，体现了中国人处理对外事务的独特方式，是中国智慧的产物。

人类命运共同体不仅是中国智慧的产物，也是对整个人类的重要贡献，完全可以成为全世界的公共产品。正确理解人类命运共同体的核心在于准确把握共同体的内涵和人类命运两个关键词。

首先，共同体不同于社会。德国著名社会学家费迪南·滕尼斯在其《共同体与社会》一书中区分了两者的内涵，滕尼斯认为共同体要么建立在自然基础之上的群体（比如家族、宗族等），这些群体依靠自然的血缘关系联结在一起；要么建立在历史上形成的自然联合体（比如村庄、城市）或思想联合体（朋友、师徒等关系），所有这些共同体的共性特点在于它们建立在有关人员本能的或者习惯性共同记忆之上，是一种十分紧密的联合体。相比自然形成的共同体，社会则是一种人为建构的联合体，比如商品社会、公民社会、国际社会等，社会依靠一种人为的机制比如阶级关系、族群关系、暴力关系等得以维系。滕尼斯的看法对我们理解共同体具有很大启发，根据滕尼斯的理论，人类命运共同体之所以形成，主要是一种自然的产物，比如全球化、信息化等客观历史发展进程为整个世界提供了互联互通的基本条件，创造了一荣俱荣、一损俱损的现实基础，这一条件是不以任何人的意志为转移的。中国提出人类命运共同体，抓住了当今世界共同发展的新趋势，这一趋势代表着整个人类的未来，每一个国家、每一个政党甚至每一个人都必须顺应这一世界潮流,主动融入全球共同体的大循环中,在顺应世界潮流的基础上实现自身的价值。从这个意义上来说,人类命运共同体的提出,意味着开辟了中国外交的新空间,中国外交不仅要服务于国际社会的需要,也要服务于人类命运共同体发展的需要。

其次,人类命运不同于片面的国家命运。在基督教世界看来,命运是一种前生注定不可改变的归宿,所以有的人认为命运共同体的提法不可取,理由是一个国家不可能与另一个国家有着同样的归宿,爱好和平的人们不可能与恐怖分子、杀人犯、强奸犯共命运。这种理解是片面的。人类命运不同于国家命运,更强调人类作为一个整体的命运。冷战结束以来,从屡次爆发的金融危机到恐怖主义事件,从全球气候变化到埃博拉疫情,越来越多的证据表明,面对世界任何一个角落爆发的问题,每一个国家都不可能置身事外。中国提出人类命运共同体,并不是否认当今世界存在的各种矛盾,而是强调即便存在着如此众多的矛盾,也不可回避人类存在着共同利益,倡导要采取包容、开放、共赢的思维来聚同化异,实现人类共同利益和共同价值之大端。因此,人类命运共同体不是强调某一个党的命运,也不是仅仅强调某一个国家的命运,而是强调人类"地球村"的整体命运,只有人类整体命运得到保证,才会有具体国家、政党和个人的美好前景。这一认识站在了人类历史的高度,作为指导中国外交的理念,无疑为中国外交开辟了无限广阔的空间。

以人类命运共同体理念助力中国公共外交

人类命运共同体代表着和平、发展、开放、包容、合作、共赢的新理念,它应该成为今后中国外交的一面旗帜,推动中国公共外交乃至中国外交步入新的天地。

一是要以人类命运共同体理念,推动国际体系和全球治理向着公正合理的方向发展。迄今为止建立的绝大多数国际制度,都是建立在威斯特法利亚体系基础上的,其理论基石是主权国家构成的国际社会观,并且已有的制度更多代表着欧美列强的利益、价值和政治传统,本质上是不合理的和不公正的。人类命运共同体要求推动对现有国际体系和全球治理制度的改革,适应国际力量对比变化的需要,适应整个世界步入"地球村"的需要。当然,由于主权国家构成的国际社会还没有退出历史舞台,推动国际体系和全球治理改革并不是要推翻现有的国家秩序,也不是另起炉灶,而是推动现有国际体系改革,使之更加合理,更加完善,更加符合人类共同利益的要求。

二是要以人类命运共同体理念,推动中国外交从全方位外交走向立体化外交。新中国成立以来,中国外交从西方列强的外交孤立中走出来,逐步进入了国际社会大家庭，中国已经构建起了周边、大国、发展中国家、国际组织等全方位的外交伙伴关系。然而，随着中国融入国际社会程度的加深，一些新的社会行为体开始成为中国外交必须高度重视的对象。北京奥运会、上海世博会、APEC 北京峰会、杭州 G20 峰会等一系列重大外交实践的经验表明，中国外交不仅是面向世界各国的全方位外交，更是面对世界众多政党、各种政治势力、工商界团体、非政府组织、大众传媒、智库、大学甚至普通民众的立体化外交。人类命运共同体的思想有助于推动中国外交的思想解放，在做好全方位国家外交关系的同时，更要做好与社会各界打交道的非传统外交关系，积极构建友华的全球伙伴关系网络、社会关系网络和人脉关系网络，更好地为中华民族伟大复兴服务。

三是要以人类命运共同体理念，推动中国与世界实现共同安全、共同发展和共同富裕。近代以来，西方列强所主导的国际秩序造成了国际社会的分化，世界上分为发达国家和发展中国家，分裂为和平区和动荡区，分化为权贵合一的统治阶层和贫困潦倒的被统治阶层。随着全球化的发展，资本主义体系主导的这一恶果日甚一日，长此以往，整个世界将陷入万劫不复。人类命运共同体就是针对此种片面发展和两极分化的暗淡前景而提出的，它强调人类社会要实现共同发展、共同安全和共同富裕。诚如习近平主席所说，“一个国家发展，也要让其他国家发展；一个国家安全，也要让其他国家安全，一个国家过得好，也要让其他国家过得好”。十八大以来，中国提出的一系列重大倡议，比如“一带一路”、正确义利观、亚洲基础设施投资银行等，都是人类命运共同体精神指导下的产物，也得到了世界各国的积极响应和大力支持，它代表着中国外交未来的方向。

总之，人类命运共同体是新时期中国智慧对世界的一个重要贡献，是中国方案的代表，本质上也是一种人类社会的公共思想产品，是顺应世界发展潮流的，有着光明的前途。今后，中国要自信地向世界传播这一新理念，将之作为中国外交的一面旗帜，推动中国外交和公共外交开辟新局面。

（原载于《公共外交季刊》2016 年第 4 期）

人类命运共同体思想研究

石云霞*

党的十八大以来，习近平总书记以宽广深邃的历史视野，统筹全局的战略思维，主动进取的创新精神，勇于担当的大国胸怀，立足中国而又面向世界，总结历史而又正视现实、放眼未来，根据唯物史观关于社会共同体的思想，在党的几代领导人提出的关于国际关系和格局的思想理论基础上，把马克思主义基本原理同中国的国情和时代特征结合起来，在研究新情况、解决新问题的过程中进行锲而不舍地实践探索和理论创新，深刻阐发了同心打造人类命运共同体的重要思想，形成了具有中国风格和气魄的中国话语体系，彰显了构建新型国际关系、国际战略问题的核心内容，把对建立国际新秩序的认识提高到了一个新境界和新水平。

一、人类命运共同体思想的理论基础

习近平的人类命运共同体思想是改革开放以来所形成的中国特色社会主义理论体系的伟大创新和重要成果，是在党的几代领导人的国际战略思想的基础上形成和发展起来的。

1. 毛泽东邓小平为提出人类命运共同体范畴奠定了深刻的思想基础。

20 世纪 80 年代以来，邓小平在毛泽东提出的“三个世界”的国际战略和我国“永远不称霸”的重要思想的指引下，根据国际形势的新发展，做出了和平与发展是当代世界的两大主题的科学论断。新的时代标志着当今世界进入了空前大变动的历史时期。世界要和平、国家要发展、社会要进步、经济要繁荣、生活要提高，成为各国人民的普遍要求。在变化了的世界新形势下，建立一个什么样的国际新秩序，这是国际社会普遍关心的重大问题。邓小平指出，面对新形势、新情况，应

* 作者简介：石云霞，武汉大学马克思主义理论与中国实践协同创新中心、马克思主义学院教授，博士生导师。

该提出一个建立国际秩序的新理论,"世界上现在有两件事情要同时做,一个是建立国际政治新秩序,一个是建立国际经济新秩序"①。他强调说,和平共处五项原则是最有生命力的,是最经得住考验的。国际关系的实践表明,"现在确实需要以和平共处五项原则作为新的国际政治、经济秩序的准则。现在出现的新的霸权主义、强权政治,是不能长久维持的。少数国家垄断一切,这种形式过去多少年没有解决任何问题,今后也不能解决任何问题"②。其他方式,如"大家庭"方式,"集团政治"方式,"势力范围"方式,都会带来矛盾,激化国际局势。我们主张在和平共处五项原则的基础上,建立和平、稳定、公正、合理的国际新秩序,主张国与国之间通过协商和平解决政治和经济的争端,而不是诉诸武力和武力威胁,不能恃强凌弱,侵略、欺负和颠覆别的国家;发达国家不能用损害发展中国家经济利益的办法来谋求自己的利益。"应当把发展问题提到全人类的高度来认识,要从这个高度去观察问题和解决问题。只有这样,才会明了发展问题既是发展中国家自己的责任,也是发达国家的责任。"③

对于中国的国际战略和外交方针,邓小平指出:"反对霸权主义、维护世界和平是我们真实的政策,是我们对外政策的纲领。"④我们坚持在五项原则的基础上,同所有国家发展友好合作关系。社会制度和意识形态的差别,不应成为发展国家关系的障碍。我们不把自己的社会制度和意识形态强加于人,也决不允许别国把自己的社会制度和意识形态强加于我。"考虑国与国之间的关系主要应该从国家自身的战略利益出发。着眼于自身长远的战略利益,同时也尊重对方的利益,而不去计较历史的恩怨,不去计较社会制度和意识形态的差别,并且国家不分大小强弱都相互尊重,平等相待。这样,什么问题都可以妥善解决。"⑤

1989 年以后,国际局势风云变幻,世界社会主义事业出现严重曲折,邓小平纵观全局,高瞻远瞩,对错综复杂的国际形势做出了更加精辟的判断。他指出:现在,"可能是一个冷战结束了,另外两个冷战又已经开始了。一个是针对整个南方、第三世界的,另一个是针对社会主义的。西方国家正在打一场没有硝烟的第三次世界大战"⑥。据此,他对我国的对外关系提出了更加明确、更加具体的指导方针。他强调中国永远站在第三世界一边,中国永远不称霸,中国也永远不当头,

① 《邓小平文选》第三卷,人民出版社 1993 年版,第 282 页。
② 《邓小平文选》第三卷,人民出版社 1993 年版,第 360 页。
③ 《邓小平文选》第三卷,人民出版社 1993 年版,第 282 页。
④ 《邓小平文选》第二卷,人民出版社 1994 年版,第 417 页。
⑤ 《邓小平文选》第三卷,人民出版社 1993 年版,第 330 页。
⑥ 《邓小平文选》第三卷,人民出版社 1993 年版,第 344 页。

这是一个根本国策,是毛泽东主席、周恩来总理制定的对外政策。但在国际问题上要有所作为。做什么?就是要积极推动建立国际政治经济新秩序。“社会主义中国应该用实践向世界表明,中国反对霸权主义、强权政治,永不称霸。中国是维护世界和平的坚定力量。”①

毛泽东、邓小平对国际形势的敏锐观察、缜密分析、精辟论断和提出的重要对外方针,为提出和打造人类命运共同体奠定了深刻的思想基础,指出了明确的方向。

2. 江泽民深入阐发建立国际秩序的新理论。根据邓小平提出的指导思想,以江泽民为核心的党的第三代领导集体,科学分析当代世界矛盾,全面审视和平力量和战争因素消长,与时俱进,潜心实践,深入阐发建立国际秩序的新理论,积极推动建立国际政治经济新秩序。

江泽民指出:“我们主张顺应历史潮流,维护全人类的共同利益。”②建立国际政治经济新秩序,应该从当今世界的实际情况出发,应该反映世界各国人民的普遍愿望和共同利益,应该体现历史发展和时代进步的要求。产生于五十年代的著名的和平共处五项原则,以及其他公认的国际关系准则,应该成为建立国际政治经济新秩序的基础。我们认为维护世界和平、促进共同发展,各国人民所期待建立的国际政治经济新秩序,应当包括如下内容:“各国政治上应相互尊重,共同协商,而不应把自己的意志强加于人;经济上应相互促进,共同发展,而不应造成贫富悬殊;文化上应相互借鉴,共同繁荣,而不应排斥其他民族的文化;安全上应相互信任,共同维护,树立互信、互利、平等和协作的新安全观,通过对话和合作解决争端,而不应诉诸武力或以武力相威胁。反对各种形式的霸权主义和强权政治。”③

江泽民指出,推动建立公正合理的国际政治经济新秩序,其正确途径是积极推动世界走向多极化,尊重各国和各国人民的意愿与利益,这是建立公正合理的国际政治经济新秩序的重要基础,符合世界发展的客观规律;推进国际关系民主化,凝聚各国人民的力量解决面临的突出问题,世界发展的主体是各国人民,世界的管理必须由各国人民共同参与,全球性的问题和挑战需要各国共同解决和合作应对;尊重世界的多样性,提倡发展模式多样化,保证各国和睦相处、相互尊重,使各种文明和社会制度长期共存,在竞争比较中取长补短,在求同存异中共同发展;

---

① 《邓小平文选》第三卷,人民出版社 1993 年版,第 383 页。

② 《江泽民文选》第三卷,人民出版社 2006 年版。

③ 《江泽民文选》第三卷,人民出版社 2006 年版。

正确引导经济全球化,促进各国实现共同发展,趋利避害,实现平等、互惠、共赢、共存;在以互信、互利、平等、协作为核心的新安全观指导下,各国应以互信求安全,以互利求合作,努力营造长期稳定的国际和平环境。①

以江泽民为核心的党的第三代领导集体,顺应时代潮流,加强与世界各国的交流与合作,认真规划和坚持中国与世界发展的正确方向,在共同创造一个和平繁荣的新世纪、共同缔造一个更美好的世界问题上,做出了巨大的历史性贡献。

3. 胡锦涛提出建设和谐世界和人类命运共同体的重要范畴。进入新世纪,以胡锦涛为总书记的党中央面对大变革大调整的世界形势,以及求和平、谋发展、促合作的时代潮流,审时度势,根据世界和平与发展所面临的诸多难题和挑战,提出各国人民应当携手努力,推动建设持久和平、共同繁荣的和谐世界,继续深化和发展了建立国际秩序的新理论。

在党的十七大报告中,胡锦涛指出,推动建设持久和平、共同繁荣的和谐世界,"应该遵循联合国宪章宗旨和原则,恪守国际法和公认的国际关系准则,在国际关系中弘扬民主、和睦、协作、共赢精神。政治上相互尊重、平等协商,共同推进国际关系民主化;经济上相互合作、优势互补,共同推动经济全球化朝着均衡、普惠、共赢方向发展;文化上相互借鉴、求同存异,尊重世界多样性,共同促进人类文明繁荣进步;安全上相互信任、加强合作,坚持用和平方式而不是战争手段解决国际争端,共同维护世界和平稳定;环保上相互帮助、协力推进,共同呵护人类赖以生存的地球家园。"②

在党的十八大报告中,胡锦涛进一步阐发了关于建设和谐世界的思想。他指出,人类只有一个地球,各国共处一个世界。历史昭示我们,弱肉强食不是人类共存之道,穷兵黩武无法带来美好世界。要和平不要战争,要发展不要贫穷,要合作不要对抗,推动建设持久和平、共同繁荣的和谐世界,是各国人民共同愿望。"我们主张,在国际关系中弘扬平等互信、包容互鉴、合作共赢的精神,共同维护国际公平正义。平等互信,就是要遵循联合国宪章宗旨和原则,坚持国家不分大小、强弱、贫富一律平等,推动国际关系民主化,尊重主权,共享安全,维护世界和平稳定。包容互鉴,就是要尊重世界文明多样性、发展道路多样化,尊重和维护各国人民自主选择社会制度和发展道路的权利,相互借鉴,取长补短,推动人类文明进步。合作共赢,就是要倡导人类命运共同体意识,在追求本国利益时兼顾他国合理关切,在谋求本国发展中促进各国共同发展,建立更加平等均衡的新型全球发

① 江泽民:《共同创造一个和平繁荣的新世纪》,《人民日报》2002 年 4 月 11 日。

② 《中国共产党第十七次全国代表大会文件汇编》,人民出版社 2007 年版,第 45 页。

展伙伴关系,同舟共济,权责共担,增进人类共同利益。”①可以看出,胡锦涛在建设和谐世界的基础上进一步提出了要倡导人类命运共同体意识,这是对建立国际秩序新理论的创新发展;另一方面,又可以看出,倡导人类命运共同体意识,只是建设和谐世界思想的一项内容,与国际秩序、和谐世界相比而言,是全局与局部、整体和部分的关系。

习近平关于人类命运共同体的一系列重要论述,正是建立在党的几代领导人提出的思想理论的基础上,把马克思主义基本原理同中国的国情和时代特征结合起来,在研究新情况、解决新问题的过程中进行锲而不舍的理论和实践探索,对建立国际秩序新理论、打造人类命运共同体做出的新的诠释,在实践上和理论上都是一个伟大的创新和发展。

二、人类命运共同体思想的科学内涵与外延

党的十八大以来,习近平从2013年3月23日出访俄罗斯,在莫斯科国际关系学院发表演讲,首次阐述人类命运共同体思想,到2016年发表的新年贺词,再次呼吁国际社会共同努力打造人类命运共同体,在履新三年多的时间里,他对人类命运共同体的深刻论述,据笔者不完全统计足有上百次之多。在他的一系列重要讲话、著述中,“人类命运共同体”是其阐述国际关系、国际战略问题的主题词、关键词和核心思想,是出现频率最高而且内容越来越丰富深刻的重要问题之一,形成了一套系统完整的具有中国风格、中国气魄的中国话语体系和思想理论体系。

1. 人类命运共同体的科学内涵和思想内容。习近平的人类命运共同体思想,全面系统地提出和回答了当今世界要构建一个什么样的新型国际关系、国际秩序和国际体系,以及如何进行构建的问题;提出和进一步回答了如何完善全球治理结构,推动国际关系民主化和治理体系现代化,使国际秩序和国际体系朝着更加公正合理的方向发展的重大问题。首先,他提出打造人类命运共同体必须具有共同的思想基础。这就是要秉持和平、发展、公平、正义、民主、自由的全人类的共同价值,打造人类命运共同体必须有一个共同的价值观基础。

其次,他阐明了人类命运共同体特定的科学内涵和思想内容。这就是建立平等相待、互商互谅的伙伴关系;营造公道正义、共建共享的安全格局;谋求开放创新、包容互惠的发展前景;促进和而不同、兼收并蓄的文明交流;构筑尊崇自然、绿

① 《十八大以来重要文献选编》,中央文献出版社2014年版,第36-37页。

色发展的生态体系。[1] 上述论断，政治、安全、经济、文化、生态文明“五位一体”，相辅相成，既是对人类命运共同体科学内涵的深刻揭示，也是打造人类命运共同体的总布局和总路径。2015年12月4日他在中非合作论坛约翰内斯堡峰会开幕式上的致辞中，提出开启中非合作共赢、共同发展的新时代，要坚持政治上平等互信、经济上合作共赢、文明上交流互鉴、安全上守望相助、国际事务中团结协作，强调这是建设中非全面战略合作伙伴关系、打造中非命运共同体必须做强和夯实的“五大支柱”。[2] 可以说，这也是推动世界更加均衡、公平、包容发展，构建以合作共赢为核心的新型国际关系、打造人类命运共同体的“五大支柱”，是对人类命运共同体思想内涵的进一步揭示和阐发。

习近平的人类命运共同体的重要思想，为当代国际关系发展提供了新理念，开辟了新愿景，形成了崭新的中国国际秩序观和系统的国际战略思想体系。这一重要思想体系，既是对那种仍在奉行冷战思维、零和博弈、丛林法则、一家独大、赢者通吃的霸权主义和强权政治的正面回应，也与那种曾经喧噪一时并造成严重后果、实质是机会主义的所谓“全人类的价值高于一切”的“人道的民主的社会主义”有着本质的区别。

2. 人类命运共同体的时空外延维度。习近平指出，当今世界，各国相互联系、相互依存的程度空前加深，人类生活在同一个地球村里，生活在历史和现实交汇的同一个时空里，越来越成为你中有我、我中有你的命运共同体。[3] 从时空视域上看，他所阐述的人类命运共同体的思路是多角度、宽领域、全方位的。

从时间关系上看，有过去时、现在时和将来时三种情况。这里所说的“过去时”并不是说已经结束或“过时”了，而是说在有些国家之间已经是历史形成的命运共同体了。例如，习近平指出，中国和非洲从来都是命运共同体，共同的历史遭遇、共同的发展任务、共同的战略利益把我们紧紧联系在一起；中非关系不是一天就发展起来的，更不是什么人赐予的，而是我们双方风雨同舟、患难与共，一步一个脚印走出来的。所谓“现在时”即正在进行中。十八大以来的三年里，习近平20次出访，走遍五大洲，坚持维护自身和推动世界和平发展的战略选择，坚持合作共赢的基本原则，坚持建立形式多样的伙伴关系的主要路径和遍布全球的伙伴关

① 习近平：《携手构建合作共赢新伙伴 同心打造人类命运共同体——在第七届联合国大会一般性辩论时的讲话》，《人民日报》2015年9月29日。

② 习近平：《开启中非合作共赢、共同发展的新时代——在中非合作论坛约翰内斯堡峰会开幕式上的致辞》，《人民日报》2015年12月5日。

③ 习近平：《顺应时代前进潮流 促进世界和平发展——在莫斯科国际关系学院的演讲》，《人民日报》2013年3月24日。

系网络,坚持正确义利观的价值取向,走出了一条具有中国特色的大国外交战略之路,其重要目标就是构建以合作共赢为核心的新型国际关系,建设人类命运共同体。春华秋实,三年有成,打造人类命运共同体稳步推进,成效显著。所谓"将来时",就是正如习近平在2016年新年贺词中所讲的那样,衷心希望国际社会共同努力,多一份平和,多一份合作,变对抗为合作,化干戈为玉帛,共同构建各国人民共有共享的人类命运共同体。①

从空间关系上看,就是说,国与国之间、各种区域组织和国际组织、国际社会乃至人类都要成为命运共同体,大家要同心打造人类命运共同体。

例如,在国与国之间,习近平提出,要打造中国—巴基斯坦命运共同体、中国—越南命运共同体。他说,中国和巴基斯坦的友谊是肝胆相照的信义之交,休戚与共的患难之交,堪称国与国友好相处的典范。中巴"两国正在稳步推进中巴经济走廊建设,致力于打造中巴命运共同体"。要"不断充实中巴命运共同体的内涵","将中巴命运共同体打造成为中国同周边国家构建命运共同体的典范","为打造亚洲命运共同体发挥示范作用"②。中国和越南"不仅仅是山水相连的友好邻邦,更是利益相融、目标相同的命运共同体"③。

对于各种区域组织来说,对于中国发起或参与的各个重大的区域组织,他都积极建言献策,谋篇布局,亲力亲为,力挺打造成牢固的命运共同体。例如他提出要打造亚洲命运共同体、亚太命运共同体、中国—东盟命运共同体、中国—阿拉伯命运共同体、中国—拉美命运共同体,等等。

关于打造亚洲命运共同体。他说,因为"我们生活在同一个地球村,应该牢固树立命运共同体意识,顺应时代潮流,把握正确方向,坚持同舟共济,推动亚洲和世界发展不断迈上新台阶"④。要"迈向命运共同体,开创亚洲新未来",并"通过迈向亚洲命运共同体,推动建设人类命运共同体"⑤。

关于打造亚太命运共同体。他说,"亚太各经济体利益交融,命运与共,一荣

---

① 习近平:《2016年新年贺词》,《人民日报》2016年1月1日。

② 习近平:《构建中巴命运共同体开辟合作共赢新征程——在巴基斯坦议会的演讲》,《人民日报》2015年4月22日。

③ 习近平:《共同谱写中越友好新篇章——在越南国会的演讲》,《人民日报》2015年11月7日。

④ 习近平:《共同创造亚洲和世界的美好未来——在博鳌亚洲论坛发表主旨演讲》,《人民日报》2013年4月8日。

⑤ 习近平:《迈向命运共同体开创亚洲新未来——在博鳌亚洲论坛2015年年会上的主旨演讲》,《人民日报》2015年3月29日。

俱荣,一损俱损","我们要牢固树立亚太命运共同体意识"①。亚太地区应该谋求共同发展、创新发展、联动发展。创造和实现亚太梦想,就是要坚持亚太大家庭精神、合作共赢理念和命运共同体意识,顺应和平、发展、合作、共赢的时代潮流,在竞争中合作,在合作中实现共同发展,共同致力于亚太繁荣进步。

关于打造中国—东盟命运共同体。他说,中国高度重视印尼在东盟的地位和影响,愿同印尼和其他东盟国家共同努力,使双方成为兴衰相伴、安危与共、同舟共济的好邻居、好朋友、好伙伴,携手建设更为紧密的中国—东盟命运共同体,为双方和本地区人民带来更多福祉。为此,我们要着重在坚持讲信修睦、合作共赢、守望相助、心心相印、开放包容等几个方面作出努力。②

关于打造中阿命运共同体。他说,中国和阿拉伯国家都面临实现民族振兴的共同使命和挑战,需要我们弘扬丝绸之路精神,促进文明互鉴,尊重道路选择,坚持合作共赢,倡导对话和平,为发展增动力,为合作添活力,不断深化全面合作、共同发展的中阿战略合作关系。坚持共商、共建、共享原则,用最明白的语言对话,用最贴心的方式合作,齐心"打造中阿利益共同体和命运共同体"③。

关于打造中拉命运共同体。他说,中国—拉美和加勒比国家要建立平等互利、共同发展的中拉全面合作伙伴关系,努力构建政治上真诚互信、经贸上合作共赢、人文上互学互鉴、国际事务中密切协作、整体合作和双边关系相互促进的中拉关系五位一体新格局,"努力构建携手共进的命运共同体"④。

关于打造世界和人类命运共同体。习近平坚信这是人类社会发展的历史大趋势。他指出,"当今世界正在发生深刻复杂的变化,和平、发展、合作、共赢的时代潮流更加强劲,国际社会日益成为你中有我、我中有你的命运共同体。"⑤"我们应该倡导人类命运共同体意识,在追求本国利益时兼顾他国合理关切,在谋求本国发展中促进各国共同发展,建立更加平等均衡的新型全球发展伙伴关系。"⑥

---

① 习近平:《深化改革开放共创美好亚太——在亚太经合组织工商领导人峰会上的演讲》,《人民日报》2013 年 10 月 8 日。

② 习近平:《携手建设中国—东盟命运共同体——在印度尼西亚国会的演讲》,《人民日报》2013 年 10 月 4 日。

③ 习近平:《弘扬丝路精神深化中阿合作——在中阿合作论坛第六届部长级会议开幕式上的讲话》,《人民日报》2014 年 6 月 6 日。

④ 习近平:《努力构建携手共进的命运共同体——在中国—拉美和加勒比国家领导人会晤上的主旨讲话》,《人民日报》2014 年 7 月 19 日。

⑤ 习近平:《弘扬和平共处五项原则建设合作共赢美好世界——在和平共处五项原则发表 60 周年纪念大会上的讲话》,《人民日报》2014 年 6 月 29 日。

⑥ 习近平:《弘扬传统友好共谱合作新篇——在巴西国会的演讲》,《人民日报》2014 年 7 月 17 日。

"中国将坚持和平发展道路,坚持推动发展相互尊重、互利共赢的新型国际关系,坚持同世界各国建立和谐共生的命运共同体"①,等等。

此外,习近平还强调,要共同构建网络空间命运共同体。他指出:网络空间是人类共同的活动空间,网络空间前途命运应由世界各国共同掌握。国际社会应该在相互尊重、相互信任的基础上,加强对话合作,推动互联网全球治理体系变革,共同构建和平、安全、开放、合作的网络空间,建立多边、民主、透明的全球互联网治理体系。"各国应该加强沟通、扩大共识、深化合作,共同构建网络空间命运共同体"②,等等。当然,对中华民族来说,他强调,国内各民族更是一个命运共同体。2014 年 5 月 29 日他在第二次中央新疆工作座谈会上发表的重要讲话中指出,"要高举各民族大团结的旗帜,在各民族中牢固树立国家意识、公民意识、中华民族共同体意识"。2015 年 8 月 25 日他在中央第六次西藏工作座谈会上指出,"要大力培育中华民族共同体意识,广泛开展民族团结进步宣传教育和创建活动。"2015 年 9 月 1 日他在会见台湾各界代表人士时指出,"大陆和台湾是不可分割的命运共同体"。2015 年 11 月 7 日他在同马英九会面时指出,"两岸是不可分割的命运共同体"。2016 年 3 月 6 日,他在参加上海代表团审议政府工作报告的重要讲话中又一次强调,"两岸同胞是命运与共的骨肉兄弟,是血浓于水的一家人",要坚持"九二共识","增强对命运共同体的认知",等等。

三、必须树立同心打造人类命运共同体意识

习近平指出,打造人类命运共同体,必须树立同心打造人类命运共同体意识,坚持正确的历史观、文明观、公正观、安全观、发展观。

必须坚持正确的历史观。习近平指出,"历史是最好的老师,它忠实记录下每一个国家走过的足迹,也给每一个国家未来的发展提供启示"③。他反复强调,历史是一面镜子,是最好的教科书,也是最好的营养剂和清醒剂,更是一个国家和民族安身立命的基础,给每一个国家和民族的未来的发展提供难得的启示。"历史的启迪和教训是人类的共同精神财富。忘记历史就意味着背叛。"④历史问题是重大原则问题。历史不能任意选择,也无法更改,但未来可以塑造。对待历史,我们必须树立正确的历史观,坚决反对对待历史的历史唯心主义,要铭记历史,传承

---

① 《习近平会见"读懂中国"国际会议外方代表》,《人民日报》2015 年 11 月 4 日。

② 习近平:《在第二届世界互联网大会开幕式上的讲话》,《人民日报》2015 年12 月16 日。

③ 习近平:《在德国科尔伯基金会的演讲》,《人民日报》2014 年 3 月 29 日。

④ 习近平:《在纪念中国人民抗日战争暨世界反法西斯战争胜利七十周年招待会上的讲话》,《人民日报》2015 年 9 月 5 日。

历史,以史为鉴。只有这样,才能真正构建以合作共赢为核心的新型国际关系,开创未来,让和平的薪火代代相传,这是打造人类命运共同体的基本前提。

必须坚持正确的文明观。文明是人类活动的积极成果,是社会进步的结晶和标志。习近平指出,文明多样性是人类社会的基本特征。文明是多彩、平等、包容的,每一种文明都是独特的,没有高低、优劣之分,只有个性、特色、民族之别。一切文明成果都值得尊重和珍惜。每一种文明都有自己存在的价值,各有千秋,也各有不足。文明因交流而多彩,因互鉴而丰富。文明交流互鉴,是推动人类文明进步和世界和平发展的重要动力。人类历史就是一幅不同文明相互交流、互鉴、融合的宏伟画卷。推动文明发展,实现文明和谐,是社会发展和人类进步的根本目标。① 企图建立单一文明一统天下,这只是一种不切实际的幻想。“物之不齐,物之情也。”一花独放不是春。多样带来交流,交流孕育融合,融合产生进步。傲慢和偏见是文明交流互鉴的最大障碍。我们要尊重文明的多样性,推动不同文明交流对话、和平共处、和谐共生,不能唯我独尊、贬低其他文明和民族,更要高度警惕和防止极端势力和极端主义在不同文明之间制造断层线,制造邪恶和杀戮。只有树立正确的文明观,坚持人类共同进步的价值导向,才能够真正打造人类命运共同体,这是问题的本质和灵魂。

必须坚持正确的公正观。习近平指出,“公平正义是世界各国人民在国际关系领域追求的崇高目标”②。当前,经济全球化、区域一体化快速发展,不同国家和地区已经结成了你中有我、我中有你,一荣俱荣、一损俱损的相互关系,这就决定了我们在处理国际关系时必须摒弃过时的零和思维,走出冷战思维的时代阴影,建立平等相待、互商互谅的伙伴关系,确保各国在国际活动中机会平等、规则平等、权利平等。不能只追求你少我多、损人利已,更不能搞你输我赢、一家通吃。他强调,联合国宪章贯穿的主权平等原则,是国际公平正义的体现。一国的事情只能由本国人民做主,国际上的事情只能由各国商量着办,这是处理国际事务的民主原则。世界各国都要遵循平等互信、包容互鉴、合作共赢的原则,坚持主权平等原则,尊重世界文明多样性和国家发展道路多样化,尊重和维护各国人民自主选择社会制度的权利,反对各种形式的霸权主义和强权政治,一起维护和弘扬国际公平正义。当今世界一些地区战火频仍、动荡不已、民不聊生,以致造成人道主义灾难,正是某些大国推行强权政治、执意要把自己的价值准则和政治制度强加

① 习近平:《在联合国教科文组织总部的演讲》,《人民日报》2014 年 3 月 27 日。

② 习近平:《弘扬和平共处五项原则建设合作共赢美好世界——在和平共处五原则发表 60 周年纪念大会上的讲话》,《人民日报》2014 年 6 月 29 日。

于人所导致的严重后果。所以，共同维护国际公平正义，推动国际关系民主化、法治化、合理化，这是打造人类命运共同体的基本要求。

必须坚持正确的安全观。安全是和平的保障和重要标志。习近平指出，当今世界全球性挑战层出不穷，维护世界和平、促进共同发展，依然任重道远。实现这个目标，我们要树立共同、综合、合作、可持续安全的新观念。① 共同安全，就是要尊重和保障每一个国家安全。安全应当是普遍的、平等的、包容的，不能一个国家、一部分地区安全而其他国家和地区不安全，更不能牺牲别国安全谋求自身所谓绝对安全。各国都有平等参与地区乃至世界安全事务的权利和维护安全的责任，应该把世界多样性和各国差异性转化为促进世界安全合作的活力和动力。综合安全，就是要统筹维护传统领域和非传统领域安全。当今世界传统安全威胁和非传统安全威胁相互交织，安全问题极为复杂。我们应该通盘考虑世界安全问题的历史经纬和现实状况，综合施策，协调推进世界的安全治理。要把核安全进程纳入世界安全健康持续发展的轨道，构建公平、合作、共赢的国际核安全体系。②要高度重视互联网发展安全，共同构建和平、安全、开放、合作的网络空间，建立多边、民主、透明的国际互联网治理体系。③ 合作安全，就是要坚持以和平方式解决争端，通过坦诚深入的对话沟通，增进战略互信，减少相互猜疑，聚同化异、和睦相处，促进各国和本地区安全。要着眼各国共同安全利益，从低敏感领域入手，积极培育合作应对安全挑战的意识，不断扩大合作领域、创新合作方式，以合作谋和平、以合作促安全。反对动辄使用武力或以武力相威胁，反对为一己之私挑起事端、激化矛盾，反对以邻为壑、损人利己。只有基于道义、理念的安全，才是基础牢固、真正持久的安全。习近平强调，当前我国国家安全面临着新形势新任务，必须坚持总体国家安全观，走出一条中国特色国家安全道路，构建国家安全体系。既重视自身安全，又重视共同安全，打造命运共同体，推动各方朝着互利互惠、共同安全的目标相向而行。④ 可持续安全，就是要发展和安全并重以实现持久安全。发展是安全的基础，安全是发展的条件。贫瘠的土地上长不成和平的大树，连天的烽火中结不出发展的硕果。对世界大多数国家来说，发展就是最大安全，也是

---

① 习近平：《积极树立亚洲安全观　共创安全合作新局面——在亚洲相互协作信任措施会议第四次峰会上的讲话》，《人民日报》2014 年 5 月 22 日。

② 习近平：《在荷兰海牙核安全峰会上的讲话》，《人民日报》2014 年 3 月 25 日。

③ 习近平：《弘扬传统友好共谱合作新篇——在巴西国会的演讲》，《人民日报》2014 年 7 月 17 日。

④ 《习近平主持召开中央国家安全委员会第一次会议，强调坚持总体国家安全观走中国特色国家安全道路》，《人民日报》2014 年 4 月 16 日。

解决地区安全问题的“总钥匙”。我们应当努力形成经济合作和安全合作良性互动、齐头并进的大好局面，以可持续发展促进可持续安全，彻底摆脱旧殖民扩张时代的顽瘴痼疾，营造公道正义、共建共享的安全格局，力求合作安全、集体安全、共同安全、发展安全、永续安全，这是同心打造人类命运共同体的根本保证。

必须坚持正确的发展观。习近平指出，发展对世界各国人民而言，寄托着生存和希望，象征着尊严和权利。要解决好各种全球性挑战，根本出路在于谋求和平、实现发展。唯有发展，才能消除冲突的根源，保障人民的基本权利，满足人民对美好生活的热切向往。谋发展，世界各国人民必须共同走出一条公平、开放、全面、创新的发展之路，努力实现各国共同永续发展。第一，必须走公平发展之路，让发展机会更加均等。各国在谋求本国发展中要能够促进各国共同发展，“世界长期发展不可能建立在一批国家越来越富裕而另一批国家却长期贫穷落后的基础之上。只有各国共同发展了，世界才能更好发展”①。要积极树立双赢、多赢、共赢的新理念，权责共担，做全球发展的参与者、贡献者、受益者。第二，必须走开放发展之路，反对各种形式的保护主义。习近平指出，要秉承开放精神，推进互帮互助、互惠互利，共同营造人人免于匮乏、获得发展、享有尊严的光明前景。要打开大门搞建设，放眼长远，努力塑造发展创新、增长联动、利益融合的世界经济，完善全球经济治理，坚定维护和发展开放型世界经济，实现共商、共建、共享，让发展成果更多更好惠及各国人民。第三，必须走全面发展之路，让发展基础更加坚实。习近平指出，要努力实现经济、社会、环境协调发展，树立尊重自然、顺应自然、保护自然的理念，构筑尊崇自然、绿色发展的生态体系，共谋全球生态文明建设之路，携手共建生态良好的地球美好家园，实现世界的可持续发展和人的全面发展。第四，必须走和平发展之路，为发展营造良好环境。习近平指出，和平是人民的永恒期望。没有和平，发展就无从谈起。所有国家都应该做和平的维护者和促进者，要使我们的地球村成为共谋发展的大舞台，而不是相互角力的竞技场，更不能为一己之私把一个地区乃至世界搞乱。各国要坚持通过对话协商与和平谈判，妥善解决矛盾分歧，维护相互关系发展大局。② 中国将始终不渝走和平发展道路，这是中国从历史、现实、未来的客观判断中得出的结论，是思想自信和实践自觉的有机统一。第五，必须走创新发展之路。习近平指出，创新带来生机，创新产生动

---

① 习近平：《顺应时代前进潮流　促进世界和平发展——在莫斯科国际关系学院的演讲》，《人民日报》2013 年 3 月 24 日。

② 习近平：《共同创造亚洲和世界的美好未来——在博鳌亚洲论坛发表主旨演讲》，《人民日报》2013 年 4 月 8 日。

力。为了实现创新发展，世界各国需要增强发展能力，改善国际发展环境，优化发展伙伴关系，健全发展协调机制，努力实现合作共赢。求和平、谋发展、促合作、图共赢，是我们共同的愿望和责任。携手合作共同发展，是实现同心打造人类命运共同体的根本动力和保证。

（原载于《学校党建与思想教育》总第528期）

中国道路致力于打造人类命运共同体

徐崇温*

正在经历着复杂深刻变化的世界，密切关注着中国和中国道路的走向。如果说，我国以在建党100周年时全面建成小康社会、在新中国建国100周年时实现社会主义现代化和中华民族伟大复兴为目标的话，那么，中国道路在世界上的走向又是怎样的？2015年9月28日，中国国家主席习近平在第70届联合国大会上的讲话中，明确地告诉全世界：中国要同世界各国“携手构建合作共赢新伙伴，同心打造人类命运共同体”。

一、从主张建立国际政经新秩序，到与世界各国一道打造合作共赢的人类命运共同体

长期以来，殖民主义、帝国主义、霸权主义对亚非拉人民进行肆无忌惮的奴役和掠夺。后来，发达资本主义国家又利用其在经济、科技、军事等方面的优势，控制广大发展中国家的经济命脉，致使贫国愈贫、富国愈富，贫富差距越来越大。发展中国家强烈要求改变这种局面，为此，在1967年10月一些发展中国家的部长级会议上通过《阿尔及尔宪章》，提出了“建立国际经济新秩序”的正确主张，并在1974年4月的联合国大会第六届特别会议上专门讨论了这个问题。正与会的邓小平当即代表中国政府表示赞同并坚决支持“第三世界提出的关于建立国际经济新秩序”的正确主张。到了80年代后期，国际形势总体上由紧张趋向缓和、由对抗转向对话，但霸权主义、强权政治依然存在，干涉他国内政的情况时有发生，邓小平在对国际形势发展趋势做出客观判断的基础上，提出应建立国际政治经济新

* 作者简介：徐崇温，男，江苏无锡人，中国社会科学院荣誉学部委员，哲学研究所研究员，博士生导师。

秩序的问题。1988 年 9 月，他在会见斯里兰卡总理普雷马达萨时，首次把建立国际新秩序的问题由经济扩展到政治上，说"现在需要建立国际经济新秩序，也需要建立国际政治新秩序"。他所倡导建立的国际政治新秩序，是与霸权主义、强权政治针锋相对的、一种崭新的国际秩序。在这种新型的国家关系下，各国的事务由各国人民自己来管，各国人民有权根据本国国情，独立自主地选择和决定自己的社会经济制度和发展道路，国家之间应该相互尊重、互不干涉内政。国家不分大小、强弱、贫富，都应当作为国际社会的平等成员参与国际事务，国际事务不能由一个或几个大国垄断，各国都不应该谋求霸权、推行强权政治。邓小平所主张建立的国际经济新秩序，其关键是要改革不公正不合理的国际经济关系，首先是要解决南北关系问题。邓小平特别强调要以和平共处五项原则为基础来建立国际政治经济新秩序。

从那时以来，我们党（从十四大到十七大）的每次党代表大会的报告都强调和重申我们主张"建立和平、稳定、公正、合理的国际新秩序"（十四大），"致力于推动建立公正合理的国际政治经济新秩序"（十五大），"建立公正合理的国际政治经济新秩序"（十六大），"推动国际秩序朝着更加公正合理的方向发展"。而在党的十八大报告中，在继续重申我们主张"推动国际新秩序和国际体系朝着公正合理的方向发展"的同时，又在阐释我们在国际关系中要弘扬合作共赢的精神时指出："就是要倡导人类命运共同体意识，在追求本国利益时兼顾他国合理关切，在谋求本国发展中促进各国共同发展，建立更加平等均衡的新型全球发展伙伴关系，同舟共济，权责共担，增进人类共同利益"。在十八大报告以后的三年多以来，习近平又 60 多次提到了"命运共同体"，特别在第 70 届联合国大会上的讲话，在国际上引起人们高度密切的关注。

什么是"人类命运共同体"？中国为什么要由呼吁建立世界政治经济新秩序，进而发展为要与世界各国同心打造合作共赢的人类命运共同体？

所谓"命运共同体"，指由存在着诸多差异的国家、民族所组成的命运攸关、相互依存的国家集合体。我国之所以会在第 70 届联合国大会上，由国家主席亲自出席发表讲话提出要与世界各国同心打造合作共赢的人类命运共同体，主要有以下两个方面的原因。

一是由于全球化广泛而深入的发展。马克思曾经说过，商品经济的发展使得过去那种地方的、民族的自给自足的闭关自守状态，被各民族各方面的互相往来和各方面的互相依赖所替代；民族的片面性和局限性成为不可能。而在现时代，特别在最近几十年来，随着世界经济一体化的步伐进一步加快，特别是随着互联网时代的到来，各民族的文化交往进一步加深，这样，全球化就把每一个国家置于相互关联之中,必须在与他国的相互依存之中才能求得生存和发展。它使各国的安全彼此关联、彼此影响,没有一国能凭自身一己之力谋求自己的绝对安全,也没有一国可以从别国的动荡中收获稳定。在面对经济、安全、治理方面的不稳定、不确定因素的世界,没有哪个国家、哪个群体可以独善其身,世界各国的利益和命运紧密地联系在了一起。在这种情况下,再奉行殖民主义、霸权主义长期奉行的那种弱肉强食、丛林法则,强权独霸,再坚持赢者通吃、零和博弈那一套国与国的相处之道,不仅不能解决世界上的问题,反而凸显出是制造冲突和战争的根源。在这种情况下,我国提出上述主张,正是为了探索人类共存之道,避免人类在相互斗争中走向毁灭。

二是由于国际力量对比发生了并继续发生着深刻变化。新兴市场国家和一大批发展中国家的快速发展,国际影响力的不断增强,正如习近平在第十八届中央政治局第 27 次集体学习时所指出的,这“是近代以来国际力量对比中最具革命性的变化”。① 为什么是最具革命性的变化?请看英、法等国学者的解读:英国学者马丁·沃尔夫在 2011 年 1 月 4 日英国《金融时报》上发表的《处于大趋势的掌控下》一文中说,新兴经济体与西方发达经济体“收入趋同、增长趋异”的结果,使当年被边缘化的中国等新兴经济体正在重新成为核心;法国巴黎政治学院教授亚历山大·卡提卜则在《全球新兴大国——金砖国家如何改变世界》一书中说:以金砖国家为代表的新兴经济体的群体性崛起,标志着“西方大国独自决定地球未来的时代已经结束”,世界进入由南方国家主导的“全球第二次全球化”的新阶段。

国际形势中发生的这些深刻变化,使全球治理体系的变革发展到一个历史的转折点:数百年来列强通过战争、殖民、划分势力范围等方式争夺利益和霸权,开始逐步向各国以制度规则协调关系和利益的方式演进。现在,世界上的事情越来越需要各国共同商量着办,建立国际机制、遵守国际规则、追求国际正义成为多数国家的共识,加强全球治理、推进全球治理体制变革已是大势所趋,并对中国寄以期待。正如习近平在 2016 年新年贺词中所说的:“世界那么大,问题那么多,国际社会期待听到中国声音、看到中国方案,中国不能缺席。面对身陷苦难和战火的人们,我们要有悲悯和同情,更要有责任和行动。”②同世界各国人民一道同心打造合作共赢的人类命运共同体,就是在这种背景下提出来的。

所以,人类命运共同体的理念,体现了我们党和国家的世界胸怀,它超越了西

① 《习近平在中共中央政治局第二十七次集体学习时强调推动全球治理体制更加公正更加合理为我国发展和世界和平创造有利条件》,《人民日报》2015 年 10 月 14 日。

② 习近平:《2016 年新年贺词》,《人民日报》2016 年 1 月 1 日。

方解决世界问题之道，为人类发展开拓了一条新路，同时体现了我们自觉地把自身的发展与人类的发展统一起来的大国胸怀和担当。人类命运共同体的理念，也是在洞察国际形势和世界格局演变大趋势基础上提出来的对人类社会发展潮流的前瞻性思考，它以和平、发展、合作、共赢的理念，超越了不同国家、民族和宗教之间的隔阂、纷争和冲突，强调彼此之间弘义融利、风雨同舟、命运共担。它是中国国际秩序观的创新和发展，为国际关系发展提供了新的理念、开辟了新的远景；是为国际体系变革、国际秩序建构、全球治理的加强提供了“中国方案”。

实际上，早在2012年12月5日，新就任中共中央总书记的习近平同在华工作的外国专家代表座谈时，所说有关命运共同体的一席话，就反映了他决心要同世界各国一道“携手构建合作共赢新伙伴，同心打造人类命运共同体”的长期酝酿。在那次座谈时，习近平指出，我们的事业是同世界各国合作共赢的事业，国际社会日益成为一个你中有我、我中有你的命运共同体，面对世界经济的复杂形势和全球性问题，任何国家都不可能独善其身、一枝独秀，这就要求各国同舟共济、和衷共济，在追求本国利益时兼顾他国合理关切，在谋求本国发展中促进各国共同发展，建立更加平等均衡的新型全球发展伙伴关系，增进人类共同利益，共同建设一个更加美好的地球家园。中国走的是和平发展道路，中国的发展不是自私自利、损人利己、我赢你输的发展，对他国、对世界绝不是挑战和威胁。中国绝不会称霸，绝不搞扩张，中国不仅是合作共赢的积极倡导者，更是合作共赢的切实践行者。中国扎实推进同各国合作，坚持向发展中国家提供力所能及的帮助。

具体地说来，中国和世界各国一道打造人类互利共赢的命运共同体的实践，是按照中国外交工作的布局，即大国是关键、周边是首要、发展中国家是基础、多边是重要舞台，这四个方面来向前推进的。

二、破除“修昔底德陷阱”说，倡导“新型大国关系”

在我国实现和平发展的外交工作布局中，是以同大国的关系为关键的。这是因为世界政治格局在某种意义上说就是大国关系的格局、世界政治格局的建立、演变、崩溃的过程，在相当的程度上说就是大国关系调整的过程。对于中国来说，妥善处理好同世界各大国的关系，对于营造有利于自己的国际环境非常重要，是我们创造良好国际环境的关键。而在同各大国的关系中，中美关系又处在关键中的关键的地位。这不仅因为美国无论在科技、经济上，还是在军事上，都是世界上最发达的资本主义国家，在冷战结束后唯一的超级大国，而且因为中美关系即使在中美建交以后的一段时期里，都处在起伏不定、麻烦不断的恶性循环之中。十分明显，要实现中国的和平发展，在相当程度上有赖于使这种恶性循环转变成一种稳定发展、不断前进的良性循环。中美关系之所以会出现这种情况,重要原因之一是因为存在着被一些人奉为"铁律"的所谓"修昔底德陷阱"的缘故。

修昔底德(Thucydides,约公元前460年—约公元前400年),古希腊历史学家。修昔底德是在色雷斯拥有金矿的一个古希腊贵族,在公元前431年爆发古希腊以斯巴达为首的伯罗奔尼撒同盟,同海上强国雅典争夺霸权的战争时,修昔底德参军出任雅典的将军,但因他指挥的色雷斯舰队未能及时救援安菲波里而被放逐。他用30年时间撰写了8卷本的《伯罗奔尼撒战争史》。书中谈到"使战争不可避免的真正原因是雅典势力的增长和由此引起的斯巴达的恐惧",就是说,是守成大国的势力增长引起新兴大国的恐惧而导致战争。但在后来,美国战略界出于自身对中国崛起的危机感而竭力利用伯罗奔尼撒战争来渲染中国的威胁。如美国哈佛大学教授格雷厄姆·艾利森首先用"修昔底德陷阱"来形容中国的和平发展对美国及其主导的当代国际体系的挑战;美国国际关系学者米尔斯海默在其所著《大国政治的悲剧》一书中更大肆鼓吹"修昔底德陷阱",并把爆发战争的责任归结到新兴大国对守成大国的挑战。他认为,随着中国实力的增强,它将成为一个地区霸权的进攻性国家,寻求以美国支配西半球那样的方式称霸亚洲。有鉴于此,他敦促美国转变思维,并尽其所能延缓中国的崛起。美国普林斯顿大学教授弗里德伯格则把美国要遏制中国的和平发展归因于新崛起国家与原有的实力国家难以和平共处的一般规律。这些说法显然是不符合当今时代大国关系的发展规律的。据统计,1816—1945年大国间由冲突升级为战争的概率为0.346,而1946—1992年间这一概率更骤降到0.077,当今世界的核威慑、开放的世界贸易体系、大国间经济的相互依赖等,都有助于规避所谓的"修昔底德陷阱"。即使从1500年算起,在16起世界权力转移中,也还有4起是以和平方式实现的。按照美国阐释的所谓"修昔底德陷阱",显然就很难解释历史上出现的权力的这种和平转移。

对于"修昔底德陷阱"这种具有强烈的历史宿命论色彩的说法,我们历来持否定和反对的态度。2015年9月22日,中国国家主席习近平访美期间,在西雅图华盛顿州当地政府和美国友好团体联合欢迎宴会上发表演讲,郑重指出:"世界上本无'修昔底德陷阱',但大国之间一再发生战略误判,就可能自己给自己造成'修昔底德陷阱'";2015年9月24日,在华盛顿布莱尔国宾馆,奥巴马同习近平举行中美元首会晤时,也表示:"我不认同守成大国和新兴大国必将发生冲突的'修昔底德陷阱'。"

2016年3月19日,在北京举行的以"避免修昔底德陷阱"为主题的中国发展高层论坛上,93岁高龄的美国前国务卿基辛格在同中国前国务委员戴秉国进行对话时,也强调中美之间不存在“新崛起的大国必然挑战现存大国,战争不可避免”的“修昔底德陷阱”。基辛格说,中美关系是一种特殊的关系,可以说在一定程度上符合“修昔底德陷阱”双方的特性,一个是正在崛起的国家,另一个是守成的大国,但是,“修昔底德陷阱”的具体概念,要放在一个特殊的国际关系背景下来看待,这种背景在现在的中美关系之间并不存在。他所说的这种特殊的国际关系背景,是指的“中美之间并没有这种相互取代的关系,也没有这样一种意图,中国并没有意图去取代美国成为世界的一个超级大国”。中美关系不同于一战前的英、德之间的关系,因为我们所生活的时代和世界已经大不相同,世界各国在过去半个多世纪里早已吸取教训,而没有一个国家有野心挑起世界大战。与此同时,和平的意识在提高,军事技术的极大进步不仅不必然导致军事冲突,反而可以用来降低发生军事冲突的可能性。基辛格强调中美关系至关重要,竞争固然不可避免,但合作更会造福两国和整个世界。

更加有趣的是,有人出来揭露米尔斯海默等这些“修昔底德陷阱”的编造者,他们“对修昔底德的理解是前后颠倒的”。2016 年 4 月 22 日,澳大利亚洛伊国际政策研究所研究员梅丽登·瓦拉尔在美国《国家利益》双月刊上发表《“修昔底德陷阱”需要双方才能成立》一文,他强调说:“修昔底德所描述的不是崛起大国对现存大国构成的威胁,而是已经占统治地位的大国——雅典帝国继续的发展和帝国主义政策,以及较弱的国家(斯巴达)对强国把目标对准自己的担忧。把这层含意翻译到当前语境下便是中国担忧美国的不断扩张。”而米尔斯海默却颠倒了修昔底德的原意,把引爆可能的战争的责任推诿给新兴大国中国身上,还把这强加到修昔底德头上,说这就是“修昔底德陷阱”,借此呼吁遏制中国的崛起。这岂不是在自欺欺人吗?!

我国不仅在宣言、声明中否定“修昔底德陷阱”,更在行动上、在实践中倡导用建立中美之间“新型大国关系”来替代这种想象中的“陷阱”。

2012 年 2 月,时任国家副主席的习近平在访问美国时,就提出过“新型大国关系”。

2013 年 6 月,习近平以国家主席身份应邀去美国安纳伯格同奥巴马举行“庄园会晤”时,正式把“新型大国关系”释义为“不冲突、不对抗,相互尊重,合作共赢”。这就在战略上指出了确保中美两国不走向冲突、对抗,不掉入“修昔底德陷阱”的途径。

2014 年 11 月 12 日,习近平在北京同奥巴马举行会谈时,提出要朝着 6 个方向推进中美新型大国关系建设:第一,加强高层沟通和交往,增进战略互信;第二,在相互尊重的基础上处理两国关系;第三,深化各领域交流合作;第四,以建设性方式管控分歧和敏感问题;第五,在亚太地区开展包容合作;第六,共同应对各种地区和全球性挑战。习近平还强调,中美要构建同中美新型大国关系相适应的中美新型军事关系。

2015 年 9 月,习近平访美时,又进一步提出了发展中美新型大国关系尤其要做好的 4 件事和今后发展的 6 条重要建议。他所说的 4 件事是:第一,正确判断彼此战略意图;第二,坚定不移推进合作共赢;第三,妥善有效管控分歧;第四,广泛培植人民友谊。习近平就下阶段中美关系发展提出了 6 条建议:一是保持高层和各级别密切交往,用好中美战略与经济对话、人文交流高层磋商、商贸联委会等重要对话机制,继续发挥高层战略沟通对中美关系的引领和推动作用;二是拓展和深化经贸、两军、反恐、执法、能源、环保、基础设施建设等领域务实合作;三是密切人文交流,厚植支持两国关系的社会基础;四是尊重彼此在历史文化传统、社会制度、发展道路、发展阶段上的差异,努力使之成为相互借鉴和共同进步的动力;五是继续就亚太地区事务深化对话合作;六是共同应对各种地区和全球性挑战,充实中美关系内涵,为国际社会提供更多公共产品。

当然,霸权主义、强权政治的客观存在,不是用建立"新型大国关系"的良好愿望一下子就能取代的。美国领导人囿于霸权思维,不希望有一个大国过早地与其分庭抗礼,不愿尊重中国的核心利益,也不希望中美关系的话语权被中国人所掌握,所以对"新型大国关系"的提法采取"不排斥、不跟进、不上套、不含糊"的"四不"态度。更其严重的是,从 2010 年起,美国一直在实行"重返亚太"或"亚太再平衡"战略,构筑对中国的"包围网",围堵和遏制中国的发展,挑衅中国,这反映了作为超级大国美国永久称霸的思想;但在另一方面,在实际生活中存在和发展着的、在众多领域和重大国际与地区问题上显现着的,却是中美拥有重要的共同的战略利益,特别是互利共赢的经贸合作,它使中美两国处在相互依存的状态之中,从而使中美两国的关系在国际关系中开创了一个新的范例。正如 2006 年 6 月 16 日法国《世界报》上发表的弗雷德里克·博《中美关系进入相互依存时代》一文中所说的,"在彼此相同的全球化中出现了战略断裂。一种离心的地缘政治和一种向心的经济朝着相反的方向用力并最终相互抵消"。据此,中国的对美政策基本原则也不能不包含两个方面:一个方面从事关全局的战略高度、长远角度看待和处理中美关系,寻求共同利益的汇合点,扩大互利合作,共同应对人类生存和发展面临的挑战。从中美双方长远利益以及世界和平与发展的大局出发,妥善解决彼此之间的分歧,坚持对话,不搞对抗,始终强调我们要坚持新型大国关系这一唯一正确的选择。2016 年 6 月 6 日,习近平在第八轮中美战略与经济对话和第七轮中美人文交流高层磋商联合开幕式上总结三年来构建中美新型大国关系的收获:一是两国贸易额和双向投资达到历史新高；二是人文和地方交流更加密切；三是网络、执法等领域合作和两军交往取得进展；四是两国发表了三个气候变化联合声明，同国际社会一道推动达成具有历史意义的《巴黎协定》；五是两国在朝鲜半岛核、伊朗核、阿富汗、叙利亚等热点问题上也保持了有效的沟通和协调。

中国对美政策基本原则的另一个方面，是对于美国对华政策的消极面保持警惕并进行必要的斗争，使中美关系稳定下来，并不断得到改善和发展。在事关国家主权和核心利益的问题上坚持原则，对于干涉中国内政的霸权主义行径进行坚决斗争；同时进一步提升我国综合国力，推进国防和军队现代化，使中美关系从起伏不定、麻烦不断的恶性循环向稳定发展、不断前进的良性循环转变，并在中美真正平等的基础上建立起合作共赢的“新型大国关系”。习近平指出，三年来构建中美新型大国关系的启示，“最根本的一条就是双方要坚持不对抗不冲突、相互尊重、合作共赢的原则，坚定不移地推进中美新型大国关系建设”，他强调：“只要我们坚定方向，锲而不舍，就一定能推动中美新型大国关系建设得到更大发展，更好造福两国人民和各国人民。”

三、亲、诚、惠、容，把中国梦同周边各国人民过上美好生活的愿望对接起来

在我国的全方位外交中，同周边国家的关系处于首要地位，因为这是我国重要的战略依托，关系到我国的国家安全、民族团结、社会稳定、实现全面建成小康社会的大局。长期以来，我们以坚持与邻为善、以邻为伴，坚持睦邻、安邻、富邻为周边外交的基本方针。党的十八大以来，更突出体现亲、诚、惠、容的理念。在这里，“亲”是指要巩固地缘相近、人缘相亲的友好情谊；“诚”是指坚持以诚待人、以信取人的相处之道；“惠”是指惠及周边、互利共赢的合作理念；“容”是指开放包容、求同存异的大国胸怀。在2013年11月24—25日召开的周边外交工作座谈会上，习近平从和世界各国一道同心打造合作共赢的人类命运共同体的高度，特别强调：“要本着互利互惠的原则同周边国家开展合作，编织更加紧密的共同利益网络，把双方利益融合提升到更高水平，让周边国家得益于我国发展，使我国也从周边国家共同发展中获得裨益和助力”；“要着力深化互利共赢格局，统筹经济、贸易、科技、金融等方面资源，利用好比较优势，找准深化同周边国家互利合作的战略契合点，积极参与区域经济合作”。总之，要“把中国梦同周边各国人民过上美好生活的愿望、同地区发展前景对接起来，让命运共同体意识在周边国家落地生根”。

我国提出的“一带一路”这一从历史深处走来的合作共赢之路，正是打造人类命运共同体最新的时代注脚。中国提出“一带一路”倡议的最大战略目的，是准备

与欧亚大陆各国共同构建利益共同体和命运共同体。在这里,所谓利益共同体,就是指由相关国家为共同分享利益而结成的联系体,互利共赢和共知共识,是形成利益共同体的基本条件;命运共同体是指每一个国家在追求本国利益时都要兼顾他国利益和关切。所以,中国提出"一带一路"倡议的核心思想是要走一条共同发展、共同富裕的道路,把中国所在的东亚经济圈跟欧洲的经济圈通过经济大走廊的形式连接起来,这涉及沿线60多个国家的经济可持续发展问题,这是一整套综合性解决国际金融危机以后,世界经济经过了低迷依然在低谷徘徊的全球性挑战的思路,是全新的国际合作模式。

2013年9月7日,习近平访问中亚4国,在哈萨克斯坦纳扎尔巴耶夫大学发表题为《弘扬人民友谊,共创美好未来》的演讲时,倡议用创新的合作模式,共同建设"丝绸之路经济带";2013年10月3日,习近平访问印尼时,在印尼国会发表题为《携手建设中国—东盟命运共同体》的演讲,提出建设更为紧密的中国—东盟命运共同体,实现共同发展、共同繁荣,愿同东盟国家发展好海洋合作伙伴关系,共同建设21世纪"海上丝绸之路"。2014年6月5日,习近平在出席中阿合作论坛第六届部长会议开幕式时,发表题为《弘扬丝路精神,深化中阿合作》的演讲,希望双方弘扬丝绸之路的精神,以共建丝绸之路经济带和21世纪海上丝绸之路为新机遇新起点,不断深化全面合作,共同发展中阿战略合作关系。

2014年6月22日,在卡塔尔首都多哈举行的第38届世界遗产大会,同意中国与吉尔吉斯斯坦、哈萨克斯坦联合提交的《丝绸之路:"长安—天山廊道"网络文化遗产申请项目》入选《世界遗产名录》。

就这样,"一带一路"倡议一步一步地走进了我国同周边国家的关系中。

传统的丝绸之路,起自我国古代都城长安(今西安),经中亚国家、阿富汗、伊朗、伊拉克、叙利亚等而到达地中海,以罗马为终点,全长6440公里。这条路是联结亚欧大陆的古代东西方文明的交汇之路。之所以称为丝绸之路,是因为丝绸是最具代表性的货物。

而从公元前200年秦汉之际兴起的海上丝绸之路,在历史的延伸中不断拓展为交通贸易的黄金路线。这条海道从中国东南沿海穿过南中国海,进入印度洋、波斯湾,远及东非、欧洲,构成四通八达的网络,海上丝绸之路成为沟通全球文明的重要走廊。海上丝绸之路的东海航线,也称"东方海上丝路",是春秋战国时期的齐国在胶东半岛开辟的"循海岸水行"直通辽东半岛、朝鲜半岛、日本列岛直至东南亚的黄金通道;海上丝绸之路的南海航线,也称"南海丝路",是西汉时始发于广东徐闻港到东南亚各国、后延续到西亚直至欧洲的海上贸易黄金通道。古代丝绸之路可以说是当代全球化概念的先驱,但在欧洲工业革命和殖民主义时期,丝绸之路沿途一些重要地区进入长期的经济冬眠期,丝绸之路得以联通的经济基础不复存在。

现在我们提出的"一带一路"倡议已被赋予了新的内涵,它是我国全方位对外开放格局的深化,是适应经济全球化和我国国内经济和外贸发展与"走出去"的现实需求提出来的,也是符合当前世界经济发展的需要的。"一带一路"沿线涉及80个国家,"丝绸之路"经济带东边牵着具有活力的东亚和亚太经济圈,西边系着发达的欧洲经济圈,沿线国家经济互补性强。无论是发展经济、改善民生,还是应对危机、加快调整,许多沿线国家同我国都有着共同利益。"21世纪海上丝绸之路"则是经红海和地中海将中国东海岸与比雷埃夫斯港连接起来的海上航线,它将在印度洋沿岸各地由中国主导建立港口,通过海洋连接中国与荷兰的鹿特丹,它展示了我国使海洋成为连接亚洲国家的和平、合作之海,同时又通过连接海上丝绸之路的国家和重要经济港口,实施海洋强国战略,把我国发展成海洋强国,与沿海国家实现共同发展,做海洋强国、而不做海洋霸权。总之,"一带一路"是以我国周边国家和地区的发展为依托并进一步延伸的全球性战略,是构建巩固的、相互依托、共同发展的利益和命运共同体战略,它顺应了时代要求和各国加快发展的愿望,提供了一个包容性巨大的发展平台,具有深厚的历史渊源和人文基础,能够把快速发展的中国经济同沿线国家的利益结合起来。

在我国提出"一带一路"倡议以后,西方有些人曾将它解读为"中国版的'马歇尔计划'"。这显然是对两种在本质上不同的战略的误读。因为二战后美国推出的马歇尔计划,在根本上服务于当时美国总统杜鲁门的"遏制战略",而我国的"一带一路"建设并不针对任何第三方,不是排除任何国家,而是呼吁沿途各国一起搭上快速发展的经济快车,实现合作共赢,共同分享经济红利。"一带一路"是建立在参加国共同发展基础上的、实质是南南框架下的共赢合作。所以,"一带一路"和马歇尔计划最大的区别在于中国并不谋求霸权,而是以实现与周边国家建立命运共同体、利益共同体为目标。

为推进"一带一路"建设,我国在2013年11月倡导筹建1000亿美元的亚洲基础设施投资银行;在2014年倡议"全方位、立体化、网络状大联通",出资400亿美元成立丝路基金,英、法、德、意、澳等其他大陆的发达国家踊跃报名,参与到首批57个意向创始国的行列。而响应"一带一路"倡议,把它与本国的发展战略对接起来的国家更多达60多个,如在东北亚,韩国和中国决定推进"一带一路"战略和四项发展战略的对接;蒙古和中国商定把"一带一路"和草原之路对接;俄罗斯同中国联署发表丝绸之路经济带同欧亚经济联盟建设对接合作的联合声明;中国、俄罗斯、蒙古就建设三国经济走廊达成重要共识,并签署发展三方合作中期路线图。在东南亚,中国和印尼同意对接两国发展战略;中国和越南磋商“一带一路”同“两廊一圈”合作;中国和新加坡探讨在“一带一路”倡议下开拓第三方市场;中国和印尼的雅万高铁,以及中国和老挝、中国和泰国之间的铁路陆续上马,泛亚铁路网建设迈开步伐。在南亚,中印加强了在“一带一路”领域的交流众作;中巴经济走廊项目陆续开工;孟中印缅经济走廊四方联合工作组工作初见成效;连接东亚与南亚的大通道呼之欲出。在南太,“一带一路”倡议同澳大利亚北部大开发计划相对接。在欧洲,中国与欧盟决定把“一带一路”同“容克投资计划”对接起来;中国同英国探讨“一带一路”同英国基础设施建设升级改造计划、同“英联邦北部经济中心”相对接;中国同德国决定建立“中国制造 2025”和德国工业 4. 0 对接协调机制;中国和中东欧国家签署共建“一带一路”合作文件。

如果说,丝绸之路经济带所要解决的,主要是中国与泛欧亚大陆上各国各地区的大区域经济合作问题的话,那么,21 世纪海上丝绸之路所要解决的,则主要是中国与泛欧亚大陆各沿海国家和地区的大区域经济合作问题;而中巴经济走廊和孟中印缅经济走廊则将上述陆海丝绸之路加以连接,从而成为泛欧亚大陆和沿海洲际经济合作的连接线和通道。这就构成中国与世界进行深度互动的新型连接范式。预计未来 5 年,中国将进口超过 10 万亿美元的商品,对外投资规模将超过 5000 亿美元,将有超过 5 亿人次出境访问旅游。

四、真、实、亲、诚,用正确的义利观把中国的发展同发展中国家的自主、可持续发展紧密结合起来

在我国的外交工作布局中,发展中国家是基础。在 1982 年年底时,全世界有 130 个左右的发展中国家,其中有 90 多个是在二战以后新独立的国家。发展中国家主要分布在亚洲、非洲、拉丁美洲、南太平洋和地中海地区,一般又统称为“南方国家”,它们约占全球土地面积的 3/5,全球人口总数的 3/4。

发展中国家过去一般地说都是帝国主义列强的殖民地半殖民地,由于长期遭受帝国主义、殖民主义的压迫和剥削,工农业生产和科学技术都比较落后,人均国民生产总值低下。现在,虽然绝大多数的发展中国家在政治上已宣告独立,但其经济命脉、资源、原料、加工和国外销售等仍在不同程度上被发达资本主义国家控制着,因而仍面临着肃清殖民主义残余势力、发展民族经济、巩固民族独立的历史任务。从 20 世纪 60—70 年代开始,发展中国家团结起来,在国际经济领域展开了一场反剥削、反掠夺、反控制、反转嫁危机的斗争,并在 1964 年第一届联合国贸易和发展会议上,发表了《七十七国集团联合宣言》,反对西方发达资本主义国家对

国际贸易的垄断。到1976年9月,“七十七国集团”成员已发展到120个国家和地区,是经济领域中反帝反殖反霸斗争中的一支重要力量。

同发展中国家的关系之所以成为我国外交工作布局的基础,不仅因为中国也是发展中国家,和其他发展中国家有相似的历史遭遇,又面临着许多共同的要求和利益,而且也因为它们是反对霸权主义和强权政治、促进世界和平与共同发展的主力军,推动建立国际公正合理的政治经济新秩序的生力军,是我们在国际舞台上的同盟军。如果说广大发展中国家总体实力的逐步增长,是二战以来国际关系中发生的一个重要变化,是推动世界多极化发展趋势的一支不容忽视的力量的话,那么,广大发展中国家的群体性崛起,必将成为21世纪国际关系变化中一个革命性变化的标志,它将对终结数百年来美欧主宰国际政治经济事务的格局和状况产生重大影响。

中国同广大发展中国家发展友好关系的典型,当数中国同非洲国家的关系。

自从新中国成立以来,我国对非洲人民的革命和建设一贯采取坚定不移的合作、支持的态度和方针。而自党的十八大以来,中国同非洲的关系更被推进到一个新的发展阶段。

2013年3月,习近平主席首访非洲时,提出真、实、亲、诚的对非政策理念。所谓“真”,就是平等互信、团结互助,中国永远做非洲的最可靠朋友和真诚伙伴;所谓“实”,就是务实高效、合作共赢,秉持言必信、行必果的理念,不折不扣地落实对非互利合作的方针和举措,在支持非洲实现自主发展的过程中实现中非共同发展;所谓“亲”,就是人心相通、和谐共处,推动中非文明互鉴,促进思想融通、政策贯通、民心沟通,为中非友好提供坚实的民意和社会基础;所谓“诚”,就是以诚相待、妥善解决问题,坚持从战略高度和长远角度看待和推进中非关系,共同为中非友好互利合作营造良好的环境。

在2015年12月的中非合作论坛约翰内斯堡峰会上,习近平又对他在2013年3月访非时提出的正确的义利观进行了深刻的阐述。在2013年,习近平就强调同发展中国家合作,中国要讲信义、重情义、扬正义、树道义;在2015年对此进行阐述时,习近平又强调指出:“中非关系最大的‘义’,就是把中国的发展同非洲的自主、可持续发展紧密结合起来,实现互利共赢,共同发展。”就是说,中国不以利为利,而是以义为利。只有义利兼顾,才能义利兼得;只有义利平衡,才能共赢。在国际合作中,中国一贯注重义利并举、义利兼顾和义利兼得,中国正通过合作共赢的发展,不断扩大朋友圈。“正确义利观”成为中国对发展中国家外交的一面旗帜,讲求的是义利相兼、以义为先、情义并重,其核心的要义是把帮助非洲发展中国家实现自主、可持续发展,同促进中国自身的发展紧密结合起来,实现合作共赢、共同发展，推动世界更加均衡、包容和可持续发展。对此，在同非洲国家领导人的早餐会上，习近平还加重语气强调说："是两个词，'自主''可持续'。"助力非洲"自主发展"，意味着中国对非洲"授之以鱼不如授之以渔"；助力非洲"可持续发展"，意味着中非合作绝不以生态环境和长远利益为代价。

为了夯实在真实亲诚的理念和正确义利观指导下形成的中非新型战略伙伴关系，习近平提出了五大支柱——坚持政治上平等互信、经济上合作共赢、文明上交流互鉴、安全上守望相助、国际事务上团结协作。

结果是使2014年中非贸易总额和中国对非洲非金融类投资存量分别达到2000年的22倍和60倍。

在2015年12月4日的中非合作论坛约翰内斯堡峰会开幕式上，习近平又提议将中非新型战略伙伴关系提升为全面战略合作伙伴关系，在未来3年同非方重点实施"十大合作计划"，坚持政府主导、企业主体、市场运作、合作共赢的原则，着力支持非洲破解基础设施滞后、人才不足、资金短缺三大发展瓶颈，加快工业化和农业现代化进程，实现自主可持续发展。这"十大合作计划"：

一是中非工业化合作计划。中方将积极推进中非产业对接和产业合作，鼓励中国企业赴非投资兴业，合作新建或升级一批工业园区，向非洲国家派遣徐崇温：中国道路致力于打造人类命运共同体 103 政府高级专家顾问。二是中非农业现代化合作计划。中方向非洲转让农业适用技术，鼓励中企在非洲开展大规模种植、畜牧养殖、粮食仓储和加工，增加当地就业和农民收入。三是中非基础设施合作计划。中方支持中企积极参与非洲铁路、公路、区域航空、港口、电力、电信等基础设施建设，提升非洲可持续发展能力。四是中非金融合作计划。中国将同非洲国家扩大人民币结算和本币互换业务规模，鼓励中国金融机构赴非设立更多分支机构，以多种方式扩大对非洲投融资合作。五是中非绿色发展合作计划。中方将支持非洲增强绿色、低碳、可持续发展能力。六是中非贸易和投资便利化合作计划。中方将实施50个促进贸易援助项目，支持非洲改善内外贸易和投资软硬条件。支持非洲国家提高海关、质检、税务等执法能力。七是中非减贫惠民合作计划。中方将增加对非援助；免除非洲有关最不发达国家截至2015年底到期未还的政府间无息贷款债务。八是中非公共卫生合作计划。中方将参与非洲疾控中心等公共卫生防控体系和能力建设；鼓励支持中企赴非洲开展药品本地化生产，提高药品在非洲可及性。九是中非人文合作计划。中方将为非洲援建5所文化中心，为非洲1万个村落实现收看卫星电视项目等。十是中非和平与安全合作计划。中方将援助支持非洲常备军和危机应对快速反应部队建设和运作；继续参与联合国在非洲维和行动；支持非洲国家加强国防、反恐、防暴、海关监管、移民管控等方面能力建设。

为确保“十大合作计划”顺利实施，中方决定提供总额600亿美元的资金支持，包括提供50亿美元的无偿援助和无息贷款；提供350亿美元的优惠性质贷款及出口信贷额度，并提高优惠贷款优惠度；为中非合作基金和非洲中小企业发展专项贷款各增资50亿美元；投资建立首批资金100亿美元的“中非产能合作基金”。

中国同非洲的关系在遭到西方敌对势力攻击抹黑的同时，更得到了非洲人民和国家领导人的热烈欢迎。如非洲联盟轮值主席穆加贝在听了习近平的讲话后表示，习近平宣布的上述措施将为中非关系注入新活力。他抨击了那些诋毁中国和非洲关系是基于剥削的说法，而称习近平是“上天派来的使者”。他说“这是来自一个曾经贫穷国家的代表。这个国家从来不是我们的殖民者。他为我们做的事情正是我们对历史殖民者的期待。如果他们有耳朵，那就应当倾听我们的声音”。

五、破除“文明冲突论”，多边运筹，推动建立全球应对气候变化的机制

在我国的外交工作布局中，多边是重要舞台。但自20世纪90年代以来，“文明冲突论”在国际上甚嚣尘上，严重损害了世界上各种不同文明的交流互鉴与合作和谐。

美国哈佛大学教授塞缪尔·亨廷顿在1993年美国《外交》季刊上发表的《文明的冲突》一文，以及在1996年出版的《文明的冲突和世界秩序的重建》一书中鼓吹说，在东欧剧变、苏联解体、冷战结束以后，国际舞台上的冲突，将不再以意识形态为界限来展开，而主要以不同文明之间的斗争的形式来展开；他认为中国的儒家文明是对世界秩序的潜在威胁，并预言中国的崛起将导致全球文明冲突，儒家文明与伊斯兰文明能联合起来对西方文明构成最严重的挑战。

2014年3月27日，习近平在巴黎联合国教科文组织总部发表重要演讲，全面深刻地阐述了对不同文明交流互鉴的看法和主张，破除了“文明冲突论”。习近平指出，文明因交流而多彩、文明因互鉴而丰富。文明的交流互鉴是推动人类文明进步和世界和平发展的重要动力；推动文明交流互鉴，需要秉持正确的态度和原则。

第一，文明是多彩的，人类文明因多样才有交流互鉴的价值。不论是中华文明，还是世界上存在的其他文明，都是人类文明创造的成果。文明交流互鉴不应该以独尊某一种文明或贬损某一种文明为前提。推动文明交流互鉴，可以丰富人类文明的色彩，让各国人民享受更富内涵的精神生活、开创更有选择的未来。

第二，文明是平等的，人类文明因平等才有交流互鉴的前提。人类各种文明都各有千秋，没有高低、优劣之分，要了解各种文明的真谛，必须秉持平等、谦虚的态度，傲慢和偏见是文明交流互鉴的最大障碍。

第三，文明是包容的，人类文明因包容才有交流互鉴的动力。一切文明成果都值得尊重，一切文明成果都值得珍惜。只有交流互鉴，一种文明才能充满生命力。只要秉持包容精神，就不存在什么"文明的冲突"，就可以实现文明和谐。

中华文明是在中国大地上产生的文明，也是同其他文明不断交融互鉴而形成的文明。

当今世界，人类生活在不同文化、种族、肤色、宗教和不同社会制度所组成的世界里，各国人民形成了你中有我、我中有你的命运共同体。对待不同文明，我们需要有比天空更宽阔的胸怀，我们应该推动不同文明相互尊重、和谐共处，让文明交流成为增进各国人民友谊的桥梁、推动人类社会进步的动力、维护世界和平的纽带，我们应该从不同文明中间寻求智慧、汲取营养，为人们提供精神支撑和心灵慰藉，携手应对人类面临的各种挑战。

中国人民正在为实现中华民族伟大复兴的中国梦而奋斗。随着中国经济社会不断发展，中华文明也必将顺应时代发展焕发出更加蓬勃的生命力，中国人民在实现中国梦的进程中，将按照时代的新进步，推动中华文明创造性转化和创新性发展，激活其生命力，让中华文明同世界各国人民创造的丰富多彩文明一道，为人类提供正确的精神指引和强大的精神动力。

正是本着这种文明交流互鉴观，随着国力上升，国际社会对中国参与国际事务、发挥建设性作用有了更多期待，我们更紧密地把国内发展与对外开放统一起来，把中国发展与世界发展联系起来，把中国人民利益同各国人民共同利益结合起来，不断扩大同各国的互利合作，以更加积极的姿态参与国际事务，共同应对全球性挑战。为此，在国际多边舞台上，不断发出中国声音，提出中国倡议，贡献中国方案，在国际上成为促进机制创新的推动者、促进开放合作的发动机、化解冲突对抗的助推器和全球治理体系十分重要的参与者、推动者和贡献者，努力为全球发展做出更多更大的贡献。在这方面，我国领导人多边运筹，推动建立全球应对气候变化机制，就是一个典型。

《联合国气候变化框架公约》是 1992 年 5 月 22 日联合国政府间谈判委员会就气候变化问题达成的公约，于 1992 年 6 月 4 日在巴西里约热内卢举行的联合国环境和发展大会上通过，1994 年 3 月 21 日生效，这是国际社会在应对气候变化问题上进行合作的基本框架。截至 2013 年 7 月，《公约》共有 195 个缔约方，中国于 1992 年 6 月 11 日签署该公约。1997 年在日本京都举行的第三次缔约方会议通过了《京都议定书》,为发达国家设定了第一个承诺期(2008—2012)的减排指标;2007年在印尼巴厘岛举行的第十三次缔约方会议,确立了“巴厘路线图”,建立了以《京都议定书》特设工作组和《公约》长期特设工作组为主进行的气候变化双轨国际谈判。2011年在南非德班举行第十七次缔约方会议,决定设立“加强行动德班平台特设工作组”,负责到2020年时减排温室气体的具体安排。2012年在卡塔尔多哈举行的第十八次缔约方会议暨《京都议定书》第八次缔约方会议通过《京都议定书》的修正案,为38个发达国家缔约方设定2013—2020年的第二个承诺期的温室气体量化减排指标。2015年联合国气候变化巴黎大会的一个重大任务,就是要力争在本世纪结束之前,将全球总体气温控制在比工业化时代到来之前高出不多于2摄氏度。然而,经过1997年的《京都议定书》,2009年的哥本哈根会议,再加上这次的巴黎大会,为解决不断变暖的全球气候,世界各国经历了三次大规模的会议,虽找到了病因,却迟迟开不出一个各国都肯服用的药方,原因在于人类在应对气候变化上,也存在两个不同利益集团的博弈:一个是发达国家,一个是发展中国家。发展中国家认为,发达国家工业革命以来排放的大量温室气体长期存在并产生积累效应,是导致气候变化的主要原因,因此应履行更多减排责任,并率先采取措施减排,这就叫“有区别的”责任。发达国家则认为,发展中国家的碳排放量有后来居上的趋势,应承担“共同的”责任。双方争执不下。巴黎大会之前出现的一个积极现象是,涵盖全球95%温室气体排放量的170多个国家主动向联合国气候变化框架公约秘书处递交了“国家自主贡献”文件,自动自觉地公布了对气候变化的行动目标和承诺。这是因为科学家发现,气候正以超乎预料的速度在变化,目前大气中的温室气体含量,也几乎达到了人类史上最高的程度。

有鉴于全球气候变暖已严重影响自然生态系统和经济社会发展;我国气候变暖的趋势,其幅度还明显高于全球,已对我国国家安全提出了严峻挑战。为此,习近平强调指出,应对气候变化是中国可持续发展的客观需要和内在要求,事关国家安全。

为推动2015年11月29日至12月5日气候变化巴黎大会的谈判进程、凝聚共识,习近平代表中国同美、法、巴西、印度陆续发表气候变化联合声明,为大会作了良好铺垫。其中,中美两国元首继2014年11月在北京发表中美气候变化联合声明之后,又在2015年9月25日发表中美气候变化联合声明,宣布了有关应对气候变化的重要举措,中国承诺在2017年启动全国碳排放交易体系,以及提供31亿美元帮助经济条件更差的国家为其转型项目融资。联合国秘书长潘基文高度评价中美达成应对气候变化声明,称中美两国展现出世界所期待的领导力;美国奥巴马政府官员称,这开创了美中两国气候外交的新纪元;绿色和平组织高级气候分析师李硕则称，中国最新做出的重要出资承诺，对国际气候政治来说是一个变革；英国《金融时报》则在2015年9月28日发表社论说，北京在全球气候变化问题上一马当先，“北京的参与或能有助于避免2009年哥本哈根气候大会遭遇的惨败重演。”中法两国元首在2015年11月发表气候变化联合声明，为《巴黎协定》的最终达成奠定了坚实基础，东道国法国领导人多次表示，中方为巴黎大会取得成功发挥了关键作用。2015年9月，中国又宣布设立人民币200亿元中国气候变化南南合作基金。

在出席2015年11月29日气候变化巴黎大会开幕式时，习近平总揽全局、着眼长远地指出，巴黎协议应强化2020年后全球应对气候变化行动，也要推动全球实现更好的可持续发展。强调协议应有利于实现公约目标，引领绿色发展；应有利于凝聚全球力量，鼓励广泛参与；应有利于加大投入，强化行动保障；应有利于照顾各国国情，讲求务实有效。这些倡议立足当下、又面向未来，坚持原则又体现灵活，既代表广大发展中国家的共同诉求又兼顾各方立场，得到了广泛的支持和赞同。

大会期间，习近平除先后同法国总统奥朗德、美国总统奥巴马、俄罗斯总统普京举行会见外，还积极开展穿梭外交，同其他与会领导人坦诚、务实沟通协调，引导各方着眼大局、坚定信心、相向而行、最大限度凝聚共识。针对各方关切的减排、适应、资金和技术等问题，习近平强调“共同但有区别的责任”这一基本原则依然有效，同时，应推进合作共赢，各尽其能共同应对挑战，发达国家尤其应切实履行向发展中国家提供资金和技术转让的义务。习近平的这些主张巩固了应对气候变化的国际合作基石。

在2015年9月宣布设立中国气候变化南南合作基金的基础上，习近平在巴黎大会上进一步宣布，中国2016年将先期在发展中国家开展10个低碳示范区、100个减缓和适应气候变化项目及1000个应对气候变化培训名额的合作项目，继续推进清洁能源、防灾减灾、生态保护、气候适应型农业、低碳智慧型城市建设等国际合作，帮助发展中国家提高融资能力。同时中国积极敦促发达国家承担历史责任，兑现减排承诺，并帮助发展中国家减缓和适应气候变化。

习近平还强调，中国责无旁贷，在建设生态文明方面将继续做出自己的贡献。在“十三五”规划中，中国把生态文明建设作为重要内容，在“国家自主贡献”中提出将于2030年左右使二氧化碳排放达到峰值并争取尽早实现。2030年单位国内生产总值二氧化碳排放比2005年下降60%—65%，非化石能源占一次能源消费比重达到20%左右，森林蓄积量比2005年增加45亿立方米左右。这些让国际社会感受到中国善尽义务、多做贡献的诚意。各方普遍认为，中国绿色发展理念引领时代潮流，节能减排目标雄心勃勃，为全球应对温室效应带来"一席凉风"，认为中方为促成巴黎大会达成《巴黎协定》做出了重要贡献，充分展现应对气候变化问题上负责任的大国担当，并为大会圆满闭幕和达成全面、均衡成果创造了有利条件。

尽管气候变化巴黎大会上已达成《巴黎协定》，并已有超过 190 个国家表态支持这一协定，但协定的正式签署和实施要等到 2016 年 4 月在联合国总部举行的签字仪式，而且必须在至少 55 个《联合国气候变化框架公约》缔约方（其温室气体总排放量占全球总排放量的至少 55%）批准后才能有效。而全球这时正出现令人不安的消息，其中包括由于南极冰川加速融化，科学家调高了海平面上升的预期。正是在这一背景下，中美两国元首在 2016 年 3 月 31 日又发表了有关气候变化的第三份联合声明，宣布"中美两国将于 4 月 22 日签署《巴黎协定》，并采取各自国内步骤以便今年尽早参加《巴黎协定》"；"两国元首也承诺今年双方共同并与其他国家一道努力在相关多边场合取得积极成果，包括《蒙特利尔议定书》下符合'迪拜路途规划'的氢氟碳化物修正案和国际民航组织大会应对国际航空温室气体排放的全球市场措施"。

十分明显，中国从以上各个方面同世界各国一道同心打造人类命运共同体的理论和实践，契合世界人民的共同愿望，顺应人类社会发展进步的潮流，为创建和维护一个更加美好、更加和谐的世界勾画了蓝图，成为中国对世界发展做出的重要贡献。

（原载于《中国浦东干部学院学报》2017 年第 1 期）

“人类命运共同体”视域下中国道路世界意义的再审视*

陈锡喜

习近平在庆祝中国共产党成立95周年大会上的讲话（以下简称“七一讲话”），回顾了中国共产党的三大历史贡献，指出其历史意义之一是：“使具有500年历史的社会主义主张在世界上人口最多的国家成功开辟出具有高度现实性和可行性的正确道路，让科学社会主义在21世纪焕发出新的蓬勃生机。”同时，这一讲话又把“始终不渝走和平发展道路，始终不渝奉行互利共赢的开放战略，加强同各国的友好往来，同各国人民一道，不断把人类和平与发展的崇高事业推向前进”，作为“坚持不忘初心、继续前进”的要求之一，其中包括“倡导人类命运共同体意识，反对冷战思维和零和博弈”。“七一讲话”的上述论断，为发展21世纪马克思主义提出了新课题：如何以“人类命运共同体”为视域，对中国特色社会主义的世界意义作再审视，以协调“科学社会主义蓬勃生机的焕发”与“倡导人类命运共同体意识”之间的关系，它需要厘清：我们所倡导的“人类命运共同体”意识同科学社会主义价值目标是什么关系？中国特色社会主义的世界意义，同两大阵营对抗和冷战时的社会主义实践模式的区别何在？中国特色社会主义对人类文明的发展意味着什么？

一、打造“人类命运共同体”命题的提出及其与“自由人联合体”的关系

中国共产党提出打造“人类命运共同体”命题，经历了一个由外交政策思路，到外交战略理念，再到国际战略理念的过程。厘清这一过程并从中把握其内涵和

---

* 作者简介：陈锡喜，上海交通大学马克思主义学院特聘教授，博士生导师；上海立信会计金融学院客座教授。

本文系国家社科基金重点项目“习近平总书记的战略思维及其对马克思主义中国化的新贡献研究”（15AKS003）、教育部专项课题“习近平总书记治国理政战略思维中蕴涵的世界观方法论”（16JFZX002）的阶段性成果。

实质，是重新审视中国特色社会主义道路的世界意义的前提。

十八大前，中国的经济总量已达世界第二位，它使中国同西方国家的结构性矛盾开始凸显。为了争取中国更好的发展环境，中国共产党在处理与矛盾日益突出的西方大国关系时，强调在顺应世界大势中相互依存、同舟共济。于是在第二轮中美战略与经济对话以及在关于促进中欧合作的论述中，提出了“命运共同体”思想。2011 年 9 月的《中国和平发展》白皮书纳入了“命运共同体”概念，提出国际社会应该超越国际关系中陈旧的冷战或热战思维，寻求多元文明交流互鉴的新局面、人类共同利益和共同价值的新内涵、各国合作应对多样化挑战和实现包容性发展的新道路。十八大报告在阐述中国的外交理念时，使用了“人类命运共同体”的概念，指出：“合作共赢，就是要倡导人类命运共同体意识，在追求本国利益时兼顾他国合理关切，在谋求本国发展中促进各国共同发展，建立更加平等均衡的新型全球发展伙伴关系，同舟共济，权责共担，增进人类共同利益。”

十八大后，习近平在国际交往领域多次提出构建包括亚洲、中国和东盟、中国和非洲、中国和拉丁美洲、中国和阿拉伯等区域性的“命运共同体”的思想。2015 年 9 月，在联合国成立 70 周年系列峰会上，习近平发表题为《携手构建合作共赢新伙伴同心打造人类命运共同体》的讲话，指出“我们要继承和弘扬联合国宪章的宗旨和原则，构建以合作共赢为核心的新型国际关系，打造人类命运共同体”。① 并全面阐述了其内涵：政治上建立平等相待、互商互谅的伙伴关系，安全上营造公道正义、共建共享的安全格局，经济上谋求开放创新、包容互惠的发展前景，文化上促进和而不同、兼收并蓄的文明交流，生态上构筑尊崇自然、绿色发展的生态体系。于是，打造“人类命运共同体”命题，就由处理大国关系的外交政策思路拓展到中国处理国际关系的外交战略理念，由“利益共同体”拓展到全方位的“命运共同体”，从而上升到与中国特色社会主义的和平发展特征联系在一起的国际战略新理念。

理论界对这一国际战略新理念的研究解读刚刚开始，除了外交战略和政策层面的阐释外，在国际战略的理念或学理层面的肯定性的研究解读中，关注的侧面有所不同，绝大多数强调了它对中国传统文化的“和而不同”精神的发扬光大，或对人类“共同价值”的吸收发挥，只有极少数把它同马克思主义联系了起来，强调其理论根据是科学社会主义关于人类解放的理论，其价值根据是“自由人联合体”的理想。这些研究解读，都有一定的合理性。但是，对于这样一个涉及中国特色

① 习近平：《携手构建合作共赢新伙伴同心打造人类命运共同体》，《人民日报》2015 年9 月 29 日。

社会主义国际战略新的重大理念,同科学社会主义切割开来,是无以发展21世纪马克思主义的;但是,如果把“人类命运共同体”简单地与科学社会主义的“自由人联合体”理想挂钩,则会陷入教条主义或实用主义。

首先,我们应该看到,“人类命运共同体”意识同马克思、恩格斯的“自由人联合体”理想,存在着根本的区别。作为马克思、恩格斯最高社会理想的“自由人联合体”,是“代替那存在着阶级和阶级对立的资产阶级旧社会”,使“每个人的自由发展是一切人的自由发展的条件”①的社会,它消灭了阶级剥削和一切社会差别,生产资料回归社会即联合起来的个人,国家自行消亡。而中国共产党提出的“人类命运共同体”,则是在不同社会制度的民族国家都存在、但又因经济全球化而造成利益相互交织的条件下,为避免因利益冲突而陷入全人类共同困境、同时又体现中国成为一个大国所应承担的责任而提出的国际战略理念。其核心是反对一种社会制度战胜另一种社会制度的冷战思维和一个国家利益剥夺另一个国家利益的零和博弈,而主张“合作共赢”。

其次,我们也应看到,“人类命运共同体”意识同马克思、恩格斯的“自由人联合体”理想,也存在着密切的联系。因为“人类命运共同体”是要“尊重各国人民自主选择发展道路的权利,维护国际公平正义,反对把自己的意志强加于人,反对干涉别国内政,反对以强凌弱”的体现,它将“推动国际秩序和全球治理体系朝着更加公正合理方向发展”。这意味着,“人类命运共同体”意识的提出,是对资本主义“弱肉强食”价值观的颠覆;“人类命运共同体”的打造,则是对资本主义对世界的扩张和掠夺所造成的不公正不合理的世界关系的纠正。同时,它所弘扬的“和平、发展、公平、正义、民主、自由”等全人类的共同价值,也是对苏联国内搞经济上高度集中和政治文化上高度集权、国际上同资本主义发达国家争霸世界的社会主义模式的突破。从这个意义上可以说,打造“人类命运共同体”是在新的时代条件下推进人类解放进程的必经阶段。

当然,要辩证地把握“人类命运共同体”和“自由人联合体”的统一,还须厘清马克思关于“两个必然”思想以及中国共产党关于“人类命运共同体”理念的意蕴。否则,我们将陷入中央文件关于“尊重世界多样性”与现行教科书中所说“社会主义必将埋葬资本主义”这两套意识形态话语的悖论之中,而损害马克思主义对现实的解释力,使马克思主义陷于“两难”境地:要么马克思主义已“过时”,要么我们今天还应坚持“支援世界革命”的国际战略。

先看马克思关于“两个必然”的论述。与通常所说《共产党宣言》做出了“社

① 《马克思恩格斯文集》第2卷,人民出版社2009年版,第53页。

会主义必然胜利、资本主义必然灭亡”论断不同,《共产党宣言》关于“两个必然”论断的原话是:“资产阶级的灭亡和无产阶级的胜利是同样不可避免的。”①当然,这两个论断的本质是一致的,但是在表达形式上却存在“内生性”和“外在性”的差别。《共产党宣言》所说的是:由于资本主义内在的社会基本矛盾而导致“资产阶级用来推翻封建制度的武器,现在却对准资产阶级自己了。但是,资产阶级不仅锻造了置自身于死地的武器,它还产生了将要运用这种武器的人——现代的工人,即无产者”。② 这决定了无产阶级的必然胜利和资产阶级的必然灭亡。这样的“两个必然”,是“内生性”的,即资本主义必然发展到社会主义。但是,如果把“两个必然”拓展到国际领域中社会主义国家必然“战胜”并“埋葬”资本主义国家,则是“外在性”的,它超出了《共产党宣言》所做的论证,而是处于资本主义包围之中的新生社会主义苏联的意识形态,即斯大林话语体系的表达。厘清这一点,则我们可继续坚持“资本主义必然要发展到社会主义”这一“内生性”的马克思主义论断,但又可超越“社会主义必然战胜和埋葬资本主义”这一“外在性”的斯大林意识形态话语,而根据新的历史条件提出“反对冷战思维和零和博弈”的“人类命运共同体”意识。

再看“人类命运共同体”意识的双重内涵,即事实判断和价值判断的统一,或蕴涵在其中的必要性和可能性的统一。无论是理念上“倡导人类命运共同体意识”,还是在实践上“打造人类命运共同体”,都并不意味着“人类命运共同体”已成为当代世界的事实判断,正如“和平发展是时代的主题”,并不意味着当代世界已经是一片和平和繁荣,而是如邓小平所说的,这是当代世界关系全球性和人类命运的两大战略“问题”,当代世界既具有解决这两大问题的迫切必要性,又具有现实的可能性。同样,“人类命运共同体”的意识和打造,既具有迫切的必要性,也具有现实的可能性。世界多极化、经济全球化、文化多样化和社会信息化的国际形势基本特点,一方面决定了各种全球性非传统安全问题层出不穷,而对国际秩序和人类生存都构成了严峻挑战,因而当今世界迫切需要形成“人类命运共同体”意识;另一方面决定了各国相互依存、休戚与共,国际社会日益成为一个你中有我、我中有你的利益共同体,面对复杂的全球性问题,任何国家都不可能独善其身,因而当今世界具有打造“人类命运共同体”的可能性。

对于中国共产党和中国人民来说,倡导和打造“人类命运共同体”,也具有双重意蕴:实现中国核心利益与人类共同利益、发展中国特色社会主义与为人类和

---

① 《马克思恩格斯文集》第2卷,人民出版社2009年版,第43页。

② 《马克思恩格斯文集》第2卷,人民出版社2009年版,第37-38页。

平发展事业做出贡献的统一。为人类不断做出新的更大的贡献,是中国共产党和中国人民做出的庄严承诺。中国将积极参与全球治理体系建设,努力为完善全球治理贡献中国智慧,做世界和平的建设者、全球发展的贡献者、国际秩序的维护者,不但要把世界的机遇变成中国的机遇,而且要把中国的机遇变成世界的机遇,以此支持各国共同发展;同时,又决不放弃我们的正当权益,不拿自己的核心利益做交易,不会吞下损害我国主权、安全、发展利益的苦果。

以上述"人类命运共同体"内涵为视域,对中国特色社会主义加以再审视,可凸显其三大世界意义:对人类文明发展道路多样化的肯定而非否定,为人类文明发展提供了新资源;对传统的斯大林社会主义模式是超越而非简单复苏,赋予了社会主义以新内涵;对现行世界经济政治体系是朝公平正义方向的推进而非颠覆,通过促进世界和平发展事业从而为推进人类解放进程做出了新贡献。

二、中国特色社会主义道路为人类文明发展提供了新资源

在人类社会漫长的文明发展史中,西方资本主义文明只是人类文明特定阶段的一种形式,不是永恒的形式,更不是绝对普遍的唯一形式。将西方资本主义现代化模式和发展道路视为人类文明模式和现代化道路的唯一"典范",是欧洲中心主义的表现。西方模式的形成,大体上都伴随着资本扩张和掠夺,因其"不光彩"的历史,要在曾经受过资本主义侵略的中国进行复制,是不可思议的。正如毛泽东所诘问的:鸦片战争后中国志士仁人都虔诚地拜西方为师,但为什么先生老是欺负学生?中国近现代历史告诉我们,西方列强打开中国大门的目标非常清晰,就是把中国变成它们可以控制的势力范围,成为掠夺廉价原料和劳动力以及推销其商品的方便之地,而并非是辅佐一个足以同西方列强抗衡的资本主义现代化强国在世界东方的诞生。邓小平因其丰富的历史阅历,对此有深刻的直觉,早在改革开放之初,就一针见血地点出照搬西方模式的要害,即"如果我们不坚持社会主义,最终发展起来也不过成为一个附庸国,而且就连想要发展起来也不容易"。①

西方的经济政治制度,有其历史进步意义和各自国家的现实基础,但是其历史和现实的局限性也是显而易见的。西方有些资产阶级政治家把西方模式作为实现经济繁荣的必要前提,把亚洲一些国家和中国台湾作为"取得巨大经济成就的民主社会"的范例,诱使其他发展中国家照搬西方模式。对此论调,英国《金融时报》网站发表戴维·皮林的文章指出:"除了日本是被美国侵略者强加民主以外,其他经济体在独裁统治下与形成民主制度后的发展同样迅速……韩国是在成

① 《邓小平文选》第3卷,人民出版社1993年版,第311页。

为中产阶级国家后才变得多元化的,人们也可以说经济成就产生了民主,而不是反其道行之……菲律宾有一些民主的表现,但在经济上却令人失望。新加坡按照‘自由之家’的评级仅仅是‘部分自由’,却拥有亚洲最高的人均收入。”①相反,不少输入西方模式的国家,不仅没有成功解决原有的社会矛盾和问题,反而造成经济结构畸形和社会政治动荡,并且很容易受到国际经济危机的冲击。英国《每日电讯报》曾经评选过全球社会风险最高的20个国家和地区,大多数都是照搬西方模式的国家和地区。况且,迄今为止人类历史上代价最为惨重的两次世界大战和两次严重的经济危机,都起源于西方制度的诞生地欧洲和发扬地北美。2008年爆发严重金融危机以来,资本主义的发展模式更是受到了广泛质疑。而中国特色社会主义的崛起,使“历史终结论”的提出者弗朗西斯·福山在2009年也有所反省:“客观事实证明,西方自由民主可能并非人类历史进化的终点。随着中国崛起,所谓‘历史终结论’有待进一步推敲和完善,人类思想宝库需为中国传统留有一席之地。”②总之,中国特色社会主义雄辩地证明:一个不同于资本主义的新世界是完全可能的。

中国作为最大的发展中国家,在现代化进程中所面临的矛盾和问题,与其他发展中国家基本相同或类似,而资本主义世界至今不能解决南北之间的尖锐矛盾,反而使差距越拉越大。因此,邓小平在谈到中国改革的世界意义时说:“我们的改革不仅在中国,而且在国际范围内也是一种试验,我们相信会成功。如果成功了,可以对世界上的社会主义事业和不发达国家的发展提供某些经验。”③“这不但是给占世界总人口四分之三的第三世界走出了一条路,更重要的是向人类表明,社会主义是必由之路,社会主义优于资本主义。”④

三、中国特色社会主义超越了传统社会主义模式而赋予社会主义以新内涵

人们常说,中国特色社会主义兴起的世界意义,在于复苏了陷于低潮的社会主义运动。抽象地说,这没错;但具体地说,必须明确它是在何种意义上对社会主义的复苏?它不是对社会主义原有模式的简单复苏,而是超越。正如邓小平在南方谈话中所说:“一些国家出现严重曲折,社会主义好像被削弱了,但人民经受锻

① 参见英国《金融时报》网站,2012年7月11日。

② 《高擎真理的火把——记中国社科院世界社会主义研究中心》,《光明日报》2011年12月2日。

③ 《邓小平文选》第3卷,人民出版社1993年版,第135页。

④ 《邓小平文选》第3卷,人民出版社1993年版,第255页。

炼,从中吸取教训,将使社会主义向着更加健康的方向发展。"①学者常引这段话来表达邓小平对社会主义的信念,这自然没错,但往往忽视对"经受锻炼""吸取教训""更加健康"等关键词的解读,而这可能屏蔽掉其中蕴涵的如下意蕴:社会主义如果回到原有模式,是绝无出路的。这一模式,即两次世界大战期间通过斯大林道路而形成的苏联社会主义模式。

列宁逝世之后,斯大林为了"竭尽全力去建设社会主义社会",而试图尽快结束新经济政策。为此他提出了优先发展重工业和保持发展高速度的社会主义工业化道路,其所必需的"资本原始积累",则靠三个途径解决:国营企业创造的利润,农民交纳的税赋和工农业产品剪刀差的收益,以及人民的节衣缩食。为此,斯大林把小农经济和私人商业看成是资本主义,这为发动自上而下的集体农庄运动和国家直接占有、管理所有生产资料提供了意识形态根据,从而形成了国民经济的计划化。社会主义工业化、农业全盘集体化和国民经济计划化,是斯大林在两次世界大战之间苏联处于优势资本主义包围和威胁中、而国家财力物力贫乏的特殊历史条件下,所选择的具有历史合理性的道路。

1936年,苏联宣布基本"建成"了社会主义,被后人称为"斯大林的社会主义模式"得以形成。这一模式在体制上的主要特征是:经济上高度集中,建立了理论上的全民所有制而事实上的国家所有制和理论上的集体所有制而事实上的"准国家所有制",以及实行"命令经济"式的计划经济,推行政企不分的管理体制;政治上高度集权,实行以党代政的领导体制、自上而下的干部委派体制和事实上的干部终身制,缺乏民主决策和民主监督;文化上高度统一,实行中央集中控制和行政干预,导致思想上的教条主义和封闭。

斯大林社会主义模式的诞生,使社会主义发展成为具体的社会制度,它在较短时间里实现了工业化,对反法西斯战争发挥了重要作用,推动了世界反帝反殖民主义运动和社会主义运动,等等。然而,它又存在严重弊端,其僵化的体制,使经济和社会生活缺乏活力,人民群众的主动性、积极性受到压抑。这一模式的根本问题,在于将因特殊历史条件形成的社会主义形式绝对化和普遍化,即认为这一体制已不存在社会基本矛盾,因而不再需要变革,同时其他国家的社会主义也必须遵照这一模式,否则就是背离社会主义。这样,它就丧失了与外界进行物质能量交换的能力和内部自组织的能力,从而必然逐渐失去生命力。

当中国的"文化大革命"结束之时,苏联模式的缺陷已暴露无遗,苏联在同西方国家的竞争中已处于劣势。现实迫使人们重新思考究竟什么是社会主义、怎样

---

① 《邓小平文选》第3卷,人民出版社1993年版,第383页。

建设社会主义。在改革之初,邓小平就提出:"社会主义同资本主义比较,它的优越性就在于能做到全国一盘棋,集中力量,保证重点。缺点在于市场运用得不好,经济搞得不活。"①正是以这种认识为起点,中国逐步突破苏联模式,开辟了中国特色社会主义道路。

中国特色社会主义道路的成功开辟,破除了对社会主义教条式的理解和乌托邦式的幻想。正如邓小平所说:"旧的那一套经过几十年的实践证明是不成功的。过去我们搬用别国的模式,结果阻碍了生产力的发展,在思想上导致僵化,妨碍人民和基层积极性的发挥。"②"如果现在再不实行改革,我们的现代化事业和社会主义事业就会被葬送。"③中国特色社会主义道路既坚持了社会主义方向,又把中国的发展纳入当代开放世界的视野;既体现了人类文明发展道路的多样性,也体现了社会主义发展道路的多样性,从而为社会主义赋予了新内涵、注入了新生机与活力。正如邓小平所指出的:"在革命成功后,各国必须根据自己的条件建设社会主义。固定的模式是没有的,也不可能有。"④"每个国家的基础不同,历史不同,所处的环境不同,左邻右舍不同,还有其他许多不同。别人的经验可以参考,但是不能照搬。"⑤

四、中国特色社会主义对人类和平发展事业做出了新贡献

在经济上,中国在短时间内解决了占世界 1/5 人口的贫困问题,这本身就是对世界和平和发展事业无可比拟的贡献。而中国在解决自己的发展问题的时候,始终是把它与时代特征和世界大势联系在一起的,从而影响了世界的发展。邓小平高度关注世界和平与发展问题,强调应当把发展问题提到全人类的高度来观察和解决。改革开放以来,中国共产党始终强调中国特色社会主义是主张和平的社会主义,我们在发展中利用了世界和平与发展的机遇、经济全球化和世界多极化的机遇,也提出要把中国的机遇变成世界发展的机遇,并在这一方面做出了不懈的努力。

在政治上,随着中国特色社会主义的发展壮大,我们在世界上承担的责任也越来越大。中国始终坚持既不干涉他国内政,又尽力主持公道,我们秉持中国和所有发展中国家的命运是共同的信念,在国际事务中永远不会称霸,永远不欺负

---

① 《邓小平文选》第 3 卷,人民出版社 1993 年版,第 16 – 17 页。
② 《邓小平文选》第 3 卷,人民出版社 1993 年版,第 237 页。
③ 《邓小平文选》第 2 卷,人民出版社 1994 年版,第 150 页。
④ 《邓小平文选》第 3 卷,人民出版社 1993 年版,第 292 页。
⑤ 《邓小平文选》第 3 卷,人民出版社 1993 年版,第 265 页。

别人,反对任何形式的霸权主义,维护世界和平,为世界建立公正的政治秩序做出了重要贡献。

在文化上,我们坚持了中国传统的"和而不同"的精神,强调不同文明凝聚着不同民族的智慧和贡献,没有高低之别,更无优劣之分。我们尊重各种文明、平等相待、互学互鉴、兼收并蓄。我们的对外开放,包括文化的开放,我们的改革,学习和借鉴了包括资本主义所创造的一切人类文明成果。中国优秀文化走出国门,也不是搞所谓的"意识形态输出"和文化霸权主义,而是促进不同文明的交流和交融,共同推动人类文明实现创造性发展。

在社会上,中国对外合作不干涉其他国家内政,不附加条件,特别是对那些对中国长期友好而自身发展任务艰巨的周边和发展中国家的合作和援助,更多从对方长远发展和社会进步利益出发。截至 2011 年底,中国已免除 50 个重债穷国约 300 亿元人民币债务,对 38 个最不发达国家实施了超过 60% 的产品零关税待遇,并向其他发展中国家提供了 1000 多亿元人民币优惠贷款。中国支持和参与联合国工作以及世界治理,促进多边合作事业。中国设立了为期 10 年、总额 10 亿美元的中国—联合国和平与发展基金,将加入新的联合国维和能力待命机制,并将向非盟提供总额为 1 亿美元的无偿军事援助,以支持非洲常备军和危机应对快速反应部队建设。

在生态上,中国坚持走绿色、低碳、循环、可持续发展之路,从斯德哥尔摩会议开始就参加了可持续发展问题的历次重要国际会议,在可持续发展理念形成、制度建设、发展援助等方面都发挥了建设性的作用。过去 6 年中国单位生产总值能耗降低 21% 左右,主要污染物排放总量减少 15% 左右,为解决人类面临的共同困境做出了应有的贡献。

中国在逐步融入世界的过程中,坚持了道路、理论和制度的独立自主,这同样是对世界和平与发展事业的贡献。因为如邓小平所警示的那样:如果中国放弃共产党领导和社会主义方向,就可能发生动乱甚至内战,而"一打内战就是各霸一方,生产衰落,交通中断,难民不是百万、千万而是成亿地往外面跑,首先受影响的是现在世界上最有希望的亚太地区。这就会是世界性的灾难。所以,中国不能把自己搞乱,这当然是对中国自己负责,同时也是对全世界全人类负责"。①

总之,中国特色社会主义对世界的和平发展事业做出了巨大贡献,正是在这一意义上,习近平对中国特色社会主义道路的开辟者做了如此评价:"邓小平同志

① 《邓小平文选》第 3 卷,人民出版社 1993 年版,第 361 页。

的贡献，不仅改变了中国人民的历史命运，而且改变了世界的历史进程。”①面对国际上有人对中国发展起来后会不会搞霸权主义的担心，或者有人别有用心鼓吹的“中国威胁论”，我们不仅需要坚持和平发展的理念和道路，而且“要精心做好对外宣传工作，创新对外宣传方式，着力打造融通中外的新概念新范畴新表述”。②“人类命运共同体”即是这样的“新概念新范畴新表述”，它表明：对于当下，中国的发展和强大“给世界带来的是和平，不是动荡，是机遇不是威胁”。③ 对于未来，“中国将坚定不移走和平发展道路，永远不称霸，永远不扩张。‘君子一言，驷马难追’”。④

（原载于《毛泽东邓小平理论研究》2017 年第 2 期）

---

① 习近平：《在纪念邓小平同志诞辰 110 周年座谈会上的讲话》，《人民日报》2014 年 8 月 21 日。

② 习近平：《在全国宣传思想工作会议上讲话》，《人民日报》2013 年 8 月 20 日。

③ 习近平：《在接受拉美三国媒体联合采访时的问答》，《人民日报》2013 年 6 月 1 日。

④ 《习近平关于实现中华民族伟大复兴的中国梦论述摘编》，中央文献出版社 2013 年版，第 68 页。

“人类命运共同体”新理念三解

王义桅*

从毛泽东的“环球同此凉热”到习近平的“人类命运共同体”,中国共产党人的世界观不断与时俱进,中国逐渐占据国际道义制高点。

习近平主席在联合国日内瓦总部,系统阐述“人类命运共同体”思想,引发国际社会广泛关注。“命运共同体”的提法,最开始出现在2011年《中国和平发展白皮书》上,后在十八大报告中隆重推出,虽发轫于20世纪下半叶国际社会“我们只有一个地球”等口号,但有很大超越,是全球治理的灵魂。

理解“人类命运共同体”,有三大维度

一是历史维度。

天下大势,合久必分,分久必合。今天的“合”,就是超越国家的狭隘、国际差异,树立人类整体意识。在日内瓦联合国总部演讲中,习近平主席指出,从360多年前《威斯特伐利亚和约》确立的平等和主权原则,到150多年前日内瓦公约确立的国际人道主义精神;从70多年前《联合国宪章》明确的四大宗旨和七项原则,到60多年前万隆会议倡导的和平共处五项原则,国际关系演变积累了一系列公认的原则。这些原则应该成为构建人类命运共同体的基本遵循。这表明,中国提出人类命运共同体思想,继承了人类社会孜孜以求的优良传统,并在21世纪使之升华。

二是现实维度。

政治上:伙伴关系。建立平等相待、互商互谅的伙伴关系。国家之间要构建对话不对抗、结伴不结盟的伙伴关系。大国要尊重彼此核心利益和重大关切,管控矛盾分歧,努力构建不冲突不对抗、相互尊重、合作共赢的新型关系。要秉持和

* 作者简介:王义桅,中国人民大学国际事务研究所所长、教授。

平、主权、普惠、共治原则,把深海、极地、外空、互联网等领域打造成各方合作的新疆域,而不是相互博弈的竞技场。

安全上:相互依赖。坚持共建共享,建设一个普遍安全的世界。营造公道正义、共建共享的安全格局,倡导综合安全、共同安全、合作安全、可持续安全的新安全观。

经济上:共同发展。坚持合作共赢,建设一个共同繁荣的世界。谋求开放创新、包容互惠的发展前景。大家一起发展才是真发展,可持续发展才是好发展。命运共同体源于相互依存又超越相互依存,以积极相互依存超越消极相互依存,推动国际均衡、协调发展。

文化上:多元共生。坚持交流互鉴,建设一个开放包容的世界。促进和而不同、兼收并蓄的文明交流。2014 年 3 月,习近平主席在联合国教科文组织总部演讲时指出:"当今世界,人类生活在不同文化、种族、肤色、宗教和不同社会制度所组成的世界里,各国人民形成了你中有我、我中有你的命运共同体。"

环境上:可持续发展。坚持绿色低碳,建设一个清洁美丽的世界。构筑尊崇自然、绿色发展的生态体系。"人类只有一个地球,各国共处一个世界"。"命运共同体"强调"命运相连,休戚与共",为了和平、发展、合作、共赢的共同愿景,共同应对共同的危机、共同的挑战。各国只有相互尊重、平等相待,才能合作共赢、共同发展。

三是未来维度。

命运共同体思想也是对中国与世界关系的宣示:世界好,中国才能好;中国好,世界才更好。更长远的意义则是告别虚伪的"普世价值",追求人类共同价值观。正如习近平主席 2015 年 9 月在第七十届联合国大会一般性辩论时的讲话指出的,"大道之行也,天下为公。和平、发展、公平、正义、民主、自由,是全人类的共同价值,也是联合国的崇高目标"。命运共同体着眼于人类文明的永续发展,推动建立文明秩序,超越狭隘的民族国家视角,树立人类整体观。超越国际秩序和意识形态差异,寻求人类最大公约数,塑造以合作共赢为核心的新型国际关系,倡导和平发展、共同发展、可持续发展。

"命运共同体"思想是利益共同体、责任共同体思想的升华,最初着眼于周边——安身立命之所、发展繁荣之基,后来多用于发展中国家,强调南方意识,最高境界是"人类命运共同体",又从现实世界延伸到虚拟空间——网络空间命运共同体。

建设“人类命运共同体”，有三个阶段

阶段一，寓命于运：命运要掌握在自己手里，世界的前途命运必须由各国共同掌握，这是建立共同体的前提。中国应积极倡导建立“同呼吸，共命运”的安全伙伴关系，超越“安全上靠美国，经济上靠中国”的“亚洲悖论”及双边军事联盟体系。

阶段二，寓运于命：命运要联通起来，各国自主选择社会制度和发展道路，尊重各国推动经济社会发展、改善人民生活的实践，实现安全与经济协同发展。

阶段三，寓异于同：各国具有差异性，世界具有多样性，但共同的历史记忆，共同的处境，共同的追求，将各国紧密相连，形成共同身份与认同，塑造共同未来。正如费孝通先生所言，各美其美，美人之美，美美与共，天下大同。

习近平同志在主持中共中央政治局第二十七次集体学习时强调：“要推动全球治理理念创新发展，积极发掘中华文化中积极的处世之道和治理理念同当今时代的共鸣点，继续丰富打造人类命运共同体等主张，弘扬共商共建共享的全球治理理念。”命运共同体思想继承和弘扬了《联合国宪章》的宗旨和原则，是全球治理的共商、共建、共享原则的核心理念，超越西方消极意义上的同一个地球、地球村等，形成积极意义上的休戚与共，就是不仅要在物质层面，还要在制度、精神层面上求同存异、聚同化异，达到天下为公、世界大同的境界。

（原载于《北京日报》2017年2月6日）

构建人类命运共同体应对新时代挑战的中国方案

张其仔*

共商共建人类命运共同体是解决新时期挑战的中国方案。随着2012年党的十八大报告正式提出“倡导人类命运共同体意识”这一概念,国家主席习近平在国内外多个场合对命运共同体的概念、意义和行动方案进行了深刻的阐释,向全世界传递了全球治理体系重塑的中国方案。2017年1月,习近平主席在联合国日内瓦总部发表了《共同构建人类命运共同体》的演讲,他提出,为了适应新时代的变化,处理全球挑战的中国方案是:“构建人类命运共同体,实现共赢共享。”并从五位一体的角度出发,提出了五个坚持,即:坚持对话协商,建设持久和平的世界;坚持共建共享,建设一个普遍安全的世界;坚持合作共赢,共建一个共同繁荣的世界;坚持交流互鉴,建设一个开放包容的世界;坚持绿色低碳,建设一个清洁美丽的世界。

“一带一路”倡议本身,在我们看来,它恰恰是一个构建人类命运共同体理念、塑造全球治理体系的重大方案。中国倡导的“一带一路”战略,本质上都是和平合作、开放包容、互学互鉴、互利共赢的理念。

根据新华社的报道,联合国社会发展委员会第55届会议2月10日协商一致通过了《非洲发展新伙伴关系的社会层面》决议,“构建人类命运共同体”理念首次被写入联合国决议中。在这个决议书中,同时也敦促和欢迎各个国家进一步促进非洲区域经济合作进程,推进“丝绸之路经济带和二十一世纪海上丝绸之路”倡议等便利区域互联互通的举措。所以我们在拓展中国跟“一带一路”沿线国家的产业和贸易合作的关系时,应该说要以构建人类命运共同体这个理念来进行指导。

---

* 作者简介:张其仔,中国社会科学院工业经济研究所研究员、《产业蓝皮书:中国产业竞争力报告(2016)No.6》主编。

在具体操作上，体现构建人类命运共同体的理念要做到以下五点，即：一个中心，四个统筹。

坚持一个中心，就是要坚持把"蛋糕"做大这个中心。

目前来说，中国与"一带一路"沿线国家的贸易成长和前景看好，但是彼此之间的贸易结合度总体来说还不是特别强，加强与"一带一路"沿线国家的贸易联系，不是在现有的基础上分蛋糕，从其他国家和地区的市场份额中，增大中国的市场份额，而主要是通过做加法的办法，把蛋糕做大。

贸易结合度指数有两种方法计算，一种是通过出口侧，即中国出口，"一带一路"沿线国家进口；一种是通过进口侧，即中国进口，"一带一路"沿线国家出口。根据我们的测算，中国与"一带一路"沿线60多个国家的贸易结合度，从出口侧讲基本上保持稳定，而且整体上和世界其他国家贸易结合度相差不是很大；从进口侧讲，应该说比出口侧稍微弱一些。基于这种情况，我们认为，中国加强与"一带一路"沿线国家的贸易和产业合作，首先是要把蛋糕做大。

做大蛋糕的同时，也要考虑把蛋糕分好。四个统筹并举便是回答如何分好蛋糕的问题。

统筹"硬实力"与"软实力"建设，坚持"硬实力"与"软实力"并举。

中国作为第二大经济体，经济和产业有一定的基础。但是在"一带一路"战略的实施过程中，"一带一路"战略的成功实施不但需要"硬实力"，而且还需要"软实力"，我们一定要讲好中国故事，只有讲好中国故事，中国"一带一路"战略的实施才会事半功倍。国际社会，包括"一带一路"沿线国家，对中国"一带一路"的倡议，在最初提出来的时候有种种误解，通过中国政府大量的宣讲，目前有所缓解，但是我们认为，"软实力"的提升，在"一带一路"倡议实施过程中仍然非常重要，居于至关重要的地位。

统筹长板和短板建设，坚持发挥传统优势和培育新的优势并举。

通过分析测算，我们发现，中国在中低端产业上具有优势，可以考虑通过借助这个优势，通过做优的方式，来推动"一带一路"沿线国家的基础设施建设，拉动"一带一路"沿线国家在产业升级方面的建设，为"一带一路"沿线国家实现互联互通、推进工业化和城市化建设提供重要的支撑。应该说，在基础设施建设方面，在城市化方面，中国与"一带一路"沿线国家在传统产业方面拥有大量的合作空间。

当然，中国和"一带一路"沿线国家的合作不能仅限于中低端产业。我们在研究中国跟"一带一路"沿线国家的产业和贸易互补的时候，对不同类型的产业也做了分析。我们发现，中国跟"一带一路"沿线国家现在在中低端产业上的互补性相对比较强，但是在高端产业上的互补性相对比较弱，这就给中国跟“一带一路”国家开展合作提出了一个新的任务，即加强中国跟“一带一路”沿线60多个国家高端产业互补性，提升在高端产业的合作和发展水平。

统筹产业间分工和产业链分工的关系，坚持产业间贸易与产业内贸易并举。

通过计算中国与“一带一路”沿线60多个国家的产业间分工和产业内贸易分工的地位，我们发现，中国与它们中的绝大多数国家的贸易是产业间贸易，产业内贸易相对来说比较弱。众所周知，全球化一个最重要的大趋势就是由产业间分工向产业内贸易分工发展变化，所以，我们建议，在“一带一路”战略实施过程中，中国应积极推进与“一带一路”沿线国家的产业链分工，通过产业链分工，深化双方贸易合作。

统筹国内和国际两种优势，发挥“自身优势”和“第三方优势”并举。

共建人类命运共同体“一带一路”倡议实施过程中的一个重要体现，就是中国在推进和实施“一带一路”过程当中，要加强与第三方合作。在我们的概念当中，加强跟第三方的合作，一方面取决于理念，另一方面也取决于第三方跟“一带一路”沿线国家的产业、贸易和互补关系。

通过分析，我们得出了两点结论：第一，美国、欧盟和日本与“一带一路”沿线国家贸易结合度来讲，日本相对比较高，中国近几年有改善的趋势，美国、欧盟相对日本比较低；第二，“一带一路”沿线国家和美国、欧盟以及日本的产业互补性主要体现在中高端上，而与中国的产业互补性目前在中端上有了上升的势头。

不过，我们认为，这种情况之下，虽然说中国通过跟美国、欧盟、日本的合作，来共同推动“一带一路”沿线国家的产业升级和高端产业的发展有很大潜力，但是现在在这个合作中间，面临着一些挑战，其中最大的挑战应该是来自日本。

日本在全球产业分工和布局中盛行一种“雁行理论”。“雁行理论”的实质是指日本是雁首，其他国家都是雁尾。这种理念是建立在等级式的产业分工基础之上的，与我们现在讲究共同发展、共赢，把蛋糕做好的同时把蛋糕分好的理念有所冲突。在第三方合作中，空间和潜力是巨大的，但是中国和日本在实施推进“一带一路”倡议的建设过程中，最关键的问题还需要日本在理念上有个充分的变化，日本目前所持态度，总体而言，与发展大势并不相适应，日本方面理念的变化对于中日的合作具有非常重要的意义。

（原载于《小康》2017年第9期）

人类命运共同体思想的内容、价值与作用*

张历历

自党的十八大以来，习近平总书记提出了一系列有广泛国际影响的外交思想。这些外交思想内容丰富深刻，对中国外交有着长远的指导作用，而且在国际上也引起高度重视。其中，关于人类命运共同体的思想，因具有深厚的理论价值和强烈的实践指导作用，引起思想理论界的强烈关注。

人类命运共同体思想的形成、发展

习近平关于人类命运共同体的思想有一个形成发展的过程，这个过程大致可分为两个阶段。

第一个阶段：形成阶段。形成阶段大致有近三年时间，从 2012 年 11 月党的十八大召开到 2015 年 9 月。在党的十八大报告中提到："人类生活在同一个地球村，生活在历史和现实交汇的同一个时空里，越来越成为你中有我、我中有你的命运共同体。"2013 年 3 月下旬，刚刚当选中国国家主席的习近平首次出访俄罗斯。他在莫斯科国际关系学院的演讲中，第一次提到命运共同体的概念。从习近平主席的一系列外交实践分析，人类命运共同体思想属于他较早提出的思想之一。有报道指出，在这个阶段，习近平主席在国际国内不同场合 62 次提到人类命运共同体的概念，并做了相应的阐述。

第二个阶段：发展阶段。这个阶段可从 2015 年 9 月 28 日习近平主席在纽约联合国总部举行的纪念联合国成立 70 周年大会上发表讲话起，直至今天。在这个阶段，人类命运共同体的思想在国际上广泛传播，备受各国政界和研究界重视。

2015 年 9 月下旬，联合国举行成立 70 周年盛大纪念活动。9 月 28 日，中国国

---

* 作者简介：张历历，外交学院中国外交研究中心主任，外交学系教授。
本文系教育部委托课题"习近平总书记治国理政新理念新思想新战略专项研究项目"之"治国理政和全球治理"的阶段性成果之一。

家主席习近平访问纽约联合国总部,出席纪念联合国成立 70 周年大会,并发表题为《携手构建合作共赢新伙伴同心打造人类命运共同体》的讲话,这是中国最高领导人首次在重大国际组织中提出人类命运共同体的概念并详细阐释核心思想。

习近平主席说:“当今世界,各国相互依存、休戚与共。我们要继承和弘扬联合国宪章的宗旨和原则,构建以合作共赢为核心的新型国际关系,打造人类命运共同体。”为实现打造人类命运共同体这一伟大目标,习近平主席强调:“我们要建立平等相待、互商互谅的伙伴关系。要营造公道正义、共建共享的安全格局。要谋求开放创新、包容互惠的发展前景。要促进和而不同、兼收并蓄的文明交流。”此次讲话马上引起研究界的高度重视。

在习近平主席联大发表讲话之后,关于人类命运共同体的思想继续得到发展。2016 年 9 月上旬,在中国杭州举行的 G20 集团首脑第十一次峰会上,习近平主席在致辞中表示:“我们要树立人类命运共同体意识,推进各国经济全方位互联互通和良性互动,完善全球经济金融治理,减少全球发展不平等、不平衡现象,使各国人民公平享有世界经济增长带来的利益。”

2017 年 1 月,习近平主席首次出访瑞士,拉开今年中国外交大幕。习近平主席和瑞士领导人举行了高层政治会谈,在达沃斯经济论坛发表重要讲话,并到访联合国日内瓦总部和世界卫生组织总部、奥林匹克总部等几个影响广泛的国际组织总部。

习近平主席在联合国日内瓦总部发表题为《共同构建人类命运共同体》的重要讲话。这一讲话受到国际国内各方面广泛关注。首先,这是习近平主席以“共同构建人类命运共同体”为专题的讲话。这在过去习近平主席的重要讲话中是第一次。其次,讲话内容极其丰富,不仅有理论阐述,还有政策建议。第三,讲话中关于人类命运共同体的思想有重要发展。例如过去提出“同心打造人类命运共同体”“树立人类命运共同体意识”等,这一次讲话中界定为“共同构建人类命运共同体”。又如,对人类命运共同体进行新的定位,将构建人类命运共同体确定为时代命题。再如,在这一讲话中明确列出从《威斯特伐利亚和约》确立的主权平等原则到万隆会议倡导的和平共处五项原则等人类社会共同认可的原则,这些应该成为构建人类命运共同体的基本遵循。第四,共同构建人类命运共同体和全球治理。在这一讲话中,习近平主席提出共同构建人类命运共同体的五大全球治理主张,将共同构建人类命运共同体的时代命题,同如何推进落实结合在一起。

人类命运共同体思想是重大理论创新

人类命运共同体思想是以习近平同志为核心的党中央对马克思主义和中国

外交思想的重大理论创新。人类命运共同体思想属于国际关系理论中的时代问题研究范畴,属于国际社会整体观和前景方向观的问题,是重大理论研究问题。在历史上,马克思主义对国际社会整体观和前景方向观没有提出过和人类命运共同体相类似的思想。

新中国成立以后,在冷战格局制约下,以毛泽东为核心的第一代中央领导集体,在时代问题上主要还是以列宁"战争与革命"的论述为主。但第一代领导集体运用马克思主义基本原理和新中国外交实践,提出了和平共处五项原则和"求同存异"等思想,这已超越了冷战格局制约,具有划时代的意义。

1978年,中国进入改革开放新时代之后,以邓小平为核心的第二代中央领导集体根据国际形势变化和新中国外交实践,提出"和平与发展是当代世界两大主题"的论断,对改革开放新时代的国际发展潮流给予了准确把握。

进入21世纪之后,国际形势变化愈加错综复杂,非传统安全因素急剧上升,世界仍不太平。在21世纪第一个10年,经济高速增长的中国,对世界重大现实问题如何看待,受到高度关注。2005年9月14日,胡锦涛在纽约出席联合国成立60周年首脑会议的开幕式,提出构建一个持久和平、共同繁荣的"和谐世界"的主张,提出中国对改变旧的国际政治经济秩序的明确措施,包括消除贫困、共同繁荣,大力推动和帮助发展中国家发展,使21世纪成为"人人享有发展的世纪"等主张,得到国际舆论的广泛好评。

以习近平同志为核心的党中央执政后,敢于担当、勇于创新。首先提出实现中华民族伟大复兴的中国梦,此后在治国理政方面提出一系列新理念新思想新战略。在外交思想方面,在中国梦之后又提出"亚太梦",加上人类命运共同体思想,形成对中国、亚太地区、全世界发展前景的完整清晰的认识判断。这是以习近平同志为核心的党中央根据马克思主义基本原理在新形势下做出的重大理论创新,具有极高的理论价值。

人类命运共同体思想对当今世界的发展具有引领价值

人类命运共同体思想的提出,与当今世界面临的复杂混乱形势有关。我们生活在一个矛盾的世界之中:一方面,物质财富不断积累,科技进步日新月异,人类文明发展到历史最高水平;另一方面,地区冲突频繁发生,恐怖主义、难民潮等全球性挑战此起彼伏,贫困、失业、收入差距拉大等问题愈加凸显,世界面临的不确定性上升。经济全球化是一把"双刃剑",当世界经济处于下行期的时候,增长和分配、资本和劳动、效率和公平的矛盾就会更加突出,发达国家和发展中国家都会感受到压力和冲击。反全球化的呼声,反映了经济全球化进程的不足。

2016 年是冷战格局结束之后国际形势最动荡的一年。这一年,全球化受挫、地区化逆转、民粹主义抬头,“黑天鹅”不断飞出。在这种国际形势下,中国的态度至关重要。2017 年 1 月 17 日,习近平主席出席达沃斯世界经济论坛开幕式并发表主旨演讲,其中的表态引人关注。关于当前世界经济低迷的根源,习近平主席的分析是:“全球增长动能不足,难以支撑世界经济持续稳定增长;全球经济治理滞后,难以适应世界经济新变化;全球发展失衡,难以满足人们对美好生活的期待。把困扰世界的问题简单归咎于经济全球化,既不符合事实,也无助于问题解决。”关于中国对全球化的态度,习近平主席强调:“我们要适应和引导好经济全球化,消解经济全球化的负面影响,让它更好惠及每个国家、每个民族。”

人类命运共同体思想对全球治理具有指导价值

近年来国际局势复杂变化,全球化发展遭遇逆流干扰,地区合作面临退步。某些经济大国实行贸易保护主义政策,有些国家民粹主义抬头,如何引导全球治理有效前行成为巨大挑战。习近平主席的人类命运共同体思想和全球治理联系在一起,对现实世界的实践有重大指导意义。

在习近平主席出席达沃斯世界经济论坛开幕式发表的主旨演讲中,关于全球治理的新主张引起世界舆论高度关注。习近平主席提出:“我们要坚持创新驱动,打造富有活力的增长模式;要坚持协同联动,打造开放共赢的合作模式;要坚持与时俱进,打造公正合理的治理模式;要坚持公平包容,打造平衡普惠的发展模式。”这是世界重要经济体的领导人中,由中国领导人首次提出的关于全球治理四大模式的系统理论,极具创新意义。

习近平主席代表中国提出的全球治理新主张,在推动全球治理创新上做出新贡献。习近平主席多次强调:“中国的发展是世界的机遇,中国是经济全球化的受益者,更是贡献者。中国经济快速增长,为全球经济稳定和增长提供了持续强大的推动。中国同一大批国家的联动发展,使全球经济发展更加平衡。中国减贫事业的巨大成就,使全球经济增长更加包容。”中国和许多国家共同推行的“一带一路”合作战略,就是中国倡导的全球治理新主张的最好实践之一。

参考文献:

[1]张历历等:《现代国际关系学》,重庆出版社 1989 年版。

(原载于《人民论坛》2017 年 3 月)

人类命运共同体:世界治理新方案

薛 力*

2017年2月10日,联合国社会发展委员会第55届会议协商一致通过《非洲发展新伙伴关系的社会层面》决议,构建人类命运共同体理念首次被写入联合国决议中。2017年3月17日,联合国安理会通过关于阿富汗问题第2344号决议,载入构建人类命运共同体重要理念……人类命运共同体理念,作为独具东方智慧的世界治理新方案,正日益为国际社会所接受。

人类命运共同体提出背景

时迁世移,新元渐呈。和平与发展是当今世界的主题,和平是世界人民的共同期盼,发展是全人类共同面临的紧迫任务,各国在谋求和平与发展的过程中,迫切呼唤着平等相待、团结合作。但我们需看到,当今世界仍不太平,战争的达摩克利斯之剑依然悬在人类头上,世界格局也正不断变化,呈现若干新特点。

首先,西方国家的全球影响力相对下降,发展中国家的影响力提升。明显标志是七国集团从讨论全球政治经济文化议题的"富国俱乐部",变成主要聚焦政治与社会问题的西方大国论坛。经济议题被边缘化后,政治议题难以达成共识,更无法操作,社会问题重要性稍显逊色,这使得七国集团受关注程度大大下降,影响力明显减弱。

其次,发达国家对全球经济的贡献下降,新兴经济体的贡献明显上升。典型标志是,2008年国际金融危机重创发达国家后,二十国集团从财长会议升格为领导人峰会,成为国际经济合作主要论坛。其主要使命是:在发达国家和新兴市场国家之间就实质性问题进行开放及有建设性的讨论和研究,寻求合作并促进国际金融稳定和经济的持续增长。许多金融、财政议题先在二十国集团会议上达成共

* 作者简介:薛力,中国社会科学院世界经济与政治研究所国际战略室主任、研究员。

识,再提交相关国际机构落实执行。由于新兴经济体在二十国集团中占多数,因此,他们的具体经济主张,有望通过这一途径产生全球影响力,甚至成为国际经济规章制度的一部分。

第三,全球化进程遭遇挫折,甚至出现“逆全球化”趋势。关贸总协定与世界贸易组织的主要任务是推进全球自由贸易,可旨在推进全球贸易的多哈回合2001年启动后迟迟没有大进展,2009年后实际上已经被搁置。许多国家转而推进区域整合,一些发达国家纷纷以“公平贸易”为旗号,推行贸易保护主义。

第四,中国的全球角色地位凸显。中国经济总量在全球坐二望一,贡献了全球经济增量的三分之一,但在全球产业链分工中,整体上依然处于中下游。推进经济全球化符合包括中国在内的新兴经济体的利益,也符合发达国家服务业、先进制造业等行业部门的主张。和平崛起依然是中国的坚定信念与现实选择。

在上述背景下,党的十八大报告首次提出“要倡导人类命运共同体意识”。此后,习近平主席在一系列双边和多边重要外交场合多次强调树立人类命运共同体意识,提出共建中国—东盟命运共同体、中国—巴基斯坦命运共同体、亚洲命运共同体等,表明中国愿同世界各国共同致力于促进世界的和平、稳定、繁荣与进步。2015年9月,习近平在第七十届联合国大会一般性辩论时,提出要继承和弘扬联合国宪章的宗旨和原则,构建以合作共赢为核心的新型国际关系,打造人类命运共同体,并阐述打造这一共同体的途径:建立平等相待、互商互谅的伙伴关系;营造公道正义、共建共享的安全格局;谋求开放创新、包容互惠的发展前景;促进和而不同、兼收并蓄的文明交流;构筑尊崇自然、绿色发展的生态体系。2017年1月18日,习近平主席在日内瓦万国宫出席“共商共筑人类命运共同体”高级别会议,并发表题为《共同构建人类命运共同体》的主旨演讲,深刻、全面、系统阐述人类命运共同体理念。他指出,构建人类命运共同体,国际社会要从伙伴关系、安全格局、经济发展、文明交流、生态建设等方面做出努力:要坚持对话协商,建设一个持久和平的世界;要坚持共建共享,建设一个普遍安全的世界;要坚持合作共赢,建设一个共同繁荣的世界;要坚持交流互鉴,建设一个开放包容的世界;要坚持绿色低碳,建设一个清洁美丽的世界。

可见,构建人类命运共同体,是中国提出的全球治理新方案,旨在打造政治、安全、经济、文化、生态“五位一体”的全球共同体。

人类命运共同体与中国智慧

各国都希望给世界打上属于本国的烙印,大国尤其如此,而且具有更大的可能性。提出自己的主张是实现上述目标的第一步。打造人类命运共同体的主张,既体现了中国传统文化的智慧,也深受中国当代文化的熏染。

文化包括普遍性成分与特殊性成分。前者使得不同文化间的沟通与共识成为可能,后者体现文化差异性并构成文化特色。中国传统文化很早便拥有"和羹之美,在于合异"的思想与胸怀,儒家文化与道家文化作为中国传统文化的主流,主张"礼"、"和而不同"、"道法自然"。人类命运共同体理念与之遥相呼应:彼此以礼相待的世界显然是一个有序而和平的世界,奉行"和而不同"理念的国家互为伙伴,个人与国家的发展需要符合生态要求,不同文明都拥有独特魅力和深厚底蕴,相互碰撞交融,各美其美。

当代中国在经济社会高速发展的背景下,深刻认识到构建与强化社会价值观体系的重要性。党的十八大提出的社会主义核心价值观,涵盖了国家、社会、个人三个层面,是现阶段全国人民对社会主义核心价值观具体内容的最大公约数的表述,是沿着人类文明发展的康庄大道前进的结果,是全人类共同的文明成果。而人类命运共同体的提出,是社会主义核心价值观的生动体现。

人类命运共同体:一种新的外交理念

人类命运共同体作为一种外交理念,与西方的外交理念有着明显不同。世界文化呈现多样性,没有孰是孰非或者高下之分,但有强大硬实力支撑的文化更容易对外产生影响。西方文化在过去几百年里就是一种强势文化,以至于肇始于哥伦布发现新大陆时期的全球化,在相当程度上被等同于西方化,二战以后,则被一定程度上等同于美国化。无疑,西方理念主导下的全球化以及与之相关的现代化,在多方面具有积极意义,但也存在明显缺陷。

在西方外交理念的主导下,世界分为"我们"与"他们","我们"是进步的、正义的,代表了普遍的价值观和人类的发展方向,"他们"是落后的、非正义的,只能代表特定的价值观,必须被同化到西方主导的世界中。这一同化过程在二战以前通过战争、殖民、传教等方式实现,二战后"国际规范"则成了西方国家的"尚方宝剑":"我们"主导建立一系列清晰的国际规范,以此约束、引导"他们"的行动与利益诉求。对于不接受者,则软硬兼施进行制裁、孤立、污名,乃至发动武力"惩罚"。这种外交理念并没有达到预期的效果,反而导致大量的冲突与局部战争。

人类命运共同体则体现了中国的传统价值取向:世界是"无外"的,没有"我们"与"他们"的鸿沟,因此,不同文明可以坦然共存。人类命运共同体中的成员,是互商互谅的伙伴关系,可以共享安全,不同文明间相互交流但不同质化,没有高下之分。同时,这一主张也吸收了西方文明对平等、权利、合作等因素的强调。可见,人类命运共同体所体现的外交理念、所主张的世界治理方案具有相当的比较优势。

人类命运共同体的全球影响

在和平时期,大国影响世界既需要硬实力也需要软实力,一种能被外界接受的理念主张,既能引导自己的外交行为,也有助于向外扩展自己的硬实力。在人类命运共同体外交理念的指导下,中国通过一系列外交举措落实这一主张,展现中国的大国责任,同时也希望这一理念能为世界所接受、产生浸润性影响,引领世界治理新方向。

"一带一路"倡议是构建人类命运共同体的组成部分。构建人类命运共同体,周边国家与亚欧大陆无疑属于优先方向,这也正是"一带一路"的主要辐射范围。目前已经有 100 多个国家和国际组织参与到"一带一路"倡议中来,40 多个国家和国际组织同中国签署合作协议,20 多个国家参与国际产能合作计划。"一带一路"成为中国提出的全球影响力最大的倡议之一。

建立新型大国关系是构建人类命运共同体的重要环节。在"无政府但有秩序"的国际社会中,大国关系一直是国际政治的重要影响因子。中国提出的新型大国关系,特别是中美新型大国关系,主张"不冲突、不对抗、互相尊重、合作共赢",这一理念普遍为世界各国所接受。美国新任国务卿蒂勒森近日访华时,虽然没有提到"新型大国关系",却明确以"不冲突、不对抗、相互尊重、合作共赢"来界定中美关系。当然,确认这一点还需要持续关注中美关系的走向。

中国为构建人类命运共同体所做的努力也表现在应对气候变化方面。2015 年,习近平主席在气候变化巴黎大会上提出,中国将于 2030 年左右使二氧化碳排放达到峰值并争取尽早实现。2016 年,中国在联合国总部签署了《巴黎协定》,向国际社会发出了中国愿与各国共同抵御全球变暖积极而有力的信号,这更是中国践行绿色发展、推动世界构筑绿色发展生态体系的生动实践,展现了中国的大国担当。

伴随着中国的不懈努力,人类命运共同体概念正得到越来越多国家的积极响应与支持。"尼泊尔将会在打造亚洲命运共同体的过程当中,拿出合作精神、尽到最大的努力""巴基斯坦愿不断充实巴中命运共同体内涵""非洲应该向亚洲国家学习并同亚洲国家合作,努力建设命运共同体""巴西愿意同中国一道,为建设一个和平、民主、包容的世界做出积极贡献"……这一声声呼应,是人们对美好未来的期盼,也生动印证着人类命运共同体思想所放射出来的耀眼光芒。

同时,我们必须看到,人类命运共同体作为一种构建人类未来命运的新主张,要为世界各国所接受,在理论上与实践上还面临不少挑战。中国应与世界各国积极沟通、通力合作,共同应对挑战。

总之,人类命运共同体的提出,显示了中国的自信与能力,既努力对世界有所作为,也具有求同存异、和而不同的大国风范。构建人类命运共同体,正是中国为找到世界的共同利益支点,以共同发展让更多人共享美好未来而作的努力。未来,相信随着人类命运共同体外交理念不断深入人心,中国的国际影响力将进一步上升。

参考文献:

[1]《习近平谈治国理政》,外文出版社2014年版。

[2]《谋共同永续发展做合作共赢伙伴——在联合国发展峰会上的讲话》,《新华每日电讯》2015年9月27日。

(原载于《党建》2017年第4期)

人类命运共同体：全球化背景下类文明发展的中国预判*

虞崇胜　余　扬

“人类命运共同体”是近年来中国在全球化背景下所提出和倡导的一种处世理念，是中国在对当下世界格局和人类客观发展规律进行深入思考后所提炼出来的世界社会实体。正如十八大报告中提出的，“这个世界，各国相互联系、相互依存的程度空前加深，人类生活在同一个地球村里，生活在历史和现实交汇的同一个时空里，越来越成为你中有我、我中有你的命运共同体”①。“面对世界经济的复杂形势和全球性问题，任何国家都不可能独善其身，一枝独秀。”②在如今世界一体化日益加深的程度之下，人类命运的联系程度也在逐渐加深，在这种趋势下，打破传统国家和民族团体限制，构建一个能够共享人类发展成果，更能够共同应对挑战的人类整体，已经是大势所趋。

社会学家滕尼斯认为，人类共同体分为血缘、地缘以及精神共同体，其发展脉络应该是血缘共同体分离为地缘共同体，最后发展成为精神共同体。“精神共同体，作为在相同的方向上和相同的意向上的纯粹的相互作用和支配。精神共同体可以被理解为心灵的生活的相互关系。精神共同体在同从前的各种共同体的结合中，可以被理解为真正的人和最高形式的共同体。”③按照滕尼斯对人类共同体的研究观点来看，中国提出的人类命运共同体应该与精神共同体同属人类共同体的最高等级。因为二者都是破除了血缘及地缘等因素的限制，以一种整体性思维

---

* 作者简介：虞崇胜，武汉大学政治文明与政治发展研究中心主任、教授；余扬，武汉大学政治与公共管理学院博士生。

本文为国家社会科学基金重点项目“中国特色社会主义政治发展道路的理论、路径和机制研究”（项目编号：12AZZ001）的阶段性研究成果。

① 胡锦涛：《坚定不移沿着中国特色社会主义道路前进　为全面建成小康社会而奋斗》，新华网2012年11月19日。

② 《习近平同外国专家代表座谈》，新华网2012年12月5日。

③ ［德］费迪南·滕尼斯：《共同体与社会》，林荣远译，商务印书馆1999年版，第65页。

将全人类看作一个整体,注重寻求人类共同体之中的相同元素,以此来调整人与人之间的关系。

从其目的来看,对于世界来说,人类命运共同体的提出旨在推动世界的发展和人类文明的进步,这是中国主动扮演推动世界发展的主角,为世界发展贡献发展理念,为国际关系注入中国元素的过程。对于中国来说,人类命运共同体是对人类文明发展走向的预判,同时也是参与全球治理的中国话语模式。但说到底,"我们参与全球治理的根本目的,就是服从服务于实现'两个一百年'奋斗目标、实现中华民族伟大复兴的中国梦"①。但反过来说,"中国梦是和平、发展、合作、共赢的梦,我们追求的是中国人民的福祉,也是各国人民共同的福祉。"②所以说,人类命运共同体的提出既对实现中国的民族复兴有利,也对进一步推进世界发展和人类文明的进步有利,其所追求的是达到一种和谐共利的局面。

由此看来,人类命运共同体的理念之中内含有一种合作共赢的精神,这种精神将是打破传统世界各国"零和博弈"困局,形成一种人与人之间"兼相爱、交相利"的世界文明局面的关键要素。但是,要构建人类命运共同体,进而达到这种"交相利"的局面并非易事。当今的世界还是一个充满差异的世界,人与人之间存在差异、国家与国家之间存在差异、文明与文明之间也存在差异。我们能做的并不是最大限度地消除世界上的种种差异,因为那种做法将会导致无休止的冲突。相反,在承认差异的前提下寻求相同才是正道,这也是构建人类命运共同体,达到人类文明时代的核心要义所在。

一、人类命运共同体的逻辑内涵

与以往中国在世界上强调的中国特色不同,人类命运共同体的理念精髓,在于强调人类整体在发展中所形成的共同性,也就是不同民族和国家所认可的共同价值要素与共同遵守的价值准则,以及共同追求的利益。而其逻辑内涵就是以寻求和倡导各民族和国家之间的"最大公约数"为契机,推动世界的发展和人类文明的进步。

从文明的角度来看,"和平、发展、公平、正义、民主、自由"等是当今每个民族和国家在追求文明过程中都认可的共同价值和准则,但这些要素并非人类刻意创造,而是内生于人类文明的发展过程之中。正如塞缪尔·亨廷顿所说的,"'浅显'

① 习近平:《推动全球治理体制更加公正更加合理》,新华网2015年10月13日。

② 习近平:《中国梦是和平、发展、合作、共赢的梦》,中国共产党新闻网2014年9月2日。

的最低道德的确产生于人类共同的状况,而且‘普遍趋向’存在于一切文化之中”①。但是,当下仍有诸如气候和环境问题、恐怖主义、贫困等全球性的问题,对全世界人民所公认的和平、发展、公平、正义、民主、自由等共同价值进行着冲击,阻碍着人类文明的进步。

在这种情况下,就如习近平所说的,没有任何一个国家在这个时代能够“独善其身”,相反,获得发展和进步的唯一条件就是融入人类文明发展的历史潮流中。因此,发展对于任何一个民族和国家甚至个人来说,关键就在于对内生于人类共同体的核心价值要素及其逻辑内涵的把握。正如前文所述,这些要素和逻辑内涵就是从各个民族和国家的共同性中提炼而出的“最大公约数”。具体来说,就是能够获得各民族和国家认可并得到遵循的“同理”,以及各民族和国家所共同追求的“同利”。值得注意的是,这种能够获得世界认可的“同理”和“同利”在当今多元化的世界之中应该是一种亨廷顿所说的“最低的道德”。也就是说,“同理”在某种程度上应该是一条放之四海而皆准的原则,而“同利”在某种意义上应该能够囊括所有国家和民族的利益,即达到一种“共利”的状态。

中国的《论语》中记载,子贡请教孔子是否有一条可以终生受用的定律时,孔子答曰:“其恕乎!己所不欲,勿施于人”②。孔子的意思是告诉子贡,与人处事时不仅要为自己考虑,而且要站在对方的立场上为对方考虑,只有这样才能达到“仁”的境界。孔子提出的这条原则就是人类的“同理”,究其原因,无外乎其所倡导的并非是一种“面面俱到”的处世原则,而是一条符合人类最低道德限度的处世准则。可以说,这条原则因为没有过多的道德限制,而更易于被人类所接受,而这也正是人类命运共同体强调寻求不同之中的相同的原因所在。

如今,“己所不欲,勿施于人”这条黄金律不仅在国内盛行,在西方世界也广为流传。美国学者杰里米·里夫金提出了一个类似于“己所不欲,勿施于人”的处世理念,他将其总结为人类的“同理心”。在他看来,“同理心是比较主动的参与过程,即一个人愿意主动去站在他人的立场上理解他人的经历,分享他人的情感与体验”③。而且,“人类同理心的拓展突破了血缘关系、宗教关系、意识形态关系和心理关系,人类和其他物种共同构成了一个牢固的生物圈”④。在里夫金看来,“同理心”将会导致人类突破血缘、宗教、意识形态和心理关系,从而形成一种全新

① [美]塞缪尔·亨廷顿:《文明的冲突》,周琪等译,新华出版社2010年版,第294页。
② 《论语·卫灵公》,齐冲天等注,中州古籍出版社2008年版,第235页。
③ [美]杰里米·里夫金:《同理心文明》,蒋宗强译,中信出版社2015年版,第6页。
④ [美]杰里米·里夫金:《同理心文明》,蒋宗强译,中信出版社2015年版,第16页。

的相处状态。在这个状态下,整个人类被看作一个命运与共的整体,“生存意味着的不是竞争而是合作,不是各自为战而是你我相连。如果说地球更像是一个由互相依赖的生态关系所组成的生命有机体,那么我们的生存则依赖于彼此合作共同保卫身处其中的全球生态系统。这才是可持续发展的深层含义,也是生物圈政治的本质所在”①,更是人类命运共同体所内涵的根本准则。

此外,美国总统奥巴马在泽维尔大学毕业典礼上发表的演讲中,也提到了同理心的重要性,他强调:“用那些与我们不同的人的眼光看世界——那些饥饿的儿童,失业的钢铁工人,家园被毁于一旦的人。当你设身处地为他人着想,当你选择扩大自己的考量范围,对他人的苦痛——无论是密友还是陌生人——感同身受时,想不行动、不帮忙都难”②。

不难发现,不管是“己所不欲,勿施于人”的中国智慧,还是“感同身受的同理心”式的西方体验,二者都倡导一种利他式的为人处世之道,更赋予了世界上每个国家和人民以平等的权利和机会。这就是对人类的共同价值的倡导,与人类命运共同体的宗旨一致。因为人类命运共同体的内在逻辑就是倡导人类所拥有的共同价值,同时遵循人类应该共同遵守的价值准则。因为人类命运共同体没有以血缘、民族或国家等作为划分人类群体的依据,而是以人类的共同命运为向心力将全体人类归总为一个整体。在这种划分下,人与人之间没有任何世俗的等级和不平等的观念,人类共同体的最终目标就是实现全体人类的共同发展,从而获得全人类的自由,即《共产党宣言》中提出的每个个人的自由与全体人的自由的高度统一。

但是,为了应对发展过程中将会出现的摩擦,人类命运共同体不应忽视客观存在的另一条共同价值准则,即在发展的过程中如何对于既有的成果进行合理的划分。因为对于全球化的发展来说,一国的发展并不会长远繁荣,也不是一种可持续的发展。“合作共赢”才是各国在发展中所应共同遵守的价值准则,这也是中国提出人类命运共同体思想之中所应内涵的价值原则。正如习近平所说:“我们的事业是同世界各国合作共赢的事业。国际社会日益成为一个你中有我、我中有你的命运共同体”③。“中国的发展不是自私自利、损人利己、我赢你输的发展,对他国、对世界决不是挑战和威胁。中国越发展,对世界和平与发展就越有利。”④

---

① [美]杰里米·里夫金:《同理心文明》,蒋宗强译,中信出版社 2015 年版,第 197 页。

② Paul Bloom,“The Baby in the Well The case against empathy”,The New Yorker,2013.

③ 《习近平同外国专家代表座谈》,新华网 2012 年 12 月 5 日。

④ 《习近平同外国专家代表座谈》,新华网 2012 年 12 月 5 日。

由此看来,从人类命运共同体的内涵来看,其本身还强调人类共同体的“同利”状态,即人人都能够享受发展的成果。而获得发展的前提是人们认可“同理”,并且人与人之间能够在达到平等的状态下共同协作,从而促进人类整体文明的发展。也就是说,人类命运共同体的内在逻辑不仅要有“同理”作为道德性的约束,还应秉持以获得“同利”为原则和目的。先秦诸子中,墨子提倡“兼相爱,交相利”的思想。在墨子看来,“凡天下祸篡怨恨,其所以起者,皆以不相爱生也”①,即天下的一切不好的事物都起源于人与人之间的不相爱,所以解决这一问题的根本办法就是“视人之国若视其国,视人之家若视其家,视人之身若视其身”,也就是“兼相爱”这一价值原则。但是,在墨子看来,天下人遵守“兼相爱”的原则不是为某一个人或某一个国家带来利益,而是为天下的人带来共同的利益,达到“交相利”的状态,正如他所说的:“天下之人皆相爱,强不执弱,众不劫寡,富不侮贫,贵不敖贱,诈不欺愚。凡天下祸篡怨恨可使毋起者,以相爱生也”②。

墨子的智慧与人类命运共同体的内在逻辑如出一辙。因为“同理心”就是墨子所提倡的“兼相爱”,而“同利”与墨子所描述的“交相利”并无二致。墨子的思想为人类命运共同体的“同理”和“同利”原则提供了完整的佐证。同时,值得注意的是,墨子将“兼相爱”看作人与人之间“交相利”的文明状态的前提。这也提示了我们,在人类命运共同体的内在逻辑中,“同理”和“同利”的相互关系也应该为前提和目的的关系,即“同理”是“同利”的前提,而“同利”是“同理”的目的。

进一步探讨将会发现,“同利”不仅仅代表了一种状态,更是一种对传统利益划分思维的创新。以往对利益的划分往往是以利他或者利己的单向思维模式去思考,但是,人类命运共同体中内涵的“同利”就是要打破这两种传统的思维模式。转而以共利的角度出发,对人类共同创造的价值和利益进行分配,同利既不完全偏重于利己也不完全侧重于利他,而是对利己主义和利他主义做出一种调和,在人际交往中达到共利、互利的良好秩序。更甚者,“同利”不仅仅是人与人之间共同获利,更深层次的应该是整个人类与自然的“同利”状态。因为全球化发展带来的气候和环境问题对人类文明的威胁日益加剧,在与自然相处的层面上,人类也是一个命运与共的共同体。

因此,“同利”应该包括有两个层次,第一层次是人与人之间的共利状态;第二个层次是人与自然的共利状态,即人与自然应该和谐相处,共同获利。正如国学大师饶宗颐先生在谈到中华民族的伟大复兴问题时所提出的“天人互益”思想,认

① 《墨子·兼爱上》,徐翠兰注,山西古籍出版社2003年版,第73页。

② 《墨子·兼爱中》,徐翠兰注,山西古籍出版社2003年版,第78页。

为天同人应该互相补足,一切的事业,要从益人而不损人的原则出发,并以此为归宿。

二、类文明——人类命运共同体的发展趋向

距今已两千多年的古希腊先哲亚里士多德说过:"一切社会团体的建立,其目的总是为了完成某些善业——所有人类的每一种行为,在他们自己看来,其本意总是在求取某一善果"①。按照亚里士多德的思维,人类建立国家或民族这些团体的目的就是为了实现共同的善业,而人类的发展就是一个不断追求这种"善业"的过程,这也正是康德会将世界的历史看作是一部追寻自由意识的发展史的原因所在。

在全球化日渐发展的今天,每一秒钟都是马克思所说"世界历史"中的"全球性时刻"。在马克思和恩格斯看来,人类的历史终将发展成为一个统一的"世界历史",而人类也将发展成为一个自由和谐的联合体,"在那里,每个人的自由发展是一切人的自由发展的条件"②。历史发展到今天,我们可以这样理解,马克思恩格斯所说的联合体就是人类的命运共同体,而这种自由和谐的状态也就是人类一直在追求的文明状态。也就是说,从历史的发展过程来看,人类的发展是有一个共同方向的,即实现全人类的自由和谐的发展状态,而这就是人类实现自身文明的过程。因为文明是"人类社会生活的进步状态。从静态的角度看,文明是人类社会创造的一切进步成果;从动态的角度看,文明是人类不断进化发展的过程"③。

从当下各国所倡导的核心价值来看,"和平、发展、公平、正义、民主、自由"等要素是世界所公认的人类共同价值,而这些共同价值要素同样是人类文明理应内涵的价值要素。因此可以说,不管是哪一个国家、哪一个民族抑或是哪一个人的发展,都是一个追寻文明的过程。但是,"文明是人类实践活动的产物,没有实践,就不会有人类,也就不会有文明"④。所以,要实现人类整体的文明就必须靠全人类的共同实践和努力。换句话说,只有人类联结起来共同实践,才能够推动类文明的发展,才能够实现每个人的自由,这就是世界发展的客观规律。推动人类文明和世界发展是世界上每个人的共同愿景,也是全人类的共同宿命,但这离不开人类的共同努力。因此,构建人类命运共同体是中国在全球化背景下对世界人民

① [古希腊]亚里士多德:《政治学》,吴寿彭译,商务印书馆 2009 年版,第 3 页。
② 马克思、恩格斯:《共产党宣言》,人民出版社 2014 年版,第 51 页。
③ 虞崇胜:《政治文明论》,武汉大学出版社 2003 年版,第 51 页。
④ 虞崇胜:《政治文明论》,武汉大学出版社 2003 年版,第 51 页。

的一种善意的提醒和倡议,也是在对世界发展客观规律的把握下对人类整体命运的一种预判。

应该承认的是,追求人类文明是一个漫长的发展过程,“而且这种进化发展是没有止境的,一旦停止了进化和发展,文明也就不再是文明了”①。弗朗西斯·福山在《历史的终结与最后之人》中谈到了人类的历史将终结于自由民主,在他看来,达到自由民主是人类的终极宿命。但是,如前所述,人类历史其实质是一部追求文明的发展史,如此说来,自由民主只是人类所达到的一个“文明时代”,而并非人类历史的终点。因为文明是人类社会的进步状态,只要人类在发展、在进步,历史将永远不会终结。

但是,值得我们注意的是,获得人类社会的进步发展离不开全体人类的共同努力。人类追求共同文明的过程中有“很多问题不再局限于一国内部,很多挑战也不再是一国之力所能应对,全球性挑战更需要各国通力合作来应对”②。这个道理,正如习近平在2015年博鳌论坛中引用各国的谚语所阐述的那样,“东南亚朋友讲‘水涨荷花高’,非洲朋友讲‘独行快,众行远’,欧洲朋友讲‘一棵树挡不住寒风’,中国人讲‘大河有水小河满,小河有水大河满’。这些说的都是一个道理,只有合作共赢才能办大事、办好事、办长久之事”③。这也进一步表明,在当下的格局内,各国要想取得长远的进步,推动人类文明的发展,只能通过合作的方式实现。从这个角度来看,人类在现实生活的背景下已然是一个命运与共的共同体了。

然而,虽然人类的共同文明是人类命运共同体的发展走向,但这并不是说,要使组成人类命运共同体的各个国家、各个民族最终形成一种单一化的文明状态。这并不是中国提出构建命运共同体的初衷,也不是人类命运共同体的意蕴。因为人类命运共同体的发展趋向是实现人类的文明,但这种人类文明“是文明的一种综合形态,而不是单一的文明形态。是全球化时代的新型文明形态。它不是一国文明,也不是世界文明整体,而是不同文明凝结而成的共识文明”④。这样看来,人类命运共同体的发展趋向“仍然是多种文明并存,而不会是什么普世文明一统天下。因为这是人类文明发展的定律,谁也不能改变。试图以一种普世文明去框定丰富多彩的人类生活,只不过是霸权主义者的一厢情愿。正确的态度应该是尊

① 王恬、牟宗琮、张梦旭:《同心打造人类命运共同体》,《人民日报》2016年1月27日。

② 王恬、牟宗琮、张梦旭:《同心打造人类命运共同体》,《人民日报》2016年1月27日。

③ 习近平:《迈向命运共同体 开创亚洲新未来》,新华网2015年3月29日。

④ 虞崇胜:《类文明:推进全球治理变革的价值共识》,《国外理论动态》2013年第8期。

重文明多样性的客观存在,不拂逆人类文明发展的客观规律"①。为此,习近平指出:"文明相处需要和而不同的精神。只有在多样中相互尊重、彼此借鉴、和谐共存,这个世界才能丰富多彩、欣欣向荣"②。

总之,人类命运共同体的发展趋向应该遵循人类文明的发展定律。正如费孝通先生所期许的那样,不同文明之间应该是"各美其美,美人之美,美美与共,天下大同",而"如果人们真的做到'美美与共',也就是在欣赏本民族文明的同时,也能欣赏、尊重其他民族的文明,那么,地球上不同文化、不同民族、不同国家之间就达到了一种和谐,就会出现持久而稳定的'和而不同'"③,而这也就是人类命运共同体所共同追求的类文明的和谐状态。

三、人类命运共同体发展前景的中国预判

人类命运共同体是中国对推进全球民主和文明发展的一种政治倡议,更是中国对全球治理所贡献的一种世界性的政治制度,因为"创造一个可行的世界共同体必然是一种崭新形式的全球民主、一种服务于平等需要和平等志向的经济、一种富于同情的政治文化、追求普遍利益的社会力量,以及承担保护共同善之责任的制度"④。在这个意义上,人类命运共同体理念就是中国对于世界民主秩序乃至人类文明发展走向的一种中国式预判,也是时至今日中国制度自信的一种表现。

我们有理由相信,中国倡议的这种全球治理制度是"一个富有弹性和活力的制度网络",也"能够在全球经济的背景下把民族认同的独立性和政治工具的共同性结合到一起"⑤。因为人类命运共同体的理念是以人类在历史发展中所形成的"同理"为约束,"同利"为导向,以人类的"共同善"为轴心,以达到全人类自由发展的文明状态为根本宗旨而构建,这充分体现了中国"以人为本"式的政治情怀和充满现代人文主义的政治智慧。而这种政治智慧的来源就是汲取中国"己所不欲,勿施于人""兼相爱,交相利""和而不同""美美与共"等传统文化精髓以及西方所提倡的"同理心"和共同价值所凝练而成。也就是说,人类命运共同体理念本身就是一种融合体,也体现了共同性的原则。

---

① 费孝通:《美美与共和人类文明》,《群言》2005 年第 1 期。

② 习近平:《迈向命运共同体 开创亚洲新未来》,新华网 2015 年 3 月 29 日。

③ 费孝通:《美美与共和人类文明》,《群言》2005 年第 1 期。

④ [美]雅克·布道:《建构世界共同体》,万俊人等译,江苏教育出版社 2006 年版,第 2 页。

⑤ [美]曼纽尔·卡斯特:《认同的力量》,曹荣湘译,社会科学文献出版社 2006 年版,第 44 页。

塞缪尔·亨廷顿曾经说过:“如果人类有朝一日会发展一种世界文明,它将通过开拓和发展这些共性而逐渐形成。因而,除了‘避免原则’和‘共同调解原则’外,在多文明的世界里维护和平还需要第三个原则,即‘共同性原则’:各文明的人民应寻求和扩大与其他文明共有的价值观、制度和实践”①。由此可见,人类命运共同体不仅仅是中国式的政治智慧,其所倡导的价值和理念也能够符合西方的政治思维。因为在构建人类命运共同体以及倡导不同文明之间对话的过程中,中国一直奉行的是“和而不同”的原则,即在承认文明之间差异的前提之下取共同之处以达到“和”的状态。习近平强调,“不同文明凝聚着不同民族的智慧和贡献,没有高低之别,更无优劣之分。文明之间要对话,不要排斥;要交流,不要取代”②,其所呈现的也正是这个道理。

总的来说,人类命运共同体既是对中国传统政治文化思想的一种沿袭,又是为全球治理所提供的一种新的政治智慧。这种政治智慧将驱动全世界对“奉行弱肉强食、丛林法则,笃信穷兵黩武、强权独霸,坚持赢者通吃、零和博弈”等思维的摒弃,转而将人类引领进入一个奉行公平正义、民主、和谐、共赢等共和价值理念的新文明时代。在这个时代下,人类将是具有“同理心”的人类,人类文明也将因共同性原则而不再有任何冲突,这就是类文明的进步状态,也是人类命运共同体的发展趋向。用马克思引用摩尔根的话说,“这将是古代氏族的自由、平等和博爱的复活,但却是在更高级形式上的复活”③。

(原载于《理论视野》2016 年第 7 期)

① [美]塞缪尔·亨廷顿:《文明的冲突》,周琪等译,新华出版社 2010 年版,第 295 页。

② 习近平:《携手构建合作共赢新伙伴　同心打造人类命运共同体》,《人民日报》2015 年 9 月 29 日。

③ 《马克思恩格斯选集》第 4 卷,人民出版社 1995 年版,第 195 页。

人类命运共同体内涵的质疑、争鸣与科学认识*

自2013年4月7日习近平在博鳌亚洲论坛年会的主旨演讲中首倡“应该牢固树立命运共同体意识”，至2015年9月28日习近平在第七十届联合国大会一般性辩论时明确提出“携手构建合作共赢新伙伴、同心打造人类命运共同体”的政治主张，在国际舞台上，中国逐渐明确人类命运共同体旨在实现人类共同发展、共同安全及共担责任①的基本内涵。同时，从努力构建中拉命运共同体到中巴命运共同体再至打造人类命运共同体，中国提出在实践中充实人类命运共同体内涵的原则和具体途径。以上两方面表明，人类命运共同体已从一种政治性的口号逐渐落实为中国具体的外交政策和行动。但是，在人类命运共同体从愿景走向实实在在行动的进程中，因中国在国际社会面临的“理念与规范之争”②而使人类命运共同体的理念受到质疑。面对质疑之声，我们需要科学、准确把握人类命运共同体

---

* 作者简介：刘传春，政治学理论博士，华中科技大学马克思主义学院副教授。

本文系教育部规划基金项目“命运共同体的构建——基于国际机制内化功能的研究”（15YJA710020）的阶段性成果。

① 参见《习近平出席博鳌亚洲论坛2015年年会开幕式并发表主旨演讲迈向命运共同体开创亚洲新未来》，《人民日报》2015年3月29日；《习近平出席第七十届联合国大会一般性辩论并发表重要讲话》，《人民日报》2015年9月29日。

② 有观点认为，随着中国通过加入WTO而进入西方国家主导的国际秩序，中国以自身的权利推动国际秩序的公正变革，这主要表现为对国际规则的修正，引发中国与西方大国的“理念与规范”之争。2015年10月5日，美国总统奥巴马说我们不能让像中国这样的国家书写全球经济的规则，即是例证。一方面，西方认为由于中国的政治体制和意识形态、社会和经济发展的独特性，中国很难接受主导的国际规范；另一方面，由于中国在国际社会的认同由利益认同走向观念认同阶段，中国自己的理念和认知要得到国际社会容纳与接受面临着挑战。参见［加拿大］江忆恩：《中国对国际秩序的态度》，《中国崛起与世界秩序》，社会科学文献出版社2011年版；秦亚青：《国家身份、战略文化和安全利益——关于中国与国际社会关系的三种假设》，《世界经济与政治》2003年第1期；肖兰兰：《中国在国际气候谈判中的身份定位及其对国际气候制度的建构》，《太平洋学报》2013年第2期。

的内涵，真正理解中国打造人类命运共同体的外交努力。

一、质疑人类命运共同体内涵的几种观点

对人类命运共同体内涵的质疑，主要表现为“中国威胁论”“中国担忧论”和“中国责任论”。“中国威胁论”“中国担忧论”和“中国责任论”的质疑引出了“中国虽在国际社会倡导人类命运共同体理念，但并没有表达出这一理念的重要含义”①的论断。

（一）人类命运共同体的“共同安全观”面临着“中国威胁论”的质疑

20 世纪 90 年代末，随着中国逐渐崛起于世界，“中国威胁论”就开始出现。21 世纪最初 10 年结束之际，随着中国成为世界第二大经济体，“中国外交政策变得更坚决且具有进攻性”②的言论不绝于耳，认为中国发展起来后对世界是一种威胁，会引发地区乃至世界的不稳定。

第一，崛起的中国对现存大国的威胁。这一论调源自现实主义权力学说。这一学说认为，由于每个国家压倒一切的目标是最大化地占有世界权力，2009 年以来，相伴中国经济实力增长的是对权力的不可遏制的追求，随着中国的权力增长，美国作为现存大国势必与中国成为对手。③ 担心崛起的中国“会撞到自己、会堵了自己的路、会占了自己的地盘”，④因此历史上新旧大国之争的“修昔底德陷阱”将再现。

第二，崛起的中国对邻国的威胁。在世界范围内，亚洲是领土争议最多的地区，特别是中国与邻国在东海与南海的岛屿主权之争最为引人关注。“中国威胁论”认为，中国会运用“己所得一定是彼方所失”的“零和”方式解决领土争端。一方面，自 2012 年以来，中国周边外交政策的一个突出变化是“中国将采取更大的战略决心来保证主权和资源利益”，⑤另一方面，亚洲地区的领土争端多因历史“零和”竞争造成，在海洋蕴藏的丰富资源使各国加大对海洋资源开发的情势下，

---

① Moritz Rudolf. China's Silk Road' Initiative Is at Risk of Failur[EB/OL]. http://thediplomat.com/2015/09/chinas -silk -road -initiative-is-at-risk-of-failure/.

② Camilla T. N. Sorensen. The Significance of Xi Jinping's“Chinese Dream”for Chinese Foreign From“Tao Guang Yang Hui”to“Fen Fa You Wei”[J]. JCIR：VOL. 3，NO，1(2015).

③ ［美］约翰·米尔斯海默：《大国政治的悲剧》，王义桅，唐小松译，上海世纪出版集团 2014 年版，第 2 页。

④ 习近平：《携手追寻中澳发展梦想　并肩实现地区繁荣稳定——在澳大利亚联邦议会的演讲》，http://politics.people.com.cn/n/2014/1117/c70731 - 26042371.html.

⑤ Michael D. Swaine. Chinese Views and Commentary on Periphery Diplomacy[J]. China Leadership Monitor，No. 44.

海洋资源的有限性使“零和”争夺方式再度盛行。崛起的中国将采用“零和”方式解决争端的威胁，将使亚洲地区动荡再现。

（二）人类命运共同体的“共同发展”观面临着“中国担忧论”的质疑

“中国担忧论”代表着一些国家对中国发展的一种矛盾心态，既期望从中国的发展中获得机遇，又担心对中国形成过度的经济依赖，这种矛盾心态直接影响中国与这些国家经贸关系的平稳发展。

第一，担忧中国不能保持稳定的经济发展态势。2013 年，中国已成为全球 128 个国家的最大贸易伙伴，年货物进口额接近 2 万亿美元，对外非金融类投资超过 900 亿美元，出境旅游近 1 亿人次。作为全球 128 个国家的最大贸易伙伴，中国为这些国家经济发展创造了重要的外部条件。但是，2013 年以来，随着中国进行经济结构转型升级而放慢经济增长速度，对“中国经济出乱子”的担忧开始出现，包括中国经济会不会“硬着陆”、中国经济能不能持续健康发展等。这些担忧削弱了相关国家对中国经济发展前景的信心。

第二，担忧因对中国过度的经济依赖而与中国形成“核心—周边”关系结构。中国作为全球 128 个国家的最大贸易伙伴，与大多数国家处于贸易顺差的地位，持续贸易顺差造成部分国家对中国经济的依赖与日俱增。不仅如此，近年来，中国对外投资加速增长，伴随对外投资增长的是中国加快输出过剩产能及技术的步伐，这一切更加引起一些国家的担忧，担忧中国在周边国家制造“飞地”，担忧中国对不发达国家资源的“掠夺”，担忧自身的经济安全受到中国威胁，担忧中国成为最大的赢家而非共赢，最大的担忧是形成一个以中国为中心、周边国家为外围的“核心—周边”秩序。①

（三）人类命运共同体的“责任共担”观面临着“中国责任论”的质疑

中国在 30 多年的对外开放、主动融入经济全球化的进程并获得有利资源而崛起于世界的同时，与世界的利益关系发生根本变化，中国成为世界之中国。随之，中国要成为“国际体系中负责任的利益攸关方”②的“中国责任论”日渐响起。尽管中国践行着一个发展中大国应该承担的国际责任，如习近平在 2014 年不同场合的国际讲话中，承诺中国给东盟、上海合作组织成员国、南亚国家的优惠贷款总额达到 350 亿美元，给东盟的无偿援助是 30 亿人民币元，对最不发达国家的 97% 以上的产品实现零关税。但 2014 年 8 月 8 日，美国总统奥巴马在《纽约时

① David Arase. China's Two Silk Roads Initiative: What It Means for Southeast Asia? [J]. Southeast Asian Affairs, Volume 2015.

② 俞新天等：《国际体系中的中国角色》，中国大百科全书出版社 2008 年版，第 151 页。

报》专访中声称“中国搭了30年的便车了，且一直没有什么问题，没有人指望他们做任何事情”。① 2015年9月25日，奥巴马再次指责中国：“我们不能视中国为50年以前的贫穷的发展中国家，中国是一个强大的国家，应该承担责任。”②奥巴马的中国“搭便车”和“强大国家”论，实际上是一种“中国责任论”的指责，认为中国在国际舞台上“不是一个负责任的行为者”。③ 以上三种质疑人类命运共同体内涵的观点具有代表性，渗透于有关国家的具体外交政策之中，成为中国推动人类迈向命运共同体的实践阻力。回应质疑之声，应对实践阻力，需要在理论上明确人类命运共同体的科学内涵。

二、学术界关于人类命运共同体内涵的争鸣与评价

国内学术界在认同人类命运共同体旨在实现人类共同安全、共同发展、共担责任内涵的基础上，从不同角度对人类命运共同体的内涵进行了理论探讨，形成以下四种观点。

第一，人类命运共同体是精神共同体（认同）与合作共同体（制度）的统一。精神共同体突出的是人类精神生活的相互关系，其中，认同是最重要的衡量指标，既包括空间（所有地区）认同和基本价值观（指对生存和发展的看法）的认同，也包括对所在区域面临的共同问题和挑战的认同。合作共同体强调的是人类实践活动的相互关系，这是人类适应后工业化和全球化持续发展的必然选择。其中，制度作为协调并稳定人类或国家合作关系的原则、规则、规范和程序的总称，对合作共同体的建立尤为重要。因此，人类命运共同体是精神共同体与合作共同体的统一，也是认同与制度的统一。④ 这是从思维与存在的关系中认识人类命运共同体作为人类群体性活动而具有的特殊内涵，抓住了精神上的认同与实践中的制度是判断人类命运共同体是否建立的基本条件。由于认同和制度是世界上各种各样共同体的共有属性，这一观点未能将人类命运共同体与其他形形色色的共同体区分开来。

---

① 徐喆：《奥巴马称中国搭30年便车没人指望他们做任何事》，http://www.guancha.cn/america/2014_08_10_255055.shtml.

② Scott Horsley. An Abrupt Interruption To Chinese State Visit：Boehner's Resignation [EB/OL]. http://www.qiewo.com/html/20150927/156345.html.

③ Shannon Tiezzi. China's $3 Billion Message to the UN：Yes，We Are a Responsible Power [EB/OL]. http://thediplomat.com/2015/09/chinas－3－billion－message－to－the－un－yes－we－are－a－responsible－power.

④ 葛红亮、鞠海龙：《“中国—东盟命运共同体”构想下南海问题的前景展望》，《东北亚论坛》2014年第4期。

第二,人类命运共同体是利益共同体、责任共同体与命运共同体的统一。利益共同体旨在解决经济问题,实现互利共赢;责任共同体旨在解决安全问题,实现安全与共;命运共同体旨在解决民生问题,实现共同发展。在三者的关系中,利益共同体是基石,责任共同体是担当,命运共同体是理想。① 人类命运共同体的构建呈现出由利益共同体到责任共同体再到命运共同体的阶段性特征。这是从人类活动的三个基本关系领域认识人类命运共同体内涵,强调人类命运共同体内涵所具有的不同属性,有助于把握人类命运共同体构建的渐进性。但是,在相互依赖的世界中,经济、政治安全、民生领域已紧密相连,这一观点未能就人类活动的三个基本关系领域的相互交错而突出人类命运共同体内涵的全面性。

第三,人类命运共同体是相互依存的权力观、共同利益观、可持续发展观、全球治理观的统一。相互依存的权力观是指建立在相互依存上的权力造就了国际形势的缓和,运用权力可以建立协调利益关系的机制,维持并规范相互依存关系。共同利益观是指中国在充分认识中国与世界各国利益的高度融合性和传导性基础上推动建设人类命运共同体。可持续发展观是指在涉及环境、减贫等人类可持续发展方面,中国承担着越来越大的责任。全球治理观是指中国努力在全球层面通过机制建设应对全球性问题,推动国际秩序的公正发展。② 这是从人类集体行动的价值意义层面认识人类命运共同体的内涵。中国倡导人类命运共同体,意味着一种以应对人类共同挑战为目的的全球价值观已开始形成,这是一种适应人类整体发展趋势的、全新的价值观。但是,这一价值观基础说明了人类命运共同体内涵的质的属性,但未能突出人类命运共同体作为一种行动力量的动态性。

第四,人类命运共同体是共同发展、互信协作、开放包容、文化互鉴、和衷共济所构建的系统工程。包括以共同发展为核心要义,以互信协作维护安全环境,以开放包容推进机制建设,以文化互鉴凝聚理念共识,以和衷共济强化感情纽带。③ 这是从人类活动所涵盖政治、经济、安全、社会和文化等多个领域认识人类命运共同体内涵的综合性,也是对人类命运共同体内涵的比较权威性的解释。但需要在此基础上进一步明确"共同发展、互信协作、开放包容、文化互鉴、和衷共济"之间的逻辑联系,以及这五要素如何在相互作用、相互影响的一体化中建立人类命运共同体。

国内学术界从不同角度对人类命运共同体内涵的理论探讨,有着尚待深入研

① 张春:《打造中非利益—责任—命运共同体》,《社会观察》2014 年第 6 期。

② 曲星:《人类命运共同体的价值观基础》,《求是》2013 年第 4 期。

③ 刘振民:《坚持合作共赢　携手打造亚洲命运共同体》,《国际问题研究》2014 年第 2 期。

究的空间,但围绕共同安全、共同发展、责任共担,也形成了理论共识:一是人类命运共同体源自人类相互依存关系的发展;二是人类命运共同体涉及人类活动所构成的各个关系领域;三是人类命运共同体孕育着新的全球共同价值。这些理论共识随着中国政府从战略层面提出打造人类命运共同体的布局和路径而得到强化。习近平在第七十届联合国大会一般性辩论的演讲中正式提出打造人类命运共同体的"五位一体"的总布局和总路径,包括建立平等相待、互商互谅的伙伴关系,营造公道正义、共建共享的安全格局,谋求开放创新、包容互惠的发展前景,促进和而不同、兼收并蓄的文明交流,构筑尊崇自然、绿色发展的生态体系。这是对人类命运共同体内涵的进一步明确,即以平等的伙伴关系为基本要求,人类命运共同体不仅涵盖人类活动所构建的政治、安全、经济、文化关系领域,也包括人类与自然的和谐共生,并以"合作共赢"为主线贯穿其中,推动建立新型国际关系。由此,可以演绎的结论是:人类命运共同体是中国基于人类因相互依存所孕育的共同发展和共享安全的利益需求,致力于推动世界各国通过合作建立共赢关系的结构状态。

三、科学认识人类命运共同体的内涵

目前,由于人类命运共同体的研究尚处于起步阶段,面对人类命运共同体内涵的质疑,理论的界定还存在争议,但理论共识的存在表明,科学认识人类命运共同体的内涵是当今学术界亟待解决的问题。

(一)科学认识人类命运共同体的内涵,必须把握中国与世界的三对关系

第一,中国作为一个发展中的大国与国际责任之间的关系。随着中国逐渐崛起于世界,秉承"中国发展得益于国际社会,中国也要为全球发展作出贡献"①的理念,中国承担着一个发展中的大国应该承担的国际责任。习近平在博鳌亚洲论坛2013年年会上的主旨演讲正式提出,今后5年,中国将进口10万亿美元左右的商品,对外投资规模将达到5000亿美元,出境旅游有可能超过4亿人次。这是中国为世界提供的发展机遇。在第七十届联合国大会一般性辩论时的讲话中,习近平代表中国政府承诺,将设立"南南合作援助基金",承诺给发展中国家提供无息贷款,增加对最不发达国家投资,免除有关最不发达国家、内陆发展中国家、小岛屿发展中国家截至2015年底到期未还的政府间无息贷款债务,中国将始终做全球发展的贡献者,愿意为世界承担能力范围内的、更多的发展责任。但是,作为世

① 《习近平出席华盛顿州当地政府和美国友好团体联合欢迎宴会并发表演讲》,《人民日报》2015年9月24日。

界上最大的发展中国家,按照世界银行的标准,中国还有2亿多人生活在贫困线以下的现实表明,提高人民生活水平,逐步实现共同富裕,中国需要继续付出艰苦努力。科学认识人类命运共同体的内涵,必须要处理好中国作为一个发展中的大国与国际责任之间的关系,明确中国倡导并推动人类命运共同体建设,旨在为各国创造有利于共同发展的国际环境。

第二,中国坚持和平发展道路与坚决维护国家核心利益的关系。随着中国逐渐崛起于世界,秉承"中国将始终做世界和平的建设者"①的理念,中国始终不渝地坚持和平发展道路,庄严承诺:永不称霸、永不扩张、永不谋求势力范围,谋求在深化互利共赢的经济合作关系中,通过协商、谈判解决矛盾和分歧。但是,中国要始终把坚决维护国家核心利益作为外交工作的基本出发点和落脚点。这些核心利益包括国家主权、国家安全、领土完整、国家统一、中国宪法确立的国家政治制度和社会大局稳定、经济社会可持续发展的基本保障。科学认识人类命运共同体的内涵,必须要处理好坚持和平发展道路与坚决维护国家核心利益的关系,明确中国倡导并推动人类命运共同体建设,旨在为各国创造有利于共同安全的国际环境。

第三,中国与现有国际体系的关系。随着中国逐渐崛起于世界,在西方大国主导的国际体系中,一方面,中国视与西方大国的关系为对外政策的关键,通过增强政治互信、拓宽合作领域、提高合作水平等举措,努力构筑新型大国关系;另一方面,中国视与发展中国家的关系为对外政策的基石,通过巩固经济互惠、推进南南合作等举措,永远做发展中国家的可靠朋友和真诚伙伴。科学认识人类命运共同体的内涵,必须要处理好中国与现有国际体系的关系,明确中国倡导并推动人类命运共同体建设,旨在改革完善现有的国际体系,推动建立合作共赢的新型国际关系。

(二)科学认识人类命运共同体的内涵

第一,准确把握世界各国和各国人民的相互依存关系,是科学认识人类命运共同体内涵的前提。马克思和恩格斯指出,随着资本主义生产方式在欧洲的确立,生产力与生产关系的矛盾推动资本主义生产力跨越国家边界发展并形成世界市场,在世界性生产与消费过程中,"过去那种地方的和民族的自给自足和闭关自守状态,被各民族的各方面的互相往来和各方面的互相依赖所代替了"。② 这一

① 《习近平出席第七十届联合国大会一般性辩论并发表重要讲话》,《人民日报》2015年9月29日。

② 《马克思恩格斯选集》第1卷,人民出版社1995年版,第276页。

历史进程被称为经济全球化。经济全球化推动人类形成相互依赖的关系状态。这一状态表明,国家作为独立的行为者,“它们的行动和目标的实现,是以其他行为者的行为为条件的;它们的预期和观念也是如此”。① 冷战结束以来,经济全球化加速发展,世界各国彼此互为条件地各自行动和实现目标,逐渐走向“你中有我,我中有你”“一荣俱荣、一损俱损”的相互依存状态,世界已联结为“同呼吸、共命运”的整体,人类的命运被历史性地改变。正是准确把握世界各国和各国人民因相互依存而生活在整体世界中的历史命运,中国倡导并积极推动人类命运共同体建设。

第二,紧紧抓住世界共同发展的利益需求,是科学认识人类命运共同体内涵的根本。人类因经济全球化而形成相互依存的关系,从中孕育着共同发展的利益需求,并因每个国家所面临的发展经济、改善民生重任而显得更加紧迫。一方面,自 2008 年世界金融危机以来,世界经济仍处于深度调整期,低增长、低通胀、低需求同高失业、高债务、高泡沫等风险交织,经济增长乏力且经济环境的不确定性依然突出;另一方面,每个经济体的发展会对其他经济体产生连锁效应的动态平衡生产链已经形成。两相结合,通过优化发展战略和变革创新体制来共同开拓新的发展空间,是世界各国的共同任务。正是紧紧抓住世界共同发展的利益需求,已成为世界第二大经济体且正处于经济结构转型升级时期的中国,以“实现大家一起发展的真发展,可持续发展的好发展”②为追求,倡导并积极推动人类命运共同体建设。

第三,充分发挥国际合作的作用,是科学认识人类命运共同体内涵的核心。国际合作是国际行为体(主要是国家行为体)为共同得利而自愿在国际社会采取相互协力的行为。自二战结束以来,人类通过合作解决利益分歧所取得的成功经验表明,国际合作已成为世界各国的理性选择。已与世界各国建立了多层次、宽领域、全方位合作关系的中国,坚定“合作是实现利益唯一正确选择”③的信念,倡导并积极推动人类命运共同体建设,以自身的能力致力于国家间合作关系状态的升华。

在国际合作的理念方面,中国以开放发展、联动发展所构成的共同发展为合

---

① [美]海伦·米尔纳:《国际关系理论中的无政府假设》,大卫·A. 鲍德温:《新现实主义与新自由主义》,肖欢容译,浙江人民出版社 2001 年版,第 167 页。

② 《习近平出席联合国发展峰会并发表重要讲话强调　以 2015 年后发展议程为新起点努力实现各国共同发展》,《人民日报》2015 年 9 月 27 日。

③ 《习近平出席华盛顿州当地政府和美国友好团体联合欢迎宴会并发表演讲》,《人民日报》2015 年 9 月 24 日。

作的指导思想。

在国际合作的动力方面,中国以做大共同利益蛋糕来编织更加紧密的共同利益网络为驱动力,强调将中国责任融入中国与世界各国利益关系的建构中,以自身的发展为世界各国经济发展创造增长点。

在国际合作的途径方面,一方面,中国以"一带一路"战略为重心,建设包含基础设施、制度规章、人员交流的"全方位、立体化、网络状"的互联互通;另一方面,中国力求通过渐进式合作推进人类命运共同体的建设。在合作的空间领域,中国选择从周边国家入手,先是双边命运共同体,如视中巴命运共同体"为打造亚洲命运共同体的示范",①接着是多边的周边命运共同体,再由周边命运共同体走向亚洲命运共同体、亚太命运共同体乃至中非命运共同体、中拉命运共同体。在合作的问题领域,以经济共同体为先导,谋求安全、文化、社会共同体共同发展。

在国际合作的目标方面,中国努力建设利益共存、责任共担、价值共享的命运共同体。利益共存着力于将经济互补优势转化为务实合作优势、持续增长优势,实现在市场、资本、技术深度合作基础上的利益融合。责任共担是通过与世界各国在相互帮助中塑造更加开放的经济格局,共同为世界的稳定与发展承担责任。价值共享是通过倡导文明包容,推动世界各国和各国人民在共同享受尊严中实现多元共生。

第四,建立安全共赢的世界新秩序,是科学认识人类命运共同体内涵的关键。由于各类传统和非传统安全威胁不断增多,南北发展差距依然很大,世界各国发展经济、改善民生、消除贫困的任务依然艰巨。安全共赢是当今世界大局。为推动国际社会摒弃冷战思维、零和博弈的旧观念,谋求建立安全共赢的世界新秩序,中国倡导并积极推动人类命运共同体建设,一方面,中国通过坚持互信、互利、平等、协作的新安全观,致力于追求全面安全、合作安全、共同安全,努力为亚洲和世界提供更多的安全公共品,走出一条共建、共享、共赢的安全新路,形成公道正义、共建共享的安全格局,共同维护地区和世界和平稳定;另一方面,中国通过坚持"以义为先、先义后利"的义利观,讲信义、重情义、扬正义、树道义,努力使自身发展更好惠及周边及世界各国,实现"既要让自己过得好,也要让别人过得好"②的双赢。同时,将中国的发展同世界各国的发展紧密结合起来,推动世界各国在相

① 《习近平在巴基斯坦议会发表重要演讲 构建中巴命运共同体开辟合作共赢新征程》,《人民日报》2015 年 4 月 22 日。

② 《习近平出席中阿合作论坛第六届部长级会议开幕式并发表重要讲话 强调弘扬丝路精神 深化中阿合作》,《人民日报》2014 年 6 月 5 日。

互搭便车中形成“众人拾柴火焰高”式的共赢。

综上所述，随着人类命运共同体由愿景走向实实在在的行动，面对质疑，学术界从不同角度对人类命运共同体内涵进行理论研究，初步形成人类命运共同体内涵的理论共识，这一共识将随着人类命运共同体的实践而不断得到补充和完善。但是，为推动人类命运共同体的理论研究，有必要进行如下的努力：第一，需要从共同体的组织性和权威性来研究人类命运共同体。欧盟（欧共体）作为典型代表，是研究人类命运共同体的重要参照。欧盟（欧共体）是从经济领域开始的、“同质”国家间的合作，又是具有组织结构的共同体。中国倡导并推动的人类命运共同体涵盖人类活动的各个领域，是“异质”国家间的合作，协调性是其基本特征。需要在比较研究中，把握中国倡导的人类命运共同体的“协调性”，进一步明确其所建构的新型国家间关系的组织性和权威性特征。第二，在人类命运共同体已进入实践建设的新阶段，面对谋求与世界各国建立全方位、多层次、宽领域合作关系的建设任务，需要从实践中的合作层面深入探讨人类命运共同体的内涵。第三，人类命运共同体蕴含着建立公正世界秩序的新的“理念和规范”，这与西方国家所主导的旧的世界秩序的“理念与规范”存在争论，需要从新旧“理念与规范”之争深入挖掘人类命运共同体的价值内涵。

（原载于《毛泽东邓小平理论研究》2015 年第 11 期）

“人类命运共同体”战略思想析论*

张　战

党的十八大以来，习近平24次出访，足迹遍及五大洲的51个国家①，所到之处宣介中国政策主张，就事关人类前途命运的重大问题提出中国方案，为人类社会发展进步描绘蓝图。打造人类命运共同体是习近平为全球治理贡献的中国智慧。以2017年伊始习近平在联合国日内瓦总部发表题为《共同构建人类命运共同体》的主旨演讲为标志，习近平“人类命运共同体”思想已经完全成熟。人类命运共同体的目标已经明确，路径已经绘就，得到了国际社会的热烈响应和普遍瞩目。研究习近平“人类命运共同体”思想，有着重要的理论和现实意义。

一、“人类共同体”：西方思想家的观点

在西方古代思想家中，倡导共同体思想的第一人当推古希腊的亚里士多德。在亚里士多德的计划中有三种共同体：家庭、村落和城邦。在他看来，每一种共同体都是为了实现某种比生存或物质利益更高的目的而建立起来的。他认为，人类在生活上需要互相依赖，人更有乐于社会共同生活的自然性情，为了共同利益，所以走到了一起。“就我们各个个人说来以及就社会全体说来，主要的目的就在于谋取优良的生活。”②这种“优良生活”就是经济和社会和谐以及政治幸福，每个人在共同体中都能发展出合乎伦理、充分成熟的自我。亚里士多德认为，共同体有治者与被治者，只要治者能充分照顾和尊重公共利益，共同体就不会变质。共同

---

* 作者简介：张战，法学博士，河北经贸大学马克思主义学院教授。
本文系国家社会科学基金一般项目“习近平总书记‘人类命运共同体’战略思想研究”（项目批准号：16BSK019）的阶段性成果。

① 《让人类命运共同体理念照亮未来——写在习近平主席2017年首次出访之际》，《人民日报》2017年1月15日。

② 亚里士多德：《政治学》，吴寿彭译，商务印书馆1965年版，第130页。

体要有一视同仁的、对所有人都有约束力的法律，这一法律的基础就是优良生活所规定的"善"的观念。

由于时代和社会生活范围的限制，亚里士多德没有也不可能考察其他共同体形式。他的学生亚历山大大帝摧毁了城邦，创建了一个疆域从希腊延伸到印度的大帝国。新的帝国的创建提出了重新界定个人与共同体关系的任务。这时出现的斯多葛主义是从事这一重新界定的一种哲学。这种哲学认为，人要依据自然而生活，强调天人合一，坚持人的平等，坚持人在一个超越现有政治边界的世界共同体中的成员资格。"用太阳来界定我们国家的边界"就是这一派的口号。这一派认为，每个人都是根据理性原则亦即自然法来管理的世界共同体的平等成员。动荡的时代使这一派产生了超脱现实、到彼岸世界寻求寄托的意识，产生了反政治的个人主义意识和宗教共同体意识，这种意识为后来新的共同体——基督教的产生铺平了道路。

随后基督教在欧洲取得了统治地位，用对上帝的爱建立起精神共同体。它对所有的人开放，不论信仰、国籍和性别，共同体中的每一个人都具有一种基本的平等性。13 世纪的神学家阿奎那论证了教权高于政权，因为世俗政权除了"丰裕的经济条件""维持和平"和"保持私有制"外，不能给人类以"与上帝同在天国享受永恒的快乐"，所以人间的国王必须隶属于上帝在人间的总代表罗马主教。基督教共同体在欧洲的统治历经中世纪中后期的数百年，因其扼杀自由与科学，被后世历史学家称为黑暗的中世纪。

资本主义生产方式的兴起，侵蚀着封建统治的支柱基督教的根基。基督教内部的腐败也达到了极点。30 年的宗教战争给罗马教皇以沉重打击。大大小小的君主国纷纷脱离教皇的控制而独立。基督教强调"四海一家"的观念被民族主义诉求代替。在新旧历史交替时期出现的意大利思想家但丁幻想建立一个世界帝国，重现古罗马人的荣耀。他认为，为了实现人类智能的全面发展，人类需要统一与和平，也需要统一治理，就像人类是按上帝形象造出来的，也应像上帝那样是个统一体。但丁的思想开了历史的倒车，但他关于君主和教皇的权力分置、政教分离的思想具有进步意义。

随着地理大发现和新航路的开辟，欧洲民族国家走上了对外殖民的道路，这一进程客观上推动了西方中心和外围世界体系的逐步形成。在对外扩张过程中，欧洲列强之间的矛盾和战争不断。作为现实的反映，西方政治思想也进入了繁荣阶段。康德认为，战争是国家间关系的主要形式，也是手段，大自然的目标就是通过战争摧毁或瓦解一切国家来形成新的共同体。各民族国家通过内部的整合，再加上外部共同的约定和立法，最后建立起有如公民共同体的这样一种状态，世界进入永久和平。康德认为这一导致永久和平的联盟是可能的也是可行的。首先要有一个强大而开明的民族建成一个共和国,为别的国家提供一个联盟结合的中心点,然后围绕这个中心点,别的国家和它联合,并且遵照国际权利的观念来保障各个国家的自由状态,通过更多的这种方式的结合,联盟渐渐地扩大。① 欧洲联盟的成立部分地验证了康德的观点,两次世界大战促使欧洲痛定思痛,以法德为轴心走上联合的道路。但世界也可以进入冷和平却是康德想不到的,如美苏在冷战时期的对抗。

黑格尔继承了康德世界公民观点之下的普遍历史观念,但他认为推动人类社会进步的是一种"世界精神",怀有这一精神的国家是"世界历史性的民族国家",精神就内在地隐含在这一民族的文化中。"世界历史性的民族国家"将其精神通过各种手段注入其他弱小民族,同时也将"真正的自由"这个普遍观念扩展到全世界。到那时,所有矛盾在自由这一终极目标实现之时都将化解,人类进入"大同"。② 黑格尔强调了三种主要的共同体,即家庭、公民社会和国家,以为国家决定公民社会。

马克思认为,所有历史背后隐藏的推动力实际上是物质的或经济的。"思想的历史除了证明精神生产随着物质生产的改造而改造,还证明了什么呢?"③马克思用物质力量来取代黑格尔的精神,用阶级来取代黑格尔的民族国家作为历史的载体。只有理解了阶级动机和阶级关系,才能把握历史的目标和方向,因为历史是通过阶级冲突和变革而实现进步的。历史的目标就是一个无阶级的、实现公平正义的所有"自由人的联合体"。

当前,全球化进程对全球治理提出了客观要求,人类的统一有了客观前提。习近平"人类命运共同体"思想就是全球治理的中国方案。毫无疑问,这一思想批判地借鉴了西方思想家的观点,如人类必须联合的观点、法治的观点、人民至上的观点,等等。同时,"人类命运共同体"理念是对马克思恩格斯世界历史思想的时代回应。

二、"人类命运共同体"思想承载着中华民族的"天下"情怀和"大同"社会理想

中华文明和西方文明都具有世界主义的眼光。中国的世界主义模式强调道

---

① 康德:《历史理性批判文集》,何兆武译,商务印书馆 1990 年版,第 117 页。

② 唐纳德·坦嫩鲍姆,戴维·舒尔茨:《观念的发明者》,叶颖译,北京大学出版社 2008 年版,第 334–335 页。

③ 《马克思恩格斯选集》第 1 卷,人民出版社 1995 年版,第 292 页。

德的力量并以各民族的大融合为特点。中国在古代就把整个世界称为“天下”，君位不为一家所私有，天下的人民都是平等的。正如《礼记·礼运》记载：“大道之行也，天下为公。”

中国历代统治者把治理天下当作责任和担当，认为自己的职责是受命于天，皇帝自称“天子”，是代天统治万民。《诗·小雅·北山》所言“普天之下，莫非王土；率土之滨，莫非王臣”，反映的就是这样一种思想。

中国强调“协和万邦”的王道，而不是“以力假人”的“霸道”。统治者要加强自身修养，以理服人，以德化人。孔子曰：“为政以德，比如北辰，居其所，而众星拱之。”（《论语·为政》）汉代贾谊认为，“教者，政之本也；道者，教之本也；有道然后教也，有教然后政治也”（《新语·大政下》）。习近平在联合国日内瓦总部的演讲中提到“无偏无党，王道荡荡”（《尚书·洪范》），就是强调以德治国。

中国人认为治理天下以至天下太平需要一些条件，重要的是修炼好内功，修身养性，加强学习，通过格物至知、诚意正心、修身齐家，达到治国平天下的目标。儒家重视“礼制”，以此来规范人们的行为，塑造社会公德，同时也坚持“礼之用，和为贵”的准则。礼崩乐坏，社会就失序了。礼治就是要达到社会和谐的目标。《论语·学而》又说：“知和而和，不以礼节之，亦不可行也。”中国历代封建统治者为维系与藩属国的关系，往往采用“恩赐”“王化”“声教”“和亲”等怀柔和安抚政策，战争通常是不得已而为之。

治理天下的最终目的是实现“大同”社会，让黎民百姓过上幸福日子。按照《礼记》所说，“大同”世界是权力和财产公有、按道德和才能选拔人才、人们讲信用、人人都有社会保障、自由而安全、劳动是第一需要的社会。也就是马克思设想的共产主义社会。

中国的儒家思想为世界的“和谐与共”提供了有积极意义的资源。中国的道家思想为“防止冲突”提供了“道论”，“自然无为”“有所为而有所不为”的思想提供了处理外物的原则。

近代以来，康有为、孙中山等继承了“大同”思想，并进一步对其进行阐释，使其有了民生主义、社会主义乃至国际主义的内涵。如康有为在其《礼运注》中便把“天下为公”解释为“夫天下国家者，为天下国家之人公共同有之器”；把“讲信修睦”解释为“国之与国际，人之与人交，皆平等自立，不相侵犯”，就是说地球人同住一个屋檐之下，都是一家人，人人都是平等的，不相为害。毛泽东说，虽然康有为写了《大同书》，但他没有也不可能找到一条到达“大同”的路，唯一的可能就是经过人民共和国到达社会主义和共产主义，到达阶级的消灭和世界的“大同”。

实践表明，中国不可能走上资本主义道路，因为中国是受帝国主义压迫的国家。资本主义强国不愿意看到一个和他们比肩而立的独立国家诞生在东方。不过,帝国主义在给全世界送来工业文明、市场经济的同时,也促使了民族主义的觉醒。二战后,一大批国家独立了。帝国主义的殖民统治客观上也推进了全球化的进程。

如今,全球化是不可逆转的时代潮流,是生产力发展的必然结果和客观要求。全球化使得"天下"如此清晰地展现在人们面前。天下兴亡,匹夫有责。习近平的"人类命运共同体"思想就是对人类文明走向的中国判断和中国担当。这一思想饱含着中华民族的"天下"情怀和为全人类谋幸福的理想,必将得到世界人民的认可和赞同。

三、"人类命运共同体"思想的形成过程

习近平"人类命运共同体"思想的形成大致经历了三个阶段。

第一阶段:提出和成型阶段

这一阶段是从2013年3月习近平在莫斯科国际关系学院演讲正式提出"人类命运共同体"理念到2015年9月习近平在第七十届联合国大会一般性辩论的讲话中提出打造"人类命运共同体"总方略。

习近平在莫斯科国际关系学院发表演讲时说:"这个世界,……人类生活在同一个地球村里,生活在历史和现实交汇的同一个时空里,越来越成为你中有我、我中有你的命运共同体。"①这是习近平首次在外交场合提出"命运共同体"理念。2013年10月,周边外交工作座谈会之后,中国同周边国家的命运共同体建设渐次展开,中巴命运共同体成为中国同周边国家构建命运共同体的典范。2013年10月,习近平在印度尼西亚国会发表演讲,提出携手建设中国—东盟命运共同体的主张。2014年6月,习近平在中阿合作论坛第六届部长级会议开幕式上发表讲话,呼吁弘扬丝路精神,深化中阿合作,齐心打造中阿利益共同体和命运共同体。2014年7月,习近平在中国—拉美和加勒比国家领导人会晤上的主旨讲话提出努力构建携手共进的命运共同体。随后习近平出席2015年博鳌亚洲论坛并发表主旨演讲,提出"通过迈向亚洲命运共同体,推动建设人类命运共同体"的主张,认为"亚洲好,世界才好",为此必须做到"四个坚持",即必须坚持各国相互尊重、平等相待,必须坚持合作共赢、共同发展,必须坚持实现共同、综合、合作、可持续的安

① 习近平:《顺应时代前进潮流促进世界和平发展——在莫斯科国际关系学院的演讲》,http://www.gov.cn/ldhd/2013-03/24/content_2360829.htm。

全,必须坚持不同文明兼容并蓄、交流互鉴。① 2015 年 4 月 22 日,习近平在亚非领导人会议上发表题为《弘扬万隆精神推进合作共赢》的重要讲话,提出加强亚非合作,推动建设人类命运共同体,更好造福亚非人民及其他地区人民。以 2015 年 9 月习近平出席第七十届联合国大会一般性辩论时发表的题为《携手构建合作共赢新伙伴同心打造人类命运共同体》的重要讲话为标志,形成了比较系统的“人类命运共同体”思想,提出了“打造人类命运共同体”的五位一体总方略。

第二阶段:扩展和深化阶段

这一阶段是从 2015 年 11 月习近平出席巴黎气候变化大会到 2016 年 12 月习近平出席秘鲁 APEC 峰会,“人类命运共同体”思想在内涵和外延上都有扩展。

2015 年 11 月 30 日,习近平在气候变化巴黎大会开幕式上发表题为《携手构建合作共赢、公平合理的气候变化治理机制》的重要讲话时表示:“巴黎协议‘不是终点,而是新的起点’,是对未来全球治理模式的探索和建设‘人类命运共同体’的推动。”②这表达了习近平对于全球非传统安全问题的深切关注。2015 年 12 月 4 日,习近平在中非合作论坛约翰内斯堡峰会开幕式上的致辞中提出开启中非合作共赢、共同发展的新时代,要坚持政治上平等互信、经济上合作共赢、文明上交流互鉴、安全上守望相助、国际事务中团结协作,强调这是建设中非全面战略合作伙伴关系、打造中非命运共同体必须做强和夯实的“五大支柱”。2016 年 1 月,习近平访问开罗阿拉伯国家联盟总部,他用“1 +2 +3”形容中阿共建“一带一路”的格局,并首次提出“和平、创新、引领、治理、交融”五大行动理念。2016 年 3 月,习近平赴美出席第四届核安全峰会,提出了“打造核安全命运共同体”的命题。2016 年 6 月 17 日至 24 日,习近平对塞尔维亚、波兰和乌兹别克斯坦进行国事访问,并出席了在乌兹别克斯坦首都塔什干举行的上海合作组织成员国元首理事会第十六次会议,此次访问启动了中国与中东欧国家合作的以点带面、点面联动新局面的升级,“一带一路”共建也将进入次区域与国别合作共进、区域与跨区域联通并举的新阶段。习近平通过一系列出访,宣介了中国发展中非、中阿、中拉关系的政策主张以及全球性问题国际治理的中国方案,进一步揭示和阐发了“人类命运共同体”思想的内涵,使构建人类命运共同体在空间上不断扩展。

第三阶段:成熟和落实阶段

---

① 《习近平主席在博鳌亚洲论坛 2015 年年会上的主旨演讲(全文)》,http://news.xinhuanet.com/politics/2015 -03/29/c_127632707.htm。

② 《习近平出席气候变化巴黎大会开幕式并发表重要讲话强调　构建合作共赢公平合理的气候变化治理机制》,http://news.xinhuanet.com/mrdx/2015 -12/01/c_134871286.htm。

以2017年新年习近平首访联合国日内瓦总部并发表主旨演讲《共同构建人类命运共同体》为标志,"人类命运共同体"思想进入完全成熟阶段。在这篇讲话中,习近平阐明了国际社会要从伙伴关系、安全格局、经济发展、文明交流、生态建设等方面努力构建人类命运共同体;指出构建人类命运共同体,关键在行动;人类命运共同体的终极目标就是要建设共赢共享的世界,建设一个持久和平、普遍安全、共同繁荣、交流互鉴、清洁美丽的世界。习近平也指出了构建人类命运共同体的长期性和艰巨性,认为这是一个需要一代又一代人接力跑才能实现的目标。

四、"人类命运共同体"思想的内涵

1. 时代主题观和国际格局观

这是习近平共同体思想的现实依据,是中国国际战略的环境基础。习近平认为:"随着世界多极化、经济全球化深入发展和文化多样化、社会信息化持续推进,今天的人类比以往任何时候都更有条件朝和平与发展的目标迈进,而合作共赢就是实现这一目标的现实途径。"①

习近平深入分析了世界发展态势和国际格局变化后指出,当今世界是一个变革的世界,国际体系和国际秩序正在进行深度调整,国际力量对比发生深刻变化,多个发展中心在世界和地区逐渐形成。新兴市场国家和一大批发展中国家快速发展,国际影响力不断增强,是近代以来国际力量对比中最具革命性的变化。数百年来列强通过战争、殖民、划分势力范围等方式夺取利益和霸权,逐步向各国以制度规则协调关系和利益的方式演进。② 旧的殖民体系土崩瓦解,冷战时期的集团对抗不复存在,任何国家或国家集团都再也无法单独主宰世界事务。要充分估计国际格局发展演变的复杂性,更要看到世界多极化向前推进的态势不会改变。

2. 树立"地球村"理念

这是建设共同体大厦的软实力。习近平在2013年博鳌亚洲论坛上强调,我们生活在同一个地球村,应该牢固树立命运共同体意识。在2016年二十国集团领导人第八次峰会上,习近平指出,各国要树立命运共同体意识,真正认清"一荣俱荣、一损俱损"的连带效应。"地球村"理念很好地表明了国际社会的特征,即相互依赖和共生的特征。树立这一理念对于推进人类命运共同体建设具有重要的

① 习近平:《顺应时代前进潮流促进世界和平发展——在莫斯科国际关系学院的演讲》,http://www.gov.cn/ldhd/2013-03/24/content_2360829.htm。

② 《习近平在中共中央政治局第二十七次集体学习时强调 推动全球治理体制更加公正更加合理为我国发展和世界和平创造有利条件》,http://news.xinhuanet.com/politics/2015-10/13/c_1116812159.htm。

意义。习近平在访问欧洲时引用拿破仑的话说,理念总能够战胜利剑;在 2017 年初访问联合国日内瓦总部时说“理念引领行动,方向决定出路”。这都说明强化意识的重要性,只有牢固树立“地球村”理念,才能共同面对全球性挑战。

3. 通过迈向亚洲命运共同体,推动建设人类命运共同体

这体现了共同体建设的递进性、层次性。中国始终认为“世界好,中国才能好;中国好,世界才更好”①。习近平构建“人类命运共同体”的思想,首先立足中国自身。这就是说首先要实现中国的统一,大陆和台湾是命运共同体,当前要保持台海和平稳定,不容许台海生乱。其次,构建中国和周边国家的命运共同体,按照“亲诚惠容”理念同周边国家深化互利合作关系,迈向亚洲命运共同体。再次,构建中国—东盟、中非、中阿、中拉区域命运共同体,建设方案、框架已经出台,下一步重在落实。最后,构建中国和其他大国的命运共同体。共同体建设在时空上是递进的;建设中国和南南国家的命运共同体是优先方向,广大发展中国家与我国的历史命运和国情相似、发展水平一致,可以建成利益共同体;在此基础上,发展与欧盟和其他大国的共同体关系。

4. 打造人类命运共同体的总方略和总目标

习近平在 2015 年第七十届联合国大会一般性辩论时发表题为《携手构建合作共赢新伙伴同心打造人类命运共同体》的讲话,提出了打造人类命运共同体的总方略。如果说共同体是一座大厦的话,那么这篇讲话就是大厦建设的总体方案。这就是:政治上要建立平等相待、互商互谅的伙伴关系,安全上要营造公道正义、共建共享的安全格局,经济上要谋求开放创新、包容互惠的发展前景,文化上要促进和而不同、兼收并蓄的文明交流,生态上要构筑尊崇自然、绿色发展的生态体系。这些措施为共同体建设添砖加瓦,促进共同体的成长,最终建设一个持久和平、普遍安全、共同繁荣、开放包容、清洁美丽的世界。

5. 树立“共同价值观”和坚持“基本遵循”的思想

这是共同体的价值观和根本原则。和平、发展、公平、正义、民主、自由是全人类的共同价值,也是联合国的崇高目标。《威斯特伐利亚和约》确立的平等和主权原则,《日内瓦公约》确立的国际人道主义精神,《联合国宪章》明确的四大宗旨和七项原则,万隆会议倡导的和平共处五项原则,都应该成为构建人类命运共同体的基本遵循。

---

① 习近平:《共同构建人类命运共同体——在联合国日内瓦总部的演讲》,http://news.xinhuanet.com/world/2017-01/19/c_1120340081.htm。

6. 中国是现行国际体系的参与者、建设者和贡献者

维护以联合国为核心的国际体系,这是共同体大厦的框架结构。中国和世界上很多国家特别是广大发展中国家都希望国际体系朝着更加公正合理的方向发展,但这并不是推倒重来,也不是另起炉灶,而是与时俱进,改革完善。① 中国始终是国际秩序的维护者,而非挑战者;是国际秩序的建设者,而非破坏者;是国际秩序的贡献者,而非所谓的"搭便车者",相反,我们欢迎各国搭中国发展的"顺风车"。

五、"人类命运共同体"思想的意义

(一)理论意义

1. 习近平"人类命运共同体"思想是中国国际关系理论的伟大创新

长期以来,西方占据着国际舞台的中心,主导着国际关系,第三世界国家扮演着看客和旁观者的角色,甚至沦落到任人宰割的境地。"威斯特伐利亚体系"建立以来,世界热点地区发生了几次转移:从东欧平原到巴尔干半岛,从中东地区到阿富汗,现在又转移到中国南海和朝鲜半岛。世界"心脏地带"的转移,表明国际政治的"玩家"增多了,也证明了世界多极化的发展。中国和一系列新兴市场经济国家崛起之后冲击着西方的中心地位,多极格局形成的背景下一些不和谐的声音也随之响起,说"中国是世界的威胁""搭便车",等等。西方国际关系理论如现实主义、自由主义、建构主义等从单纯实力地位出发,坚持丛林法则,抛出狭隘的利益观、强买强卖的合作观、机械的交往观,把持国际话语权,混淆人们的视听,误导国际社会。更有甚者,提出带有种族主义色彩的"文明冲突论"。

习近平在2016年新年贺词中指出:"世界那么大,问题那么多,国际社会期待听到中国声音、看到中国方案,中国不能缺席。"②"人类命运共同体"思想就是中国国际治理所贡献的智慧。

习近平的"人类命运共同体"思想是全球化时代条件下的中国国际关系理论。这一思想回答了世界是个什么样的世界、怎样建设这个世界、最终目标是什么、秉持什么样的价值观、中国的责任和担当是什么等一系列问题。它是对毛泽东三个世界划分理论、邓小平建立国际新秩序思想、江泽民共同发展思想、胡锦涛和谐世界思想的继承和发展,又有所超越。这一思想坚持正确义利观、可持续发展观、共

---

① 《习近平在华盛顿州联合欢迎宴会上的演讲(全文)》,http://www.chinanews.com/gn/2015/09-23/7539991.shtml。

② 《国家主席习近平发表二〇一六年新年贺词》,http://news.xinhuanet.com/politics/2015-12/31/c_1117643074.htm。

赢共享合作观、新型安全观,有力驳斥了“中国威胁论”,回应了国际社会对中国发展走向的关切,得到国际社会的广泛认同。习近平指出,“真诚希望,国际社会携起手来,秉持人类命运共同体的理念,把我们这个星球建设得更加和平、更加繁荣”①。

2. 习近平“人类命运共同体”思想丰富了科学社会主义理论

马克思主义的社会主义学说是关于资本主义必然灭亡、社会主义必然胜利的学说,因剩余价值和唯物史观两大发现,使社会主义从空想变成了科学。列宁主义是社会主义可以在一国首先取得胜利的学说,极大地鼓舞了被压迫民族实现民族解放、国家独立的信心和勇气。毛泽东思想是东方殖民地半殖民人民获得解放的学说。二战后社会主义同时在多个国家获得胜利,社会主义实践由一国扩展到多国。苏联解体后,社会主义运动陷入了低潮。但是中国特色社会主义却一枝独秀,关键在于中国人民在中国共产党领导下,走出了一条适合中国国情的道路。这条道路从中华文明中汲取智慧,博采东西方各家之长,坚守但不僵化,借鉴但不照搬,具有永久生命力。邓小平说过,只要中国社会主义不倒,世界社会主义就站得住脚。经过改革开放30多年的发展,中国特色社会主义的国际影响力与日俱增。习近平的“人类命运共同体”思想可以看作全球化时代世界人民实现共赢共享的科学社会主义理论。社会主义从空想到科学、从理论到实践、从一国胜利到多国胜利、从继续革命到构建人类命运共同体,凝聚了一代又一代马克思主义者为实现全人类幸福而勇敢担当的心血和智慧。

(二)现实意义

1. 国内方面

(1)习近平“人类命运共同体”思想必将开创中国外交实践新局面

在“人类命运共同体”思想引领下,中国外交风生水起、红红火火。中国早在改革开放之初就把建立伙伴关系确定为国家间交往的指导原则,现在同90多个国家和地区组织建立了不同形式的伙伴关系。努力构建总体稳定、均衡发展的大国关系框架,积极同美国发展新型大国关系,同俄罗斯发展全面战略协作伙伴关系,同欧洲发展和平、增长、改革、文明伙伴关系,同金砖国家发展团结合作的伙伴关系。中国按照“亲诚惠容”理念同周边国家深化互利合作,秉持“真实亲诚”对非政策理念同非洲国家共谋发展,推动中拉全面合作伙伴关系实现新发展。中国将进一步联结遍布全球的朋友圈。

① 《国家主席习近平发表二〇一七年新年贺词》,http://news.xinhuanet.com/politics/2016-12/31/c_1120227034.htm。

(2)为中国梦的实现指明前进方向

实现中华民族伟大复兴的中国梦是近代以来所有中国人的梦想。梦想所指就是“两个一百年”的奋斗目标。国际战略是为国内目标服务的。习近平的国际战略思想为实现中国梦提供了理论指导和行动指南,为中国梦营造了良好的舆论环境和实践环境。中国命运和世界命运紧密相连。人类命运共同体是中国的“世界梦”,“世界梦”实现之时就是中国腾飞之日。

2. 国际方面

(1)构建以共赢共享为目标的国际新秩序

“人类命运共同体”思想是国际治理的中国方案。习近平强调,联合国应该在全球治理中发挥核心作用。在各种全球性威胁和挑战面前,要坚定走多边主义道路。中国坚定支持联合国事业,继续做联合国坚定的合作伙伴。

国际政治秩序应该维护联合国权威,以《联合国宪章》的宗旨和原则作为国际关系基本准则,国家之间要构建对话不对抗、结伴不结盟的伙伴关系。大国之间要尊重彼此核心利益和重大关切,管控矛盾分歧,努力构建不冲突不对抗、相互尊重、合作共赢的新型关系。大国对小国要平等相待,不搞唯我独尊、强买强卖的霸道。要推进国际关系民主化,不能搞“一国独霸”或“各方共治”,世界命运应该由各国共同掌握,国际规则应该由各国共同书写,全球事务应该由各国共同治理,发展成果应该由各国共同分享。

国际经济秩序应该维护世界贸易组织规则,支持开放、透明、包容、非歧视性的多边贸易体制,构建开放型世界经济。当前,应该以“一带一路”战略为契机,融入经济发展的大潮。

“人类命运共同体”思想为国际秩序描绘了总体蓝图,而“一带一路”战略为构建人类命运共同体提供了依托。这一战略坚持海陆统筹,物流、信息流、人员流并举,利用交通、通信设施把整个欧亚大陆连成了一体,并辐射全球,世界实现共赢共享。

(2)增强中国特色社会主义的国际影响力

中国特色社会主义坚持社会主义原则,又拥有道路、制度、理论、文化方面的中国特色。“人类命运共同体”思想是既植根中华传统文化又借鉴西方思想资源而开出的智慧之花。推动构建人类命运共同体的伟大进程,要以维护中国特色社会主义制度为目标,以外交为手段,以文化为支撑,彰显中国道路的感染力和强大生命力。在国外,认同社会主义制度的人不是少了,而是更多了,人们渴望建设一个更加美好的世界,渴望更加幸福。

(原载于《高校马克思主义研究理论》2017 年第 1 期)

论构建“人类命运共同体”的“共性”基础*

杨宏伟　刘　栋

自党的十八大报告提出“倡导人类命运共同体意识”以来，以习近平同志为核心的党中央统筹国内国际两个大局，高瞻远瞩，在重大国际事务面前，展现中国负责任大国形象，积极发挥建设性的引领作用，积极倡导构建“人类命运共同体”，努力推动人类文明进步。这一超越民族国家和意识形态的“全球观”，彰显着全球休戚与共的生存状态，昭示着人类和谐共享的理想追求，越来越得到国际社会的共鸣。深入研究构建“人类命运共同体”的共性基础，积极探索走向“人类命运共同体”的实践路径，有利于解决全球问题、推进全球治理，实现人类向更高文明形态的迈进。

一、共生：构建“人类命运共同体”的坚实根基

“共生”作为一个生物学概念，特指两种不同生物缺此失彼都不能生存的一种关系。借用生物界的这一共生性来观照人类生活，可以发现，共生性是人与自然、人与人、民族与民族、国家与国家之间的普遍存在样态。

同自然的共存共生是人类生活的基本样态，也是构建一切共同体的基础。马克思恩格斯把人纳入自然界并作为一个整体来看待，认为人是自然界长期发展的结果，人是自然界的重要组成部分，自然是人类赖以生存和发展的基础。恩格斯指出：“人本身是自然界的产物，是在自己所处的环境中并且和这个环境一起发展

---

* 作者简介：杨宏伟，兰州大学马克思主义学院教授；刘栋，兰州大学马克思主义学院硕士研究生。

本文系兰州大学中央高校基本科研业务费重点项目“习近平总书记关于意识形态工作重要论述研究”（项目号：16LZUJBWZD005）的阶段性成果。

起来的”,[①]“我们连同我们的肉、血和头脑都是属于自然界和存在于自然界之中的。”[②]在马克思恩格斯看来,没有人类自然依旧可以存在,而人类却必须依赖于一定的自然环境才能生存,即人类离不开自然。但当今世界,人与自然的共生问题已成为国际社会面临的重大问题,自然界不断向人类敲响共生的警钟,印度洋海啸吞噬了数十万人的生命,全球雾霾侵害着无数人的身心健康,冰川融化威胁着沿海地区人民的人身财产安全,资源短缺使众多国家正遭受经济发展的“瓶颈”等,日益突出的资源环境问题正威胁着人类的生存与发展,也标明了人与自然的共生性在人类生活中的基础性地位。随着生产的发展,人类认识和利用自然规律的水平虽然越来越高,可是人类的活动无时无刻不受到自然的制约,一系列全球问题的出现已经证明了人类同舟共济维护人与自然和谐共生的极端重要性。

如果说人与自然的共生构成人类发展的自然基础,那么,人与人的共生则是人类发展的社会依托。马克思指出:“人们在生产中不仅仅影响自然界,而且也互相影响。为了进行生产,人们相互之间便发生一定的联系和关系。”[③]因而,“人的本质不是单个人所固有的抽象物,在其现实性上,它是一切社会关系的总和。”[④]这就是说,人的本质属性在于其社会性,即在人与自然关系的基础上,人们在长期交往实践中形成的各种社会关系的总和。个体的生命不能孤立地存在,离开人类社会而离群索居的人难以获得长足发展,那些生命短暂的“狼孩”、“豹孩”等兽孩是对这一命题的最好注解。历史伊始,人类就以一种鲜明的共生形式即原始共同体的形式存在着,原始人需要结伴采集和狩猎以维持生命的存续。之后,无论是农耕文明时代、工业文明时代还是今天的信息时代,人们的关系紧紧围绕生产、分配、交换、消费而展开,离开人与人的交往,不仅个体难以生存,而且作为整体的人类也将不复存在。如今,随着交通工具和信息的日益发达,人与人之间的各种经济关系、政治关系、思想关系和精神文化关系等交织在一起,社会关系开始变得多样而复杂,人与人之间的共生性也越加紧密鲜明。

在交往实践中建立起来的人与自然、人与人之间的共生关系归根结底都要实现为一定的社会形式。马克思认为,共同体是人类生活的基本方式,他指出:“人的本质是人的真正的共同体”,[⑤]“只有在共同体中,个人才能获得全面发展其才

---

① 《马克思恩格斯选集》第 3 卷,人民出版社 2012 年版,第 410 页。
② 《马克思恩格斯选集》第 3 卷,人民出版社 2012 年版,第 998 页。
③ 《马克思恩格斯选集》第 1 卷,人民出版社 2012 年版,第 340 页。
④ 《马克思恩格斯选集》第 1 卷,人民出版社 2012 年版,第 139 页。
⑤ 《马克思恩格斯全集》第 3 卷,人民出版社 2002 年版,第 394 页。

能的手段,也就是说,只有在共同体中才可能有个人自由”。① 民族国家共同体是当前普遍存在的一种共同体形式,在这种共同体中,人与自然、人与人之间的共生关系归根结底为民族与民族、国家与国家之间的共生,并且这种共生性在民族国家间尤为突出,就是说,“当代世界是一个共生性国际社会”。② 尽管各国独立自主地发展,但各民族国家之间的共生关系就好比生物链一样,这一共生性链条一旦受损,那么,国际社会就会矛盾重重、摩擦不断,甚至带来毁灭性灾难。例如,2008 年美国金融危机席卷全球,各国经济遭受不同程度的破坏,至今仍有许多国家没有走出危机的阴影。在当代共生性国际社会中,经济全球化的推进使国际社会形成了环环相扣的共生结构,和平发展、合作共赢已成为时代潮流,任何一个国家的富强与复兴不必也不允许再走以牺牲他国为代价的老路。

习近平总书记用一种超越民族国家利益的世界眼光,深刻阐明了国际社会的共生性,在 G20 杭州峰会上指出:“在经济全球化时代,各国发展环环相扣,一荣俱荣,一损俱损。”“和衷共济、和合共生是中华民族的历史基因,也是东方文明的精髓。”③正是由于各民族国家的和合共生,使得国际社会正牢牢凝聚在一起,成为构建“人类命运共同体”的坚实基础。

二、共通:构建“人类命运共同体”的桥梁纽带

互联互通是人类社会的基本存在方式,也是人类走向未来的必然选择。从原始社会的分食共享到农业文明的互市交换再到工业文明的世界贸易,人类历史在交往共通中不断朝着世界历史的方向迈进。人类社会在物质、信息、文化、价值等各领域的全面共通共融,已成为现代世界历史的存在方式和发展趋势。

人类共通性的根基在于共同的实践活动。④ 在马克思看来,物质生产实践活动是人类的基本活动,而“生产本身又是以个人彼此之间的交往为前提的”。⑤ 正是在生产和交往的基础上人类才得以共生、共通。从人类历史的演进来看,由于世界市场的开辟,物质生产领域的共通由原来的局部范围逐步扩展到全世界。马克思恩格斯曾指出:“资产阶级,由于开拓了世界市场,使一切国家的生产和消费都成为世界性的了”,“民族的片面性和局限性日益成为不可能,于是由许多种民

---

① 《马克思恩格斯选集》第 1 卷,人民出版社 2012 年版,第 139 页。

② 金应忠:《共生性国际社会中的中国追求》,《解放日报》2011 年 11 月 7 日。

③ 习近平:《中国发展新起点全球增长新蓝图——在二十国集团工商峰会开幕式上的主旨演讲》,《人民日报》2016 年 9 月 4 日。

④ 曹明德:《文化的共通性和差异性》,《厦门大学学报》哲学社会科学版 1996 年第 4 期。

⑤ 《马克思恩格斯选集》第 1 卷,人民出版社 2012 年版,第 147 页。

族的和地方的文学形成了一种世界的文学"。[1] 就是说,随着国际社会交往范围的扩大、联系程度的加深,人与人、国与国、组织与组织之间越来越成为不可分割的整体,那些曾被认为是不可逾越的天然险阻逐渐被克服,建立在人类社会共生性基础上的共通性也愈加明显。石油、天然气、煤炭、粮食等物质资料在全球范围内流通,各国先进的技术、工具和商品在多国市场交换和消费,贸易和资本也朝着全球化趋势发展。进入信息社会以后,互联网的崛起,对整个社会的共通起到了"助推器"的作用,迅速改变着世界图景,人们足不出户就可以实现全球商品互购,局部范围内的消息顷刻间就可到达世界各地,人员一天内就可辗转多个国家,这种共通使得各个国家和地区紧密地联系在一起,没有一个国家、地区、民族可游离于世界之外,单一国家的命运日益叠加为人类共同命运。

每个国家都有自身独特的文化,在经济全球化的纵深推动下,各民族国家间文化的交流互通愈加频繁。虽然曾经山河湖海造成不同文化之间不能顺畅地互通,但随后借助交通技术的革新以及各种道路的开辟,文化之间的共通既成为一种可能,也成为一种必然。文化共通性直接导致价值共通性,密切的文化交往打破了过去"老死不相往来"或往来不多的局面,"过去那种地方的和民族的自给自足和闭关自守状态,被各民族的各方面的互相往来和各方面的互相依赖所代替了。物质的生产是如此,精神的生产也是如此",[2]文化之间的共通,使得不同文化间实现了一种"美美与共"的发展范式和共生样态。这就使整个世界的文化和价值产生了一体化的趋势,形成一种由分至合的世界文化。在费孝通先生看来,这便是未来世界历史的前景,如其所言:"当前国家与国家、民族与民族、种族与种族、宗教与宗教等等之间的相互接触越来越频繁,使原来分立的人文世界逐步向一个'地球村'转变……我也认为全球一体化是历史的前景。"[3]

着眼当下,各个民族、国家不论其文化如何迥异,他们之间都有某些共通的文化内容,如奥林匹克运动会显示出各民族能够接受同一竞赛规则,音乐、舞蹈等艺术能融合不同文化成为全人类的共同财富,就连最能体现民族特性的语言也越来越通用(英语甚至汉语在全世界范围内的使用)。人类社会的共通性消除了局部社会的封闭性、垄断性和排他性,不同民族和国家的命运越来越紧密相连,没有脱离于他国之外的真正安全,也没有一个国家可以与世隔绝地实现发展,人类社会的共通性是构建"人类命运共同体"的桥梁。

---

① 《马克思恩格斯选集》第1卷,人民出版社2012年版,第404页。
② 《马克思恩格斯选集》第1卷,人民出版社2012年版,第404页。
③ 费孝通:《当代社会人类学发展》,北京大学出版社2013年版。

三、共识:构建"人类命运共同体"的价值依托

费孝通先生曾在《乡土中国》中谈到"共意"的概念,他指出,正是乡村等社会自治领域内的普通民众达成的共意,才维护了几千年的中国封建统治。费孝通先生讲的"共意"其实就是一种"共识",是价值共识。人们总是基于一定的共识才结合在共同体中生活,没有一定的共识,共同体的生活就无法进行下去,国际社会尤其如此。当今国际社会矛盾、冲突、摩擦不断的重要原因,就在于共识未达成。

共识是主体间共同行动的基础,构建"人类命运共同体"最富凝聚性的力量是国际社会价值共识的建立。"人类命运共同体"所倡导的和平发展、合作共赢、相互尊重、平等相待、互帮互助等思想正在成为全球价值共识,为解决全球问题指明了新的方向,提供了新的遵循。各国之所以在许多领域能达成价值共识,一个重要的前提就是各国之间有超越国家界限的诸多共同利益和目标。当今社会中,世界各国遵循价值共识取得了一系列成就,形成了广泛的共识性基础,众多有利于世界和平与发展的国际组织的建立,如联合国、世界银行、国际货币基金组织、世界贸易组织、上海合作组织、欧盟以及由中国倡导的亚投行等,无一不是基于共同利益和目标而达成的共识基础上建立起来的。并且,各国及国际组织在保护环境、节能减排、反对恐怖主义等领域不断取得新的共识。毫无疑问,国际社会达成的日益广泛的共识为构建"人类命运共同体"提供了重要的价值依托。

在世界多元化的发展中,各国越来越需要价值共识以求得共赢。"价值共识不是脱离各个民族的价值而独立存在的抽象共识,而是在人类文明进步中、在各民族文化交流中逐步形成的对某些基本价值的认可。"①不同时代的价值共识是不同的,原始社会以共同劳动为价值共识,奴隶社会以获得财富为价值共识,封建社会以崇尚皇权为价值共识,资本主义社会以追求个人利益为价值共识,当前国际社会日益成为一个你中有我、我中有你的"命运共同体",人们的价值共识又有新的变化。习近平总书记站在全人类和谐共存、和合共生的制高点上,提出了"人类命运共同体"这一超越民族国家利益的人类文明走向,阐明了当今时代的价值共识。2015 年 9 月,习近平主席在第七十届联合国大会一般性辩论的讲话中指出:"和平、发展、公平、正义、民主、自由,是全人类的共同价值",②赢得了国际社会的一致认可,这些共同价值就是当今社会的价值共识,形成了国际社会构建"人

---

① 陈先达:《论普世价值与价值共识》,《哲学研究》2009 年第 4 期。

② 习近平:《携手构建合作共赢新伙伴同心打造人类命运共同体——在第七十届联合国大会一般性辩论时的讲话》,《人民日报》2015 年 9 月 29 日。

类命运共同体"的价值依托。

不同国家间的共同利益和平等地位是在国际领域达成共识的重要前提,然而,当前世界各国因不同的利益诉求,呈现出价值多元、利益冲突等状况,谋求全球共识仍存在一定困难。一方面,由于发达国家在经济实力、科技水平和军事技术等方面远远超过其他国家,使发达国家对国际秩序起着主导性作用,发展中国家在国际事务中缺少话语权。另一方面,现阶段国家间还存在显著的利益差异,国际事务一旦触及民族国家利益时,显得极其脆弱,本国利益仍是各国行动的根本依据。解决这一矛盾的重要方式,就是各国必须从维护全人类利益的高度出发,以开放包容的姿态多增加一些平等交流的机会,开掘出多种超越对立、冲突的全球价值共识,共同关注人类共同面临的问题与挑战,求同存异。正如马克思所言,在世界历史的发展条件下,我们的立足点必须超越局限于个人诉求的"市民社会",取而代之的应该是"人类社会或社会化的人类"。也就是说,要想在多元化的世界格局中理解和关怀人类共同命运,必须谋求共识,正确处理全球化时代的诸多矛盾。

在世界历史进程中,国际社会真正是"环球同此凉热",只有秉持休戚与共的价值共识,我们才能切实解决全球性问题,实现更广范围的互利共赢,为构建"人类命运共同体"提供价值依托。

四、共建:构建"人类命运共同体"的现实路径

人类生活在同一"地球村",有着共同的现实利益和未来命运,面对各种问题与挑战,不能"各扫门前雪",必须"共建百花园"。对此,习近平总书记指出,打造人类命运共同体,我们要建立平等相待、互商互谅的伙伴关系,营造公道正义、共建共享的安全格局,谋求开放创新、包容互惠的发展前景,促进和而不同、兼收并蓄的文明交流,构筑尊崇自然、绿色发展的生态体系。① 既阐述了"人类命运共同体"的内涵,又规划了各国共建的未来图景和现实路径。

如今各国相互依存、休戚与共,各国守望相助共建美好世界成为共同的愿望。结合人类发展的经验和教训,立足现实、谋划未来,当今各国应同心协力构建一个美丽世界、和谐世界和包容世界。共建美丽世界,就是要树立尊重自然、顺应自然、保护自然的意识,坚持走绿色发展、协调发展、持续发展的道路,协调好人与自然的关系,为实现世界的持续发展和人的全面发展创造良好的外部环境,世界各

① 习近平:《携手构建合作共赢新伙伴同心打造人类命运共同体——在第七十届联合国大会一般性辩论时的讲话》,《人民日报》2015 年 9 月 29 日。

国要携手保护生态环境，共同建设人类宜居的地球家园。共建和谐世界，就是要构建一个平等相待、真诚交往、和谐共存的世界。每一个国际社会参与者都应本着"和衷共济、和合共生"的精神，多协商、多交流，不排斥、不对抗，相互尊重、平等相待，建成一个国与国之间和谐共处、人与人之间和谐相伴、人与自然之间和谐共存的世界。共建包容世界，就是要求世界各国通力合作，构建一个相互包容、多元开放而又可持续发展的人类世界。"大家一起发展才是真发展，可持续发展才是好发展"。① 各国应承认并尊重世界文明多元性和发展模式多样性的现实，秉持开放精神，互帮互助、互惠互利，推动可持续发展，构建包容世界。

在全球化过程中，人与人之间联系越来越密切，国与国之间了解越来越多，彼此关心的问题也逐渐趋同。以此为基础，各国在人类共同体的共建方面成果显著，涉及国际金融体系、世界政治秩序、多种文化交流、地区和平稳定、生态环境保护等多个领域，从维护国际金融稳定到谈判解决争端，从举办各种博览会到不扩散核武器，从海陆资源开发到和平利用外层空间等，既有时间方面的纵深推进，又有空间范围的广阔实践，都为共建"人类命运共同体"奠定着基础。具体来讲，为共建公正合理的国际政治秩序，成立联合国、欧盟等国际组织；为共建和平安全的国际环境，各国反恐联合军演；为共建良好的地球生态，世界气候大会上签订《巴黎协定》；为共建人类理想社会目标，共同制定 2030 年可持续发展议程；为共建稳定增长的世界经济，定期召开 G20 峰会……凡此种种，为构建"人类命运共同体"提供了现实路径。

全球化时代背景下，人类在共建方面取得了可喜进展，但环顾国际形势，依然存在许多障碍，主要是由于各国在一些全球问题上很难达成共识，共建也就无从谈起。中华文明提倡"天下兴亡，匹夫有责"，要解决当今时代困局，各国必须携手共建。首先，各国之间要注重平等相待、互信协商，摒弃"零和思维"和"文明冲突"的狭隘心理。国家不论大小、强弱、贫富，都应该平等相处，在真诚互信的基础上加强沟通，照顾彼此利益关切，不搞排他性，在各国积极共建中追求共赢。其次，国际社会各成员要秉持同舟共济的合作精神，发挥各自比较优势，加强联合与合作，推动不同社会制度互相包容、不同思想文化互相借鉴、不同发展模式互利互惠，不同优势资源互联互通，谋求共同发展。最后，发达国家应为全球共建承担更多责任，给予发展中国家更多的话语权。发达国家要进一步增加对发展中国家特别是最不发展国家的援助、开放市场、转让技术、减免债务等，发展中国家也要充

① 习近平：《携手构建合作共赢新伙伴同心打造人类命运共同体——在第七十届联合国大会一般性辩论时的讲话》，《人民日报》2015 年 9 月 29 日。

分利用机遇发展自己。十八大以来,以习近平同志为核心的党中央,坚持更大范围更宽领域更高层次的对外开放、倡导"一带一路"、创建亚投行等,从理念到行为,全面展现了共建的重要性和中国积极与各国寻求共建共赢的决心。

历史发展需要诸多合力共同作用,世界上每一个民族国家都是实现"人类命运共同体"的重要推动者,唯有各国勠力同心真正地共建,才能让世界更好地共通共享,才能为构建"你中有我,我中有你"的命运共同体提供现实路径。正如习近平总书记指出的,"世界上的路,只有走的人多了,才会越来越宽广"。①

五、共享:构建"人类命运共同体"的目标追求

党的十八届五中全会提出了共享发展理念,习近平强调,共享发展注重的是解决社会公平正义问题,发展成果必须由人民共享,绝不能出现"富者累巨万,贫者食糟糠"的现象。同样,"人类命运共同体"倡导各国无论大小共享人类进步成果,不是营造自己的后花园,而是建设各国共享的百花园,让发展成果惠泽每个国家。

共享之所以能引发全球共鸣,在于其包涵着中西方不谋而合的精神意蕴。我国古代先贤主张的"大道之行,天下为公",西方思想家主张的财产公有、人人幸福等,无不标示着人类对"共享"的推崇。马克思更是把共享作为未来"自由人联合体"的本质特征,在《哥达纲领批判》中,他旗帜鲜明地指出,共产主义社会将在生产资料公有的基础上,实行"各尽所能,各取所需",全体社会成员共享社会发展成果。共享发展成果、增进普遍福祉是人类的永恒心愿,通过成果共享使更多国家受惠,是构建"人类命运共同体"的目标追求。中国倡导构建"人类命运共同体",表达了中国愿与各国共享发展成果、祈盼合作共赢的真诚愿望。国际社会在科技水平、自然资源、金融资本、交通技术等方面共享,有利于修缮和巩固各国之间的关系,消除各方疑虑,增强政治互信,推进全球治理。

放眼全球,各国在良好的生态、优质的教育、先进的医疗、便利的交通、优秀的文化等方面,均存在着共享的广阔空间。共享就是要让国际社会共享自然、共享机会、共享优势。无论人们之间具有怎样的差别,对自然生存条件的需求都是相同的,任何国家都有共享自然的权利,只有在共享中才能追求人与自然的和谐,实现可持续发展。那些为了自身发展而破坏自然环境的行为,最终只会"搬起石头砸自己的脚"。共享更是发展机会的共享,面对经济全球化带来的机遇,各国需要彼此加强互信,克服以往各种不合时宜的观念与制度,在机会共享中实现各自利

① 《习近平在伦敦金融城的演讲》,新华网2015年10月22日。

益。中国倡议“一带一路”旨在同沿线国家共享发展机遇;倡导创建亚投行,服务区域基础设施建设;坚持对外开放,加强与世界经济联动等,以实际行动为各国共享机会树立了榜样。共享还是彼此优势的共享。每个国家在科技、资本、劳动力、管理经验等方面均有各自的比较优势,可谓“各美其美”,只有优势共享,才能利益最大化,实现“天下大同”。在 G20 杭州峰会上,习近平指出,“全球经济治理应该以共享为目标,提倡所有人参与,所有人受益,不搞一家独大或者赢者通吃,而是寻求利益共享,实现共赢目标”。① 这与一些西方国家因一己之私大搞贸易保护主义形成鲜明对比。

共享是“人类命运共同体”的题中应有之义,也是国际社会的发展趋势。在全球化时代寻求共享,必须在以下几方面加强保障:一是要建立和规范国际制度,规范和约束各成员的态度和行为。各国遵循共同的国际制度,有利于增进彼此之间的信任,促进交流和沟通,为“人类命运共同体”的构建提供互信的环境。二是强化国际法在维护共享中的作用。国际秩序的构建和国家间关系的稳定,很大程度上要依靠国际法发挥作用,对于国际社会中违反和破坏共享目标的行为体应予以严厉制裁。三是加强政府间国际组织在共享中的保障作用。依照联合国的宗旨原则及国际公约维护国际和平与安全,通过经济制裁(如贸易禁运)或军事行动等保障共享。四是发挥非政府间国际组织的沟通协调作用。非政府间国际组织的交流涉及医疗卫生、体育运动、文化传播、环境保护等众多领域,非政府间国际组织在国际事务中可以发挥重要的斡旋和协调功能,有利于维护各国在技术、劳动力、资金、管理经验等方面的协作共享。

“送人玫瑰,手有余香”。中国主动承担大国责任,积极推动国际社会在自然、机会、优势方面共享,使各国为同一个梦想而竭尽全力,为构建“人类命运共同体”提供源源不断的强劲动力。

我们必须看到,社会主义和资本主义两种社会制度的长期共存是当代历史发展的基本事实,也是世界在未来一个较长时期内的基本存在格局,如何认识和处理两种制度长期共存的关系,是关涉人类生存和发展的大问题。为此,中国基于全人类共享文明成果的价值目标,倡导构建“人类命运共同体”,提倡一种海纳百川式的“大我”,这种“大庇天下”的气魄和胸怀是中国传统精神的体现,更是中国对世界未来发展走向的一种科学预见,表达了中国与各国共生共通的存在样态和共建共享的真诚愿景。“人类命运共同体”承载着人类共同的美好理想,构建之路

---

① 习近平:《中国发展新起点全球增长新蓝图——在二十国集团工商峰会开幕式上的主旨演讲》,《人民日报》2016 年 9 月 4 日。

也注定充满坎坷,但并不是虚无缥缈的海市蜃楼。只要世界各国紧密团结共同努力,以共生为根基、共通为纽带,达成深度价值共识、谋求国际社会共建,这一人类共享的命运共同体就一定能够普惠全球。

(原载于《教学与研究》2017 年第 1 期)

全球治理、人的流动与人类命运共同体*

高奇琦

当前，全球治理面临最大的挑战是什么？我们又该如何应对这些挑战？本文关于全球治理的讨论将重点放在人的流动上。因为在全球化背景下，所有流动的要素都围绕人来展开。全球性流动的本质是人的流动，从人的流动这一角度出发，可以找到解决全球治理挑战的具体治理方案。未来全球治理的目标是人类命运共同体，而这一目标的实现则需要通过人的流动来完成。本文从分析全球治理两大挑战出发，引入人的流动这一主题，并力图探讨人的流动与全球治理之间的关系。在分析未来国家和城市如何应对全球人口流动的问题之后，本文阐发了人类命运共同体对于全球治理未来转型的意义以及中国的可能方案。

一、结构失衡与文明冲突：全球治理未来的两大挑战

未来的全球治理将主要面临两大挑战：一是结构失衡，二是文明冲突。结构失衡是指全球范围内由于发展不平衡而导致的整体发展不足。其具体表现为：一方面，发达国家发展动力不足，经济复苏乏力；另一方面，发展中国家缺乏发展基础。发达国家缺乏发展动力的重要原因之一在于缺乏充足的劳动力，其中人口的负增长是其经济动力不足的根本原因。美国之所以更为强大，关键在于其人口数量与质量具有相当大的优势。美国成功的移民政策为其国家治理和国际地位的提升贡献良多。可以想见，加拿大和澳大利亚等国如果在未来若能与美国一样引入大量的高素质人口，并有效地解决融合与整合问题，那么也将具有与美国更为

---

* 作者简介：高奇琦，华东政法大学政治学研究院院长、教授。
本文得到国家社科基金重点项目“全面推进依法治国与国家治理现代化研究”（项目编号：14AZD113）和华东政法大学政治学研究院“华与罗世界文明与比较政治研究项目”（项目编号：HDZ005）的资助。

接近的国际地位。此外,西方国家当前存在负利率问题,其本质是人的激励不足的问题。即使政府补贴资本的最低成本,民众也不愿意去生产新的产品和服务。在原有人口的需求已经满足的情况下,如果无法补充新的人口以创造新的需求,增长必然乏力。由此可见,西方国家发展动力不足是源于其人口结构。

另一方面,发展中国家在发展过程中面临的最大障碍则是投资不足和教育落后。当前,发展中国家基础设施极度落后,甚至缺乏经济发展所必需的基础设施,如道路、桥梁和港口等。同时,教育资源不足和教育水平低下也是阻碍发展中国家发展的重要因素。发展中国家虽然具有强烈的发展动力和愿望,亟须改变国家落后面貌和改善人民生活水平,但是囿于基础设施落后和教育水平低下等条件,这些国家的发展速度和稳定性依然不足。依照中国重视基础设施和教育的发展经验,发展中国家需要引入发达国家的资源以改善基础设施状况和提高教育水平,这样才能充分激发自身的发展潜力。

全球治理面临的另一重大挑战是文明的冲突。① 笔者认为,未来的文明冲突更主要是基督教文明与伊斯兰文明之间的冲突。② 伴随着全球化的进一步发展,基督教文明越来越强势,对世界其他文明的影响也越来越显著。同时,伊斯兰文明也正逐步复兴,并渗透至基督教文明的内部。

二、人的流动:解开全球治理挑战的钥匙

笔者认为,解开全球治理未来两大挑战的关键在于人的流动。全球治理的未来目标之一是人在世界范围内的自由流动。在这里,笔者使用"人的流动",而非"人口流动"。人口流动是偏向于社会学的概念,人口在社会学意义上是计数的词。在人口流动的语意中,人的个性往往被忽视了。"人"仅仅是机械计算的数字而已。而在人的流动语意下,"人"是独立的个体,是马克思强调的"自由发展"

① 在《文明的冲突与世界秩序的重建》一书中,亨廷顿认为,文明的冲突将成为冷战后全球秩序的重要特征。西方文明和挑战者文明的冲突会成为全球政治的中心。参见塞缪尔·亨廷顿著,周琪等译:《文明的冲突与世界秩序的重建》,新华出版社 2002 年版,第 266～269 页。

② 亨廷顿对这一点有深入的表述:"这一系列的冲突逐步升级,从 20 世纪 80—90 年代的准战争,进到 2001 年九一一之后的'反恐战争',再进到 2003 年对伊拉克的一场全盘常规战争。这一形势日益加剧穆斯林尤其是阿拉伯人对美国的敌对情绪。美国人眼中的反恐怖主义战争,在穆斯林看来却是对伊斯兰的战争。"参见塞缪尔·亨廷顿著,程克雄译:《我们是谁? 美国国家特性面临的挑战》,新华出版社 2005 年版,第 299 页。

的人。①

当前全球治理面临的结构失衡挑战,其关键在于发达国家的资源不愿意流入发展中国家,而发展中国家缺乏其发展所需的基础条件。在此背景下,人的流动能够弥补发达国家和发展中国家之间的要素鸿沟。发达国家出现的负利率和增长不足等问题说明,西方国家的普通民众不愿从事经济生产工作,因而导致发展要素的过剩。而发展中国家出现发展不足等问题则是由于发展要素缺失。因此,只有发展中国家的人进入发达国家,才能稀释发达国家过剩的发展要素,或者将发达国家的发展要素引入发展中国家。然而,当前对外投资和国际并购更多地在发达国家内部进行。发达国家缺乏在发展中国家进行投资的意愿,其理由是发展中国家政局不稳和投资回报率低。从全球整体利益来看,发达国家之间相互投资的行为是对发展要素的浪费,并不能发挥发展要素的最大效用。因此,人的流动尤其是南北之间的流动,对全球资源在更大的范围均衡配置将会起到重要作用。

为什么人的流动的长期发展能够使得发达国家与发展中国家之间的发展要素相对均等化?这其中的逻辑可以用黑格尔的主奴辩证法来加以解释。黑格尔在《精神现象学》一书中提出主奴辩证法的思想。黑格尔认为,在主奴关系中,所涉及的不仅是主人与奴隶的二元关系,而是主人—奴隶—物的三元关系。主人与奴隶的关联是通过锁链为中介的,而主人与物的联系则是通过奴隶为中介。奴隶之所以为奴隶,其在本质上反映一种物性。物对于奴隶有一定独立性,因为物本质上不属于奴隶,所以奴隶只能对物进行加工。奴隶对物的加工使得主人可以享受物。② 然而,在黑格尔看来,奴隶在对物进行加工改造的过程中成了物的主人,而主人则把奴隶放在物与他之间,从而把支配物的权利让给奴隶,这样主人反而处于一种依赖奴隶的地位:"奴隶的行动也正是主人自己的行动,因为奴隶所做的事,真正讲来,就是主人所做的事。"③黑格尔认为,奴隶的反抗会导致主人历史的终结,最终走向一种平等意义上的相互承认。黑格尔主奴辩证法对马克思、恩格

---

① 马克思、恩格斯在《共产党宣言》中指出:"代替那存在着阶级和阶级对立的资产阶级旧社会的,将是这样一个联合体,在那里,每个人的自由发展是一切人的自由发展的条件。"参见《共产党宣言》,人民出版社 1997 年版,第 50 页。

② 黑格尔分析到:"对于奴隶来说,物也是独立的,因此通过他的否定作用不能一下子就把物消灭掉,这就是说,他只能对物予以加工改造。反之,通过这种中介,主人对物的直接关系,就成为对物的纯粹否定,换言之,主人就享受了物。"参见黑格尔著,贺麟、王玖兴译:《精神现象学》上卷,商务印书馆 1981 年版,第 128 页。

③ 黑格尔:《精神现象学》上卷,第 129 页。

斯具有重要影响。马克思、恩格斯认为,无产阶级是资产阶级的掘墓人。① 这是黑格尔主奴辩证法的延伸。主奴辩证法可以解释发展中国家移出者身份的转化。移出者在进入发达国家之初,其传统的权利结构被剥夺掉,因此其处于相对的被剥削状态。这类似于黑格尔所言的"奴隶"。但是,这类群体在进入移入国之后往往会勤奋地工作,努力改善自己的状况。由于其与生产过程的紧密联系以及对生产资料的掌握,这类人群多数最终可能完成身份的转化,并获得移入国民众的承认。此外,因为移出者可以将先进的技术、发达管理经验和资本带回母国,所以其自身状况的改善也会对移出国的境况有所改善。

此外,人的流动也有助于文明冲突问题的消解。两个文明之间在缺乏交流和了解时会建构矛盾,甚至将彼此的防御性行为当成进攻性行为,从而加深矛盾。②在缺乏信任且封闭的文明群体之间,矛盾和冲突会呈螺旋式发展。如果两个文明群体能够在一个相对温和的环境下展开理性的对话和交流,并逐步认识到自己的缺点与不足,那么文明间的误解和冲突就会减少。因此,文明冲突缓和的重要前提是交流。交流会逐渐减少双方的不信任。只有在平等对话和相互尊重基础上的交流才能解开不同文明之间的误解和矛盾。

由于目前中国人在全球范围内人的流动中的比例越来越高,因此,中国人的流动在其中的作用变得愈发重要。中国人的流动将对全球治理两大挑战的解决具有重要作用。首先,中国人的流动有助于解决全球治理的结构失衡问题。中国处在发达国家和不发达国家的中间地带。中国具有较高的教育水平和较为完整的工业基础,由此造就了数量庞大且素质较高的劳动力。中国人流入发达国家能够带来两大益处:一是高素质的人才能够弥补发达国家的劳动力不足;二是中国人勤奋的特质能够激发西方普通人工作的活力。同样地,大量中国人通过"一带一路"建设流入不发达国家,也会促进这些国家的教育、基础设施和资本等要素的增加。在未来,凭借庞大而活跃的市场以及完备的基础设施,中国也将成为重要的移入目的国,如广州和义乌等城市已涌入大量国外移民。总而言之,中国人在发达国家和发展中国家流动,将会有助于发展要素在全球范围内均等化和匀

---

① 马克思、恩格斯认为,资产阶级曾经起过非常革命的作用,但"随着大工业的发展,资产阶级赖以生产和占有产品的基础本身也就从它的脚下被挖掉了。它首先生产的是它自身的掘墓人"。参见《共产党宣言》,第 40 页。

② 亨廷顿对两个文明在缺乏交流的情况下产生隔阂有重要论述:"文明之内的行为与文明之外的行为的差别来源于:1. 对被看作与我们大相径庭的人的优越感(和偶尔的自卑感);2. 对这种人的恐惧和不信任;3. 由于语言和文明行为的不同而产生的与他们交流的困难;4. 不熟悉其他民族的设想、动机、社会关系和社会行为。"参见塞缪尔 · 亨廷顿:《文明的冲突与世界秩序的重建》,第 135 页。

质化。

此外,中国人的流动也将有助于文明冲突的缓解。相比而言,中国人具有温和、多元和谦虚的特质。中国人的信仰是多重复合的信仰,在思想和宗教领域所持有的是“和而不同”的态度。中国人的多元包容态度主要体现在如下几点:第一,多元文化力量可以在不改变自身特定属性的基础上和谐共存。这其中最典型的例子就是民间的“三教合流”和“三教并行不悖”。在传统中国,儒教、道教和佛教相互融合和相互给养,并在中国人的心灵深处形成一种整合性的文化传统,同时这种整合性传统又不以破坏任何构成部分为前提。对此,郝大维(David Hall)和安乐哲(Roger Ames)有一个很有趣的评论:“今天中国人还常把自己说成是‘三家兼而有之’(‘我戴儒帽,披佛袍,穿道鞋。在公共生活中我是儒家,到了家中就成了佛教徒,漫步于自然中,我又成了道家’)。”①这种价值观的综合强调文化之间的相互沟通、理解和宽容,同时其又不要求以消灭某一种文化的个性为前提。第二,多元力量之间很少诉诸暴力来相互迫害。或者说,暂时取得支配性地位的文化并不会用暴力或冲突的方式来消灭弱势文化。对此,艾恺(Guy Salvatore Alitto)评论道:“在中国历史上规模最大的所谓‘宗教迫害’是唐武宗采取行动打击佛教势力。这次对佛教的打击,并没有影响到一般老百姓,他们在一千多年里继续把儒教、道教以及对鬼神的敬畏和佛教融合在一起,不断产生由多种信仰构成的宗教混合物。”②第三,用开放性的态度来解释宗教和思想经典。这种开放性解读增加了思想的多元性,同时又促使人们不会偏狭地主张只有自己所持的经典解释是唯一正确和正统的。换言之,对于经典,不同人可以有不同的解读,因此也就不存在异端邪说。这种对经典的开放性解读源自孔子。孔子所起的重要作用是教人把当时注重外表的礼仪改为发自内心的尊敬之意。孔子教育人们,要重视礼仪的精神实质而不要拘泥于礼仪的条文。因此,中国人在世界范围内流动,将会把多元信仰带入不同地域和群体之中,而这种跨地域和文化的交流将会调和各种极端主义倾向。

三、未来的国家与城市如何应对全球范围内人的流动

当前,国家仍然是全球治理的重要参与者,也是应对全球范围内人的流动的

① 郝大维、安乐哲:《先贤的民主:杜威、孔子与中国民主之希望》,何刚强译,江苏人民出版社 2004 年版,第 99 页。

② 艾恺:《中国文化形成的要素及其特征》,载张岱年、汤一介等:《文化的冲突与融合——张申府、梁漱溟、汤用彤百年诞辰纪念文集》,北京大学出版社 1997 年版,第 276 ~ 277 页。

重要主体。虽然一些戴着自由世界主义面纱的西方全球治理理论家把全球性力量和个体性力量组合起来,一起去抨击国家力量和国家治理方式。但是社群主义认为,社群或共同体对于人类非常重要,而国家是目前为止人类社会最重要的社群。具体而言,国家在全球治理中的重要作用,主要体现在以下几点:第一,全球治理的重要机制和决策能力目前主要还是在国家间的意义上完成的。由于不存在全球政府,所以全球公共资源的集聚是由国家完成并再转交给全球社会的。第二,全球机制的最终落实,仍然需要回到民族国家范围之内。要使得全球机制发挥出实际效果,最常见的路径是通过国家将全球治理机制内化为国家治理机制。第三,争取民族国家的利益对全球发展的不均衡具有某种调节作用。全球化并没有实现世界的均衡发展,反而在很大程度上拉大南北方之间的差距。第四,公民社会治理的碎片化和地区治理的新困境,又重新把国家治理推到治理的中心位置。第五,全球化和全球治理的发展重塑了国家的自主性。全球化并没有导致国家的终结,反而激发了国家在各个领域的治理方面做出一系列战略性应对,并产生了积极行动的国家。简言之,在应对全球人的流动时,国家具有无可替代的作用。

同时,城市在应对全球人的流动时的地位和功能也在日益提升。对于移民而言,其不仅仅是在选择国家,同时也是在选择城市。一座城市在全球范围内所呈现出的竞争力、实际行为方式以及世界其他地区对它的理解是影响城市吸引力的重要因素。城市吸引力越强,越能利用全球化的红利,规避全球化的弊端,也越容易在世界范围内形成自身的特色品牌、提高身份认同感和增强竞争力。因此,一个城市是否能够引进大量且优质的移民,与其是否具有深厚的城市文化、鲜明的城市品牌、高度的城市包容性、拥有全球观的城市政府、完善的基础设施、良好的国际联通性等紧密相关。

在明确国家和城市应对全球人的流动的重要地位之后,国家和城市又该以何种态度面对人的流动呢?国家和城市应该以开放的态度应对人的流动。这一点可以从伦理上和实用主义分别加以论证。德国哲学家伊曼努尔·康德(Immanuel Kant)提出的永久和平原则第三条款即为“包括世界公民权利将限于以普遍的友好为其条件”。其中,康德将“普遍友好”界定为“一个陌生者并不会由于自己来到另一个土地上而受到敌视的那种权利”。[1] 在康德看来,人有自由选择的权利,包括自由选择在何处居住、工作和学习。塞拉·本哈比(Seyla Benhabib)也认为,人有好客的权利(right of hospi-tality),即有义务行“免费接待穷人、旅人等食宿的

① 康德著:《历史理性批判文集》,何兆武译,商务印书馆1996年版,第105~118页。

善举”。[①] 在本哈比看来,在全球化的今天,政治身份的界定变得越来越不清晰,而将陌生人、难民和政治庇护者拒绝在边界之外的做法变得越来越难以得到人们的认同。因此,当人因其基本权利希望进入一个国家时,人们在伦理上越来越不能接受其被禁止进入。

从实用主义角度来说,外来移入者在公共产品的取得上往往具有一些限制,这反而会激发其通过付出更大的努力去换取所得。意大利哲学家吉乔奥·阿甘本(GiorgioAgamben)用“赤裸生命”这一概念来描述移民在流动中的脆弱地位。阿甘本认为,在进入移民国之后,移民的公民属性和社会联系在很大程度上会被剥离,因而生命可能会处在一种潜在的暴力之中。[②] 詹姆斯·博曼(James Bohman)也认为,在西方社会中,公民对非公民的支配是一种不正义的但却是普遍的现象。[③]事实上,每个移民在移入某个国家时都存在一段“权利间歇期”。权利间歇期是指外来人口从进入一个国家到正式成为这个国家的公民之前的这段时间,其权利处于相对真空状态。城市的移民也是类似。在这段时间之内,国家和城市可以对后来者提出各种条件,如居住年限、缴税金额等,并根据他对国家和城市的贡献来决定是否给予公民权利。因而,国家和城市可以利用移民这段权利的间歇期,最大限度地发挥后来者的价值。

具体而言,国家和城市在应对全球范围内人的流动时应做好如下三大平衡。

首先,做到人口流入和人口流出之间的平衡。一方面,任何一个国家和城市都不能完全排斥外来人口的流入。当国家和城市具有强大的拒绝人口流入的机制时,则说明该国家和城市会逐渐失去活力和吸引力,其要素价格也不会继续上涨。总之,人口流入是一个地方具有活力和吸引力的标志。任何开放和具有活力的国家和城市都应该鼓励人的进入,而非完全拒绝人的流入。另一方面,当人口流出时,国家和城市不应太过狭隘地采取机械的方式进行限制。在全球化背景下,国家和城市应该采取增加公共服务供给、完善基础设施、增加工作机会、改善生活条件等方式鼓励人口流入,而非采取机械的方法拒绝人的进入或者阻止人的流出。事实上,一定的人口流出有利于缓解国家和城市内部的压力。就中国而言,目前中国的土地和资本要素价格较高,储蓄率也很高。如果中国的资本无法

① Seyla Benhabib, *The Right of Other: Aliens, Residents, and Citizens*, Cambridge: Cambridge University Press, 2004, p. 25 - 28.

② Giorgio Agamben, *Means Without End: Notes on Politics*, London: University of Minnesota Press, 2000, p. 20 - 21.

③ James Bohman, “Living Without Freedom: Cosmopolitanism at Home and the Rule of Law,” *Political Theory*, Vol. 37, No. 4, 2009, p. 558.

走出去,则会不断地加剧通货膨胀。人的适当流出能够带动一部分资本走出去,从而缓解内部的压力,否则压力的无法释放将会酝酿新的危机。

其次,做到内部利益与外来利益之间的平衡。内部利益与外来利益之间具有强大的张力。如果内部不能充分且持续地吸纳外部的成员,那么新移入群体将逐步失去积极性。实际上,外来者特殊的经验、视角和为获取身份付出的成本是移入目的地发展的重要机会和条件,因为内部成员在高福利制度之下会逐渐丧失努力工作的动力。外部移入人口往往能够发挥"鲶鱼效应",从而激发整个社会的活力。当然,从内部成员的立场来看,外来移入者在取得新共同体成员身份之后会分割新共同体的利益,甚至抢夺共同体内的福利和工作机会等。尽管这是一种狭隘的观点,但也是一种非常常见的观点,而且从短期来看,人们很难完全排除这种观点的影响。从移入者的视角来看,在他进入一个新的共同体时需要花费很长的时间才能获得共同体身份。在这段时间内,因其权利和义务会出现相对不对等,移入者会将这段时间看成是被剥削时间。因此,如何设定移入者获得共同体身份的时间便变得至关重要。如果移入群体在很长时间甚至永远无法获得当地身份,这类群体的利益就一直处在被剥削状态,那么移入目的地的吸引力也将大幅降低。但另一方面,如果移入的大门完全敞开,移民短时间之内即能获得身份,那么势必会产生福利的搭便车问题。大量的移民在短时间内移入到大门敞开的国家,这些国家最终将被未消化的移民所割裂。因此,一个好的移民政策是在内部利益和外部利益之间寻求一种平衡。国家需要通过设置相对合理的申请期和申请条件,使得移入者既可以获得当地的身份以保证移入社会的活力,又有利于移入社会的消化、整合和长期发展。

最后,做到强势群体与弱势群体之间的平衡。在全球化的流动时代,强势群体是指那些具备高教育水平和拥有资本的高端人才。在全球化流动之中,高端人才是最受欢迎的群体,其在选择移入目的地时拥有优先权。各国往往会制定优惠的人才政策来吸引这类群体的流入。与之相比,另一类群体则是非常弱势的,其中包括难民、政治避难者等。这类群体是在受到各种结构性压力之后被迫流动的,同时移入国往往缺乏动力去接受这些弱势群体。一些当地的极端主义者往往会把这类弱势群体当成新问题产生的根源,进而通过民族主义动员去攻击这类弱势群体。在全球化的流动之中,这类群体的利益很难得到保障。如果仅仅从经济上考虑,这类群体的流入在短期内会增加移入国财政负担,这也是多数移入国不愿接受这类群体的主要原因。然而,从全球正义的角度来看,这类群体不能被简单地排斥在人口流动之外。如果所有的国家都采取简单的排斥态度,那么全球范围的正义将是遥不可期的。当然,对这类群体的内部化过程是漫长的。如果缺乏对这类群体逐步社会化的考虑,则会产生严重的社会问题。萨斯基亚·萨森(Saskia Sassen)对这两类群体利益之间的紧张有非常好的评述:"全球化是一个产生冲突空间的进程,其特征为竞争性、内部差异化、不断跨越国界。全球城市就是这一境况的表征。全球城市不成比例地集聚了全球企业巨头,并且是其获得价值赋予的一个重要基地。但它们也同样不成比例地集聚了弱势群体,并且是其降级的一个重要基地。城市并不是一片公平的竞技场地。"①因此,从整体来看,移入国在吸引移民时应该在强势群体和弱势群体之间做到平衡,即不能只考虑对强势群体的引入,也应该通过"配额制"给难民群体配给一定的移入比例,这样可以给结构性压力下的人们一丝全球正义的希望。

四、真正意义的人类命运共同体

何为真正意义的人类命运共同体?笔者认为,真正意义的人类命运共同体首先建立在开放的共同体观念之上。西方的主流观念认为共同体是封闭的,即共同体通过向内认同强化共同体的意识,并通过建构与他国矛盾来强化本国的认同。塞缪尔·亨廷顿(Samuel P. Huntington)所指出的"敌人造成的威胁越大,国家会越是团结"便是西方主流观念的经典写照。② 这种共同体主义是封闭的,它把共同体内部和外部截然区分开来。与这种封闭共同体主义不同,中国人对共同体的认同则类似于费孝通所言的差序格局。③ 在中国的共同体文化中,边界是模糊的、多元的、动态的。"修身齐家治国平天下"便是这种开放共同体主义的集中体现。整体来看,中国人的共同体观念是由内及外、逐层外推的共同体主义。

整体来看,真正意义的人类命运共同体是一个完整的理论体系。具体而言,这一理论由如下知识内核构成。

第一,其逻辑基础是合作共赢。西方传统国际关系的逻辑是对抗独占,即在竞争和冲突中获得自身利益的最大化。人类命运共同体的关键词就是"各国和各国人民一起"。这里不再是单个的国家,而是多个国家一起,同心协力,共同变压

---

① 萨斯基亚·萨森:《全球化及其不满》,李纯一译,上海书店出版社 2011 年版,第 17 页。

② 塞缪尔·亨廷顿:《我们是谁? 美国国家特性面临的挑战》,第 300 页。

③ 费孝通在研究中国乡村结构时提出差序格局概念来描述中国社会结构的基本特征:"以'己'为中心,像石子一般投入水中,和别人所联系成的社会关系,不像团体中的石子一般大家立在一个平面上的,而是像水的波纹一般,一圈圈推出去,愈推愈远,也愈推愈薄。"参见费孝通:《乡土中国》,生活·读书·新知三联书店 1985 年版,第 21 ~28 页。

力为动力,化危机为生机。①

第二,其交流态度是平等协商。西方传统国际关系的交流态度是武力强制,即往往用以暴制暴的方式来解决问题,最后导致冲突的加剧。人类命运共同体的原则是:国家不分大小、强弱、贫富一律平等,不能以大压小、以强凌弱、以富欺贫。同时,在出现争端时,不到万不得已不能轻易诉诸武力,要坚持通过协商对话的方式来和平解决争端。各国在平等的基础上展开对话和交流。

第三,其行为模式是互联互通。西方传统国际关系的行为模式是封闭狭隘,即划分势力范围,在一个封闭的地域空间中求得一己私利的发展。人类命运共同体要推进各国经济全方位互联互通和良性互动,减少全球发展不平等和不平衡的现象,使得世界各国的人民都有机会来享受世界经济增长带来的利益和好处。"一带一路"是互联互通的主要载体。互联互通不仅是道路和基础设施的贯通,更是全方位、立体化、网络状的大联通,是群策群力、共创未来的开放系统。

第四,其运行过程为包容共鉴。西方传统国际关系的运行过程表现为排斥独享,即排斥和反对其他国家以及其他行为体的利益诉求和价值关怀,不能从对方的角度来综合考虑问题。人类命运共同体要推进不同文明和发展模式的交流和对话,使得各国在优势比较中取长补短,在交流和理解中共同发展。

第五,其实现目标为公正合理。西方传统国际关系的实现目标为霸权统治,即少数霸权国家通过强力干预和控制体系实现其对发展中国家资源和利益的攫取。开放共同体主义要在参与全球治理的过程中推进全球治理体系变革。全球治理体系是地球上的各个国家共建共享的,不能由单独某一国家独占。不能把世界长期发展建立在一批国家越来越富裕而另一批国家长期贫穷落后的基础上。同时,推进全球治理体制的变革,并不是推翻现有体制,而是要对其进行创新和完善,使该体制能够更好地反映国际格局的变化,使其更多反映大多数国家特别是新兴市场国家和发展中国家的意愿和利益。

简言之,真正意义的人类命运共同体的整体特征是"合作共赢、平等协商、互联互通、包容共鉴、公正合理",其批判的是以"对抗独占、武力强制、封闭狭隘、排斥独享、霸权统治"为特征的传统国际关系。

从更为抽象的意义来看,人类命运共同体的核心要义是人的流动自由化和要

---

① 2014 年 4 月,习近平在中央国家安全委员会第一次会议上指出,中国的安全观要"既重视自身安全,又重视共同安全,打造命运共同体,推动各方朝着互利互惠、共同安全的目标相向而行"。参见《坚持总体国家安全观,走中国特色国家安全道路》,《人民日报》2014 年 4 月 16 日。

素流动均等化,从而形成"你中有我、我中有你"的利益格局。① 西方学者也有一些与中国的"人类命运共同体"概念相似的表述。譬如,政治哲学家托马斯·博格(Thomas W. Pogge)也指出:"我并不提倡更大程度上的相互孤立,而是倡导一种不同的全球化路径,涉及政治和经济的一体化,这将在世界范围内实现人权,使各地的人们都有机会来分享全球经济增长的收益。"②博格所强调的"各地的人们都有机会来分享全球经济增长的收益"也可以被理解为人类命运共同体的现实状态。从这个意义上讲,构建人类命运共同体便可以界定为未来全球治理的目标。在人类命运共同体中,人有自由流动的权利,而被移入的国家和城市也不应该拒绝人的自由流动。但是,由于任何一个国家和城市都不可能接受所有人的移入请求,因此需要在移入意愿和移入能力之间寻求平衡。同时,通过合作共赢和共同发展使得要素均等化应是未来全球治理的重要内容。可以想见,如果发达国家和发展中国家间的要素鸿沟非常大,那么发展中国家的民众就会有强烈的动机移入发达国家。如果两者的要素差别仅仅是程度上的,那么发展中国家的民众移入发达国家的意愿就会减弱。甚至在其他条件的平衡性影响下,许多发展中国家的民众可能会做出不移入发达国家的选择。总而言之,发达国家不但不应拒绝发展中国家民众的流入,而且应为发展中国家的发展提供帮助,使之要素状况与己相近,从而减弱发展中国家民众移入发达国家的动机。

中国所提出的"一带一路"中的核心内涵是互联互通,而互联互通便是使这种要素均等化的重要举措。依附论的代表人物萨米尔·阿明(Samir Amin)也非常强调这种要素在全球范围内的公正分配:"以平等的方式利用全球的资源,减少不平等现象。我们也不得不需要一个全球性的决策程序,而这个程序要求有效利用资源的价值(征收关税),减少浪费,对资源价值和收入进行更平等的分配。这或许是建立全球财政体系的开始。"③事实上,要素均等化就是实现正义的操作性内

---

① 对于这一点,习近平有重要论述:"现在,世界上的事情越来越需要各国共同商量着办,建立国际机制、遵守国际规则、追求国际正义成为多数国家的共识。经济全球化深入发展,把世界各国利益和命运更加紧密地联系在一起,形成了你中有我、我中有你的利益共同体。"参见《推动全球治理体制更加公正更加合理,为我国发展和世界和平创造有利条件》,《人民日报》2015 年 10 月 14 日。

② 托马斯·博格:《重新设计全球经济安全与正义》,载戴维·赫尔德、安东尼·麦克格鲁主编,王生才译:《全球化理论:研究路径与理论论争》,社会科学文献出版社 2009 年版,第 255 页。

③ 萨米尔·阿明:《全球化时代的资本主义——对当代社会的管理》,丁开杰译,中国人民大学出版社 2013 年版,第 5 页。

容的目标。因为按照罗尔斯的《正义论》中的差别原则,①从弱势群体的角度思考问题才是正义的标志。因此,在要素流动过程中,各主体应该在平等协商原则的前提下进行不同观点间的交流。只有在不同观点的基础上沟通对话,才能有效地消除不同群体之中的隔阂和偏见。② 同时,在不同群体的相互交往过程中,各主体应该互相包容彼此的差异和学习对方的优点,由此导向相对和谐的人类命运共同体。

全球治理的目标是实现发展均衡与全球正义,即从长远的目标来看,地球上的每个人都应有良好的发展状况。然而,这个目标不能直接通过强制性的分配来实现,而是要在资源平等和能力平等的基础上达成。美国政治哲学家罗纳德·德沃金(Ronald Dworkin)对资源平等问题进行了深入探讨,并将资源平等关切集中于"某种形式的物质平等"。③ 德沃金用两个原则来支撑其资源平等理论:一是重要性平等的原则,即每个人的人生同等重要,公民的命运不受到其经济背景、性别、种族、特殊技能或不利条件的影响;二是具体责任原则,即每个人对其人生负有具体的和最终的责任。④ 德沃金用荒岛上的"虚拟拍卖市场"和"虚拟保险市

---

① 在《正义论》中,罗尔斯提出了正义的两个原则。第一个原则是"每个人对其他人所拥有的最广泛的基本自由体系相容的类似自由体系都应有一种平等的权利",参见约翰·罗尔斯著,何怀宏等译:《正义论》,中国社会科学出版社1988年版,第56页。第二个原则是"社会的和经济的不平等应这样安排,使它们:1. 适合于最少受惠者的最大利益;2. 依系于在机会公平平等的条件下职务和地位向所有人开放"。参见约翰·罗尔斯:《正义论》,第79页。第一个原则被称为平等的自由原则,第二个原则的前半部分被称为差别原则,后半部分被称为公平的机会平等原则。

② 习近平指出:"不同文明凝聚着不同民族的智慧和贡献,没有高低之别,更无优劣之分。文明之间要对话,不要排斥;要交流,不要取代……要促进不同文明不同发展模式交流对话,在竞争比较中取长补短,在交流互鉴中共同发展。"参见《携手构建合作共赢新伙伴,同心打造人类命运共同体——在第七十届联合国大会一般性辩论时的讲话》,《人民日报》2015年9月29日。

③ 德沃金在其著作《至上的美德》的导论部分,开门见山地指出:"本书认为,平等的关切要求政府致力于某种形式的物质平等,我把它称为资源平等(equality of resources)。"参见罗纳德·德沃金著,冯克利译:《至上的美德:平等的理论与实践》,江苏人民出版社2003年版,第4页。

④ 罗纳德·德沃金:《至上的美德:平等的理论与实践》,第6~8页。

场”两个场景来解释和论证其资源平等理论。[①] 经济学家阿马蒂亚·森(Amartya Sen)则提出能力平等的观念。森认为,不同的人在用相同的物质资源实现其理想时,能力水平大不相同,也就会导致功能表现的不同。他强调,应该比较人们不同的功能表现或其参与各种活动时的能力,这样才能实现充分的平等。[②] 森指出,“一个人的生存是由各种功能表现构成的,对福利的评价必须采取对这些构成因素进行评估的形式。与功能表现这一概念密切相关的是功能表现的能力的概念。能力……表示一个人从可能的生活中进行选择的自由”。[③] 森强调通过实现每个人能力的平等来改变社会的不平等状况。德沃金的资源平等和森的能力平等是实现未来全球正义的两种重要路径。通过人的自由流动逐步推进发展要素的均等化,并渐次实现个人综合能力的提升。简言之,在人的自由流动基础上,通过资源平等的能力平等在较长时段内逐步实现发展均衡和全球正义。

五、全球治理的中国方案:“一带一路”与G20机制化

如果说人类命运共同体是中国关于全球治理的总体理念的话,那么“一带一路”与二十国集团(G20)的机制化则是中国参与全球治理的现实推进方案。就“一带一路”而言,其难点在于如何推进和落实。目前的推进方式主要是中国与“一带一路”沿线国家签订双边的合作协议,并共同围绕基础设施等开展一系列合作。这是政府在“一带一路”建设中整体规划上的功能。然而由于财力有限,在“一带一路”的建设过程中,国家往往只能在关键节点采取引导性举措,而不能承担所有的事情。因此,在国家整体规划和引导框架之外,企业和个人参与将成为“一带一路”建设的主体。中国企业的进一步“走出去”将与“一带一路”结合在一起。伴随着中国与“一带一路”沿线国家关于基础设施合作等协定的签署,企业和个人在这一过程中将发挥重要作用。此外,企业的经营活动也与人的流动密切相关,如一个大型海外工程的启动,往往有大量的中国劳工参与。随着中国企业在

---

① 第一个是虚拟拍卖市场。德沃金假设,在一个荒岛上,岛上的资源平均分为n份,然后分给每个岛民,岛民们实现资源平等的方式是通过经济学上的羡慕检验(envy test),即每个人使用其最初获得的平等筹码,在一个类似于拍卖会的场景中买齐自己实现其理想所需的资源,然后检验自己是否还羡慕别人拥有的资源总和。这一观点力图保障的是起点的公平,让每个人自由地做出选择。第二个是虚拟保险市场,即在“拍卖”完成之后,每个人都拥有一份平等的资源,但是由于有人具有身心方面的残障,那么他们还是处于一种不平等的地位。德沃金的解决方案是保险,即社会用额外的资源来补偿残障的人。参见罗纳德·德沃金:《至上的美德:平等的理论与实践》,第69~87页。

② Amartya Sen, *Inequality Reexamined*, Cambridge: Harvard University Press, 1992, p. 33.

③ Amartya Sen, *Inequality Reexamined*, p. 39–40.

“一带一路”国家更深度的进入,海外务工也将常态化,这都将增加中国人在全球更大范围内的流动。

当前,从全球范围来看,全球化和全球治理处于下行阶段。美国和西欧出现了强大的反全球化思潮和运动,政治家为了迎合民众也纷纷提出“关闭边界、驱逐移民和反对自由贸易”等反全球化口号。实际上,全球化的流动本身并没有错,因为只有流动才能给底层的民众带来机会。全球化是社会流动中最宏观的一种,有利于机会在全球范围内的扩散。当前全球化的问题在于,发达国家希望垄断全球化带来的特殊收益,往往采取相互投资的方法来使得资本和技术等要素留在发达国家的边界之内。尽管发展中国家参与了全球化,但由于发达国家在充裕的资本和先进的技术支持下对商品的定价权较高,所以在整个利润结构中,发展中国家并没有获得太多利益。正如阿明所分析的,在实现了工业化的中心国家和没有实现工业化的外围国家之间出现了新的两极分化的特点。实现了工业化的中心区形成了五大垄断:技术垄断、对世界金融市场的金融控制、对全球自然资源开发的垄断、媒体和通信垄断、对大规模杀伤性武器的垄断。① 因此,全球治理中最重要的问题是全球不正义的问题,即发展中国家为全球化提供了廉价劳动力却没有获得合理的收益。在此大背景下,全球治理转型成为全球治理的未来核心主题。全球治理转型是指全球治理秩序从不公正不合理转向公正合理。具体而言,G20 机制的发展为这种转型提供了现实的可能性。② 七国集团/八国集团(G7/G8)是发达国家之间的制度安排,而 G20 则是发达国家和发展中国家在全球框架下的新的制度安排。然而,因为许多观察家把 G20 看成各国领导人定期聚会的“清谈馆”,而非强有力的行动机制,所以当前 G20 面临的主要问题是如何推动 G20 自身的制度化转型。

笔者认为,未来 G20 的发展应主要围绕两个方面展开。首先是 G20 内部的机制化建设及其与已有重要国际机制的联通与对接。具体建议包括:其一,设立 G20 秘书处。通过设立秘书处可以确保 G20 内部的沟通顺畅以及前后主席国之间的衔接,从而有助于实现峰会议题的延续性以及对执行情况的关注。其二,制

---

① 萨米尔·阿明:《全球化时代的资本主义——对当代社会的管理》,第 3 ~ 5 页。

② 阿明也谈到新机制的问题:“通过协商在世界主要区域之间建立开放而灵活的经济联系,而这些区域目前的发展是不平等的。这将需要逐步减少中心区国家对技术和金融的垄断。当然,这意味着目前主导全球市场的组织(所谓的世界银行、国际货币基金组织、世界贸易组织等)停止发挥作用,同时也意味着创生出一套管理全球经济的新体制。”参见萨米尔·阿明:《全球化时代的资本主义——对当代社会的管理》,第 5 页。阿明的观点是激进的,事实上,G20 能承担阿明所提出的这样一套新体制的功能,因此需要对其观点进行调和,在已有机制与 G20 机制之间寻找结合点。

定 G20 协调行动章程，确立相关决策程序。针对议题的不同性质，引入 1/2、2/3 和全票三种表决机制。其三，将 G20 建设成类似联合国安理会的“经济理事会”，以此进一步增强 G20 的合法性和权威性。其四，建立国际货币基金组织、世界银行和世界贸易组织三大国际金融机构与 G20 的制度联系，并通过制度联系，确保在 G20 峰会上达成的协议得到有效执行。

其次，在 G20 机制的基础上推动全球治理向更加公正合理的结构转型。具体建议如下：(1)鼓励发达国家对发展中国家的人口流入持开放态度，督促其给予难民一定的准入配额，并完善移民政策，在一定时间内逐步给予流入者以国民或准国民身份；(2)各国应协同应对贸易保护主义的势力抬头趋势，逐步落实“巴厘一揽子协定”，进一步推进包括简化海关及口岸通关程序，允许最不发达国家的服务优先进入富裕国家市场等在内的改革措施；(3)确立并落实全球投资多边规则框架建设路线图，减少跨境投资成本，推动跨境投资合作的便利化；(4)借助 G20 峰会开启下一轮多边贸易谈判，在更加平等包容的基础上形成新的贸易框架；(5)推动全球经济发展普惠各国，增加发达国家向最不发达国家提供的援助，并逐步减免最不发达国家、内陆发展中国家、小岛屿发展中国家的到期未还债务；(6)通过 G20 框架落实最不发达国家出口至富裕国家的商品免税免配额制，实现发达国家向最不发达国家开放市场；(7)进一步推动各国接受贸易自由化战略，基本消除人为设置的国际贸易壁垒；(8)进一步加强国际金融监管制度建设，确保全球金融体系稳定、健康发展，避免周期性金融危机的频繁发生。

六、结论

全球治理面临两大挑战——结构失衡和文明冲突。结构失衡体现在发达国家因要素过剩而发展动力不足，而发展中国家则因要素缺失而发展缓慢。文明冲突最可能出现在基督教和伊斯兰教两大文明之间。全球治理两大挑战的解决，关键要通过全球治理状况均等化和匀质化来完成。这一过程中，人的流动，尤其是中国人的流动将起着关键作用。人的流动能够促使发展要素在全球范围内的配置更加均衡化，同时也能带动不同文明之间的交流和了解。中国由于处在发达国家和发展中国家间的中间地带，实际上起到了沟通二者的桥梁作用，并在全球发展要素均等化配置的过程中扮演重要的角色。中国人流入发达国家能够激活发达国家的发展动力，而流入不发达国家则能够提高不发达国家的教育水平并改善基础设施状况。

同时，持有多元信仰的中国人还能够促使不同文明之间相互学习和交流。一言以蔽之，真正意义的人类命运共同体建立在开放的共同体主义基础之上。就目前而言,中国已经实现了“产品走出去”和“旅游走出去”,接下来要做的是“身份走出去”和“文化走出去”。身份与文化的“走出去”与“走进来”是一个相互的过程。中国应以开放的态度鼓励人们“走出去”和“走进来”。当前,凭借庞大而活跃的市场和日益完善的基础设施,中国正在朝向移入目的国的方向发展。在未来,全世界的优秀人才会逐渐流入中国,助力中国的进一步发展。同时,大量的中国人也将流向世界各地,为全球范围内发展要素的均等化和人类命运共同体的建设添砖加瓦。中国与世界将形成关系紧密的人类命运共同体。在人类命运共同体的建设过程中,中国可以争取和平的国际环境发展自己,同时中国的发展也可以惠及人类。世界各国人民都可以分享中国发展所带来的重要机遇,最终促进中国和世界各国的良性互动与互利共赢。

(原载于《世界经济与政治》2017 年第 1 期)

人类命运共同体的多重建构*

徐艳玲　陈明琨

党的十八大首倡人类命运共同体意识，认为“合作共赢就是要倡导人类命运共同体意识，在追求本国利益时兼顾他国合理关切，在谋求本国发展中促进各国共同发展，建立更加平等均衡的新型全球发展伙伴关系，同舟共济，权责共担，增进人类共同利益”。① 党的十八大以来，以习近平为总书记的新一届中央领导集体更是在众多的国际场合倡导打造人类命运共同体：从国与国之间的中俄命运共同体、中巴命运共同体等到国与地区之间的中非命运共同体、中拉命运共同体等，再到地区性的亚洲命运共同体和世界性的人类命运共同体，其内涵不断丰富，特征逐渐显现，面目轮廓已经清晰可见。2015 年 9 月 28 日，习近平在出席第七十届联合国大会一般性辩论时的讲话中，再次提出人类命运共同体的重大命题，主张通过建立平等相待、互商互谅的伙伴关系，营造公道正义、共建共享的安全格局，谋求开放创新、包容互惠的发展前景，促进和而不同、兼收并蓄的文明交流，构筑尊崇自然、绿色发展的生态体系②等来打造人类命运共同体，这事实上提出了人类命运共同体的多重建构思路。

一、树立国际权力观，迈向政治共同体

人类社会的相互依存性，已经开始把全球现象、全球问题、全球价值等新元素

---

* 作者简介：徐艳玲，山东大学马克思主义学院教授，博士生导师；陈明琨，山东大学马克思主义学院硕士研究生。

本文系国家社会科学基金后期资助项目“全球化与中国特色社会主义的自信”（14FKS009）的阶段性成果。

① 胡锦涛：《坚定不移沿着中国特色社会主义道路前进　为全面建成小康社会而奋斗》，人民出版社 2012 年版，第 47 页。

② 习近平：《携手构建合作共赢新伙伴　同心打造人类命运共同体》，《人民日报》2015 年 9 月 29 日。

融入世界历史,"人类已不可能再局限于领土国家之内应对生存挑战,推动社会进步,实现可持续发展"。[①] 以民族国家为基础的极端的国家权力观,不论是国家权力的"排外主义"还是"霸权稳定论"显然都不能适应这个全新的时代,国际社会亟须一场权力观的革命,用国际权力观矫正并替代极端的国家权力观,打造政治共同体。

国际权力观的价值基点是全球主义和多边主义,"是一种区别于国家主义的世界整体论和人类中心论的文化意识、社会主张、行为方式",[②]主张国家权力的适当让渡,汇聚成解决全球性事务的力量,在互商互谅的基础上实现全球政治觉醒,用国际性权力弥补部分国际事务的政治权力真空。

树立国际权力观,要求政治上的平等互商,而摒弃制度模式偏见、超越意识形态藩篱是其前提,否则原有的国际权力认同,就会逐步被国家间的意识形态冲突所解构。一方面,要努力摒弃制度模式偏见。"每个国家和民族的历史传统、文化积淀、基本国情不同,其发展道路必然有着自己的特色",[③]因此,每个国家也有选择自身发展道路、制度模式的自由,发达国家不能因为自己制度模式的成功而对别国指手画脚,发达国家不能也不应该对发展中国家抱有成见或以强凌弱,每个国家在国际社会中都是平等的一员。只有努力砸碎制度模式偏见这条观念锁链,才能打开协商谅解的大门。另一方面,在处理国家关系方面要超越意识形态藩篱。国际权力观的树立需要彼此携手合作,国际政治共同体的打造呼唤各方的谅解与信任。只有超越意识形态藩篱,致力于合作共赢,才有可能创造共有、共治、共享的世界。

现实主义权力观的泛滥很大程度上缘于世界的无政府状态,这种状态导致单边主义横行。因此要变单边思维为多边思维,适应国际社会的深刻变化,进行全球权力的适当重组,探索世界事务的有序管理,实现多元共治。一方面,要加强在联合国、世界贸易组织、二十国集团、金砖国家等国际和多边机制内的协调与配合,凝聚各个国家的力量,积极参与全球治理。尽管这些国际组织的公平性不能尽如人意,各成员方在其中的地位和作用也有差异,但改革和完善全球性国际组织,充分发挥它们的积极作用,应当成为国际社会的共识。另一方面,要适时拓展国际权力的主体。当今国际社会,除了国家这一历史悠久的权力主体外,还出现了大型企业、跨国机构、非政府组织、国际媒体等新的权力主体,因此要努力将分

① 蔡拓:《全球治理的反思与展望》,《天津社会科学》2015 年第 1 期。

② 蔡拓:《全球主义与国家主义》,《中国社会科学》2000 年第 3 期。

③ 《习近平谈治国理政》,外文出版社 2014 年版,第 155 页。

享国际权力的主体从传统国家行为体扩展到非国家行为体,国家需要同这些权力主体寻求合作,从而打破权力寡头。新兴国家还要积极参与国际权力规则的制定和现有权力格局的调整与变革,争取国际话语权,推动国际秩序朝着更加公正合理的方向发展。真正实现"不是一个国家、两个国家来统治全球,而是由占有和行使各种各样权力的多重主体来实施统治"。①

国际权力观的树立还有赖于全球意识的培养,全球意识不同于国家意识,强调的是一种全局观念,主张从全球视野下观照国际事务,而非仅从个别国家角度审度局势,冲破了国家意识的地域性束缚,有助于整体效应的彰显,而适当让渡国家权力正是全球意识在实践层面的重要体现。国家权力固然具有排他性的一面,但也应当受到一定程度的限制,否则便会引起国家间的权力冲突,这种限制应当来自国际权力,国际权力主导下形成的共同行为规则和国际机制能够有效约束各个主权国家的行为,从而确保国际社会的有序和公正,而国际权力需要以民族国家权力的适当让渡为前提,国家主权出现一定程度的让渡和共享,从另一个角度看却也是国家主权的延伸。国家主权的适当让渡对于合理国际规则的制定以及国家间的交往与合作,对于维护中小国家的主权、反对个别国家推行强权政治的图谋有着积极的意义。

当然,强调树立国际权力观,是对极端国家权力观的坚决摒弃,并非意味着对民族国家主权的简单否定,民族国家作为当代国际关系与国际事务最基本、最主要的行为体,其地位和权力仍发挥着不可替代的作用。

二、弘扬共同利益观,迈向利益共同体

破解狭隘的一国利益观需要弘扬共同利益观,不能将无限的对自私自利的追求奉为世界所有民族的普遍信仰,"不同国家的利益虽有冲突的一面,但并非没有相容的一面。更何况人类共同利益日渐凸显,它要求摆脱自助性而走向对话与合作,否则在人类的共同利益(尤其是生存利益)无法保障时,各国的国家利益将变得毫无意义"。② 我们应当跳出国家主义的视野,从国际体系和国际社会的共同利益来看待和分析问题。世界各国要主动超越绝对国家主义的桎梏和藩篱,实现一国利益到共同利益的转化,发挥各国的正面外溢效应,打造利益共同体。

首先,要努力寻求利益最大公约数。人类只有一个地球,各国同在一个世界,坚持共同发展才能促进可持续发展,才符合各个国家和人民的根本利益和长远利

① 修远基金会:《新全球化时代与"人类命运共同体"》,《文化纵横》2015 年第 5 期。

② 蔡拓:《全球主义与国家主义》,《中国社会科学》2000 年第 3 期。

益,要在把握人类利益和价值通约性的基础上,寻求利益契合点和合作最大公约数。在全球化时代,任何一项倡议和构想都需要在合作中凝聚共识,在互利中取得共赢,互利性是一切合作得以出现和延续的动力,互惠互利就是互利共赢、共生共赢、相得益彰,实现双方或多方的共同利益。同时,要拥有全局观念、长远规划,充分认识到在一定程度上,长远利益就是现实利益的延伸,是未来的现实利益,致力于把自身发展同世界各国发展紧密联系起来,把本国人民利益同世界人民利益紧密结合起来,把本国发展机遇同世界各国发展机遇紧密融合起来,“既要让自己过得好,也要让别人过得好”,①使一国利益的“独奏曲”成为各国利益共鸣的“交响乐”,进而遏制“马太效应”的扩散,扭转“损不足以奉有余”的不平衡局面。

其次,要主动提供有益公共产品。世界各国不应该坐等别国提供有益的公共产品,而是要主动提供或培育公共产品,将公共产品做大做好。备受瞩目的“一带一路”建设和亚投行的设立,正是中国主动向世界各国提供的公共产品。经济发展已不是一国的独角戏,实现全球范围的共同繁荣,离不开各国正面外溢效应的发挥。以本国发展带动亚洲繁荣,以亚洲进步牵引世界经济复苏,在共同繁荣中实现国家利益,以此平衡本国利益与促进区域乃至全球经济发展的关系,正是“一带一路”和亚投行的重要目标。同时,这两个公共产品又是开放的,既“欢迎沿线国家和亚洲国家积极参与,也张开臂膀欢迎五大洲朋友共襄盛举”,②希望世界各国搭乘中国发展的“快车”“便车”。经济全球化催生了中国经济的崛起,中国的崛起也必将进一步推动经济全球化向更深层次发展与演进。世界经济已经开始进入加速融合的时代,未来不服从和服务于某一个国家的利益,未来只属于懂得在互惠互利、合作共荣中求生存、谋发展的国际社会。只有深刻洞悉这一趋势,精诚合作,顺势而为,相互提供有益的公共产品,才能更好地实现国家利益与长远发展。

再次,加强政策的有效沟通,破除贸易壁垒。加强相关政策的沟通是破除贸易壁垒的有效之举。以“一带一路”建设为例,“一带一路”建设不仅不会替代现有合作机制和倡议,而且还会推动沿线国家实现发展战略相互对接与优势互补,这些都是在加强有效沟通、努力消除贸易壁垒的基础上实现的。中国积极主动寻找与哈萨克斯坦的“光明之路”新经济政策的共通性,与印度总理莫迪提出“向东行动”政策加强沟通,主动与蒙古国的“草原之路”愿景,以及土耳其的“中间走廊”计划、印度尼西亚的“海上高速公路”规划等,找准利益契合点,实现对接与耦

① 《习近平谈治国理政》,外文出版社2014年版,第315页。

② 习近平:《迈向命运共同体 开创亚洲新未来》,《人民日报》2015年3月29日。

合，探讨互利共赢的合作模式，以降低或消除非关税壁垒，共同提高技术性贸易措施透明度，提高贸易自由化、便利化水平，促进共同发展。在世界经济格局进入大调整、大变革和大转型的时代，共建"一带一路"，符合国际社会的根本利益，彰显人类社会共同理想和美好追求，有助于发挥各成员方之间的优势再造效应，有利于将边境对跨区域合作的抑制效应转变为催化效应，是国际合作以及全球治理新模式的积极探索，将为共同利益观的弘扬增添新的正能量。

三、倡导新型文明观，迈向文明共同体

面对偏执、僵化的所谓"普世"文明观，我们需要通过倡导新型的文明观来予以应对，进而打造文明共同体。文明共同体并不是文明同质体，文明的类型应该是多样、平等、包容的，人类文明因多样才有交流互鉴的价值，因平等才有交流互鉴的前提，因包容才有交流互鉴的动力。"文明二元论"和"历史终结论"无疑会将人类文明引向紧张与冲突的境地。诚如莱斯特·皮尔逊所说的："人类正在进入一个不同文明必须学会在和平交往中共同生活的时代，相互学习，研究彼此的历史、理想、艺术和文化，丰富彼此的生活。否则，在这个拥挤不堪的窄小世界里，便会出现误解、紧张、冲突和灾难。"①

倡导新型文明观，在于深刻反思当前国际形势。当前中东地区持续动乱，伊斯兰国恐怖活动猖獗，巴黎、比利时暴恐事件轰动世界，这些都促使人们不由自主地再次想到美国著名学者塞缪尔·亨廷顿的文明冲突理论，好像当今世界形势已经被亨廷顿不幸言中。其实不然，这些现象恰恰从侧面说明世界文明应当是多样的。如果试图将一种文明强行推广到不同的地区，甚至企图取代当地的文明，那样的结果将是灾难性的。以上现象正是对西方所谓"普世主义"文明观的颠覆与反动。"在21世纪人类文明的大家园中，各国虽然历史、文化、制度各异，但都应该彼此和谐相处、平等相待，都应该互尊互鉴、相互学习，摒弃一切傲慢和偏见。唯有如此，各国才能共同发展、共享繁荣。"②

倡导新型文明观，还在于加强文明交流对话。英国哲学家罗素在其《中西文化比较》一文中认为："在往昔，不同文化的接触曾是人类进步的路标。希腊曾经向埃及学习，罗马曾经向希腊学习，阿拉伯曾经向罗马帝国学习。中世纪的欧洲

---

① ［美］塞缪尔·亨廷顿：《文明的冲突与世界秩序的重建》，周琪等译，新华出版社2010年版，第297页。

② 习近平：《共倡开放包容共促和平发展》，《人民日报》2015年10月23日。

曾经向阿拉伯人学习,而文艺复兴时的欧洲曾经向拜占庭帝国学习。"①可见,不同文化之间的学习和借鉴是人类文明发展中的常态,也是促进文化进步的重要动力。我们要理解、欣赏、接纳另一种文化,而不应该只是某一文化的单向输出、展示、推广。因此,我们要借助现有平台为不同文明的交流合作做出贡献。例如,可以充分发挥"一带一路"的文化交流功能,在建设"一带一路"的过程中应消除疑虑和隔阂,以虚心的态度和包容的精神,学习各国发展的有益经验,吸收借鉴、和谐共处,让文明互鉴融合成为推动人类社会进步的动力、维护世界和平的纽带、增进各国人民友谊的桥梁。与此同时,要积极探索并定期举行世界文明对话活动。不同文明没有优劣之分,只有特色之别,文明的对话是平等相待而不是居高临下,是相互欣赏而不是相互贬损,是彼此包容而不是相互排斥。为此在对话中要充分体现不同文明的平等性,这种平等不是西方意义上同质性的排他性的平等,而是如费孝通所说的"各美其美,美人之美,美美与共"意义上的平等。通过召开世界文明交流对话大会,并以此为依托,加强各国青少年、民间团体、地方、媒体等各界交流,打造文明交流合作智库网络平台,迸发多样文明的华彩,让全球人民享受更富内涵的精神生活,为全球合作发展和打造人类命运共同体注入强劲的文明动力。

四、坚持整体安全观,迈向安全共同体

唯物辩证法认为,一切事物都是由各个局部构成的有机联系的整体,局部离不开整体,全局高于局部,二者相互依赖、相互影响。这就要求办事情须从整体着眼,树立整体观念和全局思想,使整体功能得到最大的发挥。在全球化时代,安全问题越来越具有全球性,突出表现为国际问题的国内化和国内问题的国际化,"面对错综复杂的国际安全威胁,单打独斗不行,迷信武力更不行,合作安全、集体安全、共同安全才是解决问题的正确选择"。② 片面的一国安全观不仅不合时宜而且十分有害,坚持整体安全观有助于走出利己主义束缚下的安全困境,助力安全共同体的形成,为打造人类命运共同体提供坚强保障。

整体安全观是共同、综合、合作、可持续的安全新观念,目标在于使我们的地球成为共谋发展的大舞台,而不是相互角力的竞技场,拒绝为一己之私把一个地区乃至世界搞乱;主动营造公道正义、共建共享的安全格局。各国交往频繁,磕磕碰碰在所难免,关键是要坚持通过对话协商与和平谈判,妥善解决矛盾分歧,维护

---

① [英]罗素:《一个自由人的崇拜》,胡品清译,时代文艺出版社 1988 年版,第 8 页。

② 《习近平谈治国理政》,外文出版社 2014 年版,第 273 - 274 页。

和平发展大局,"国家无论大小、强弱、贫富,都应该做和平的维护者和促进者,不能这边搭台、那边拆台,而应该相互补台、好戏连台",①进而实现安全上的共建共享。

坚持整体安全观要以合作谋安全。"当今世界,安全的内涵和外延更加丰富,时空领域更加宽广,各种因素更加错综复杂。各国人民命运与共、唇齿相依。当今世界,没有一个国家能实现脱离世界安全的自身安全,也没有建立在其他国家不安全基础上的安全。"②要在对话合作的基础上促进各国和各地区安全,通过坦诚的沟通交流,增进战略互信,减少相互猜疑,着眼于各国共同安全利益积极培育合作应对安全挑战的意识,不断扩大合作领域、创新合作方式,反对以邻为壑、损人利己,反对为一己之私挑起事端、激化矛盾,坚持以和平方式解决争端,反对动辄使用武力或以武力相威胁,因为"只有超越冷战思维、零和博弈和各种偏见的藩篱,坚持共商而不是独断、共建而不是强推、共享而不是单赢,人类命运共同体才能建立起来"。③ 此外,合作应该是普遍的、共同的、广泛的,而不是特殊的、个别的、小范围的,要注意防止因局部合作而导致出现倾斜性的安全,因为这样做并不符合时代潮流。

坚持整体安全观要以发展促安全。世界上真正的大问题,一个是和平问题,另一个是发展问题,而发展问题是核心问题。和平问题一定程度上就是安全问题,安全问题与发展问题并不是相互孤立的,而是相互联系、相互依存的。全球安全问题频发、地区局势不稳、国家间安全关系脆弱,很大程度上源自发展的不充分。可以说,发展是安全的基础,安全是发展的条件,发展就是最大的安全,也是解决安全的"总钥匙"。要建造经得起风雨考验的全球安全大厦,各国就应该聚焦发展主题,积极改善民生,缩小贫富差距,通过推动共同发展和区域一体化进程,努力形成区域经济合作和安全合作良性互动、齐头并进的局面,要坚持发展和安全并重,在经贸往来中强化共同安全意识,以发展带动安全,不断夯实全球安全的根基,真正实现以可持续发展促进可持续安全。

坚持整体安全观要以行动求安全。构建安全共同体从根本上来说还是要落实到具体行动上,没有有益于国际安全的实际行动,也就没有所谓的整体安全。就小国而言,自身的实力有限决定了自我保护能力的局限,在这种情况下绝不应该仅仅囿于追求本国一时安全的孤立主义自保,而是要主动走向国际舞台,通过

---

① 《习近平谈治国理政》,外文出版社 2014 年版,第 331 页。

② 习近平:《迈向命运共同体 开创亚洲新未来》,《人民日报》2015 年 3 月 29 日。

③ 宋涛:《高扬起人类命运共同体的旗帜》,《当代世界》2016 年第 1 期,第 155 页。

与邻国、大国的交流、合作与扶持,构筑全球范围内的安全保护网。就大国而言,应注意转变将自身安全建立在他国不安全之上的做法,充分认识到国际安全上的"蝴蝶效应",通过实实在在的举措积极承担对于全球安全应尽的义务与责任。以中国为例,中国决定设立为期10年、总额10亿美元的中国—联合国和平与发展基金,以期为世界和平与发展做出新的贡献;中国将加入新的联合国维和能力待命机制,为此率先组建常备成建制维和警队,并建设8000人规模的维和待命部队;中国决定在未来5年内向非盟提供总额为1亿美元的无偿军事援助,以支持非洲常备军和危机应对快速反应部队建设;①中国还决定裁撤军队30万人,兑现和平发展的庄严承诺……这些都可谓是践行整体安全观的切实行动,无疑为国际社会树立了典范。

五、构筑全球生态文明体系,迈向生态共同体

面对日益严重的全球生态问题,任何国家都不应该也不能独善其身,"对气候变化等全球性问题,如果抱着功利主义的思维,希望多占点便宜、少承担点责任,最终将是损人不利己",②应对生态问题不应该有"例外主义",而是要全人类携手同行、共同努力,达成全面、有效、普遍遵守的生态保护协议,提出合理、公正、均衡的应对全球生态问题的解决方案,探索有助于人类可持续发展的治理路径和治理模式,从经济理性向生态理性转型,构筑全球生态文明体系,打造生态共同体,进而推动建设人类命运共同体。

构筑全球生态文明体系要以构建合理的能源结构为突破点。随着新能源开发利用技术的进步,世界"能源结构也发生了较大变化,非常规油气资源、可再生资源的出现改变了全球的能源结构。世界能源结构在经历了薪柴时代、煤炭时代、石油时代后,现在正走向多元化时代,天然气、水能、核能、风能、太阳能均被广泛地利用"。③ 根据国际能源署(IEA)《2013年世界能源展望》预测,2035年用来增加全球发电量的资源中,可再生能源的增长将超过30%,其发电量将占总发电量的45%,超过天然气的发电量,与煤炭并列成为世界最大的发电能源。多极化主导下的天然气时代正在到来,加上太阳能、风能等可再生能源,人类社会能源结构格局从化石能源为主转向非化石能源与化石能源并立的新格局。为此,构建合

① 习近平:《携手构建合作共赢新伙伴 同心打造人类命运共同体》,《人民日报》2015年9月29日。

② 习近平:《携手构建合作共赢新伙伴 同心打造人类命运共同体》,《人民日报》2015年9月29日。

③ 李蕾:《全球能源格局变革下的中印能源竞争与合作》,《南亚研究季刊》2014年第3期。

理的全球能源结构将成为构筑全球生态文明体系的破冰之举。

构筑全球生态文明体系要以各国主动承担义务为关键点。生态问题作为一项全球性问题,需要各国同舟共济、共同努力来解决,要构建和加强全球生态治理的伙伴关系,以适应全球生态格局新变化。与此同时,要注重发挥大国作用,让责任与能力相匹配,因为"作为大国,意味着对地区和世界和平与发展的更大责任,而不是对地区和国际事务的更大垄断"。① 在这方面,中国责无旁贷,"中国的发展得益于国际社会,也必将回馈国际大家庭。中国一直是国际合作的倡导者和国际多边主义的积极参与者,将坚定不移奉行互利共赢的开放战略。随着中国实力上升,我们将逐步承担更多力所能及的责任,努力为促进世界经济增长和完善全球治理贡献中国智慧、中国力量",②并且已经"在投资贸易中突出生态文明理念,加强生态环境、生物多样性和应对气候变化合作,共建绿色丝绸之路"。③ 同时,发达国家要主动承担历史性责任,兑现到2020年每年动员1000亿美元、2020年后向发展中国家提供更加强有力的资金支持的承诺,帮助发展中国家减缓和适应气候变化,并向发展中国家转让气候友好型技术,为其发展绿色经济助力。

此外,国际社会还要探索建立利益导向和激励、监督体制机制,调动企业、非政府组织等全社会资源参与构建全球生态文明体系进程,拓宽构建路径,完善构建主体结构,形成构建合力,不断提高生态保护的实效化、制度化水平,为实现经济发展和生态保护双赢,构筑全球生态文明体系提供制度保障。

(原载于《毛泽东邓小平理论研究》2016年第7期)

---

① 习近平:《迈向命运共同体　开创亚洲新未来》,《人民日报》2015年3月29日。

② 习近平:《共倡开放包容共促和平发展》,《人民日报》2015年10月23日。

③ 国家发展改革委,外交部,商务部:《推动共建丝绸之路经济带和21世纪海上丝绸之路的愿景与行动》,《人民日报》2015年3月29日。

全球化、国际正义与人类命运共同体的建构

黄军甫*

中东难民潮水般地涌入欧洲,英国以全民公决的方式脱离欧盟,俄罗斯深度介入叙利亚内部冲突,土耳其总统埃尔多安强势推进再穆斯林化,胜选并开启颠覆美国政治架构及传统价值的历史进程等,这一系列事件渐次在过去的一年里呈现在世人面前。不久前还沉浸在全球化及由此带来的经济增长、技术进步的喜悦中的人们不禁惊呼:这世界到底怎么啦！其实,世界并没有乱套,历史还在按照它的内在逻辑发展。只是对于学者来说,需要以合乎理性的理念去解读它。正如黑格尔所言,“如果说世界历史哲学要在哲学的视觉下去考察历史问题的话,那也就是说,理性统治世界,世界历史因此就是一个合乎理性的进程。在这种意义上,凡是合乎理性的,都是现实的,凡是现实的,也都是合乎理性的”。

全球化何以正当

发生在2016年中的所有重大事件,几乎都与全球化陷入困境有关。那么,全球化是昙花一现的历史现象还是具有内在逻辑的世界历史进程,它是恶的还是善的,一言以蔽之,它是否具有正当性?

作为理论理性的认识对象,全球化是一种客观进程。它基于工业革命后资本主义的全球扩张。而资本扩张的内在动力是资本的逐利性。马克思在《资本论》里借当时评论家的话,概括了资本的这一逐利本性:“资本害怕没有利润或利润太少,就像自然界害怕真空一样……有50%的利润,它就铤而走险;为了100%的利润,它就敢践踏一切人间法律;有300%的利润,它就敢犯任何罪行,甚至冒绞首的风险。”所以,资本为了逐利,它会不断克服时间和空间上的限制顽强地为自己开辟道路。它渴望冲破一切地域的界线,把整个世界连为一体。马克思、恩格斯当

---

* 作者简介:黄军甫,东华大学人文学院副教授、博士。

然不可能使用全球化的概念,但他们敏锐地把握并描述了这一进程。他们在《共产党宣言》里总结道:资产阶级“把一切国家的生产和消费都成为世界性了”,“各民族的精神产品成了公共财产”。

全球化把几乎所有的民族、所有的国家、所有的文明都裹挟进了新的世界历史洪流。作为一种自然历史过程,你可以赞美它,你可以憎恶它,但你却无力拒斥它。在这一洪流面前,你没办法置身事外,遗世独立。全球化作为一种客观的历史进程,显然具有理性正当性,而其更大的正当性则是它借助于全球范围的商业和贸易活动,不仅把世界变为一个市场,而且使各民族在不通过战争的情况下实现了国家力量在空间上的拓展。康德在《永久和平论》中也就是在这一意义上讲:“在抗拒暴力行为和战争方面所无从加以保障的各民族,大自然也就通过相互的自利把它们结合在一起,那就是与战争无法相处的商业精神。并且它迟早会支配每个民族。”

全球化的正当性还在于,它促进了全球的经济、社会发展。参与全球化的各个国家,无论穷富,无不受益。世界银行的统计数据显示,“1990 年以来,全球 11 亿人脱离赤贫”。对于中国人而言,全球化的好处更是显而易见的。数据显示,1961—1970 年,中国 GDP 年均增长 4. 96%;1971—1980 年,年均增长 6. 27%;1981—1990 年,年均增长 9. 35%;1992—2001 年,年均增长 10. 36%。2001 年中国加入 WTO 后,经济发展随之进入了快车道,2002—2007 年,各年份的经济增长率分别为 9. 13%、10. 04%、10. 11%、11. 39%、12. 72%、14. 23%。中国经济增长与开放程度及参与全球化的程度高度正相关。

全球化遇挫拷问国际正义

2016 年,全球化陷入了严重的困境。而全球化遭遇挫折的明显迹象则是从 2008 年开始显现的。标志性的事件是美国的金融危机以及欧债危机和中东、北非的政治危机。伴随着这些政治、经济危机,传统大国贸易保护主义、军事干涉主义死灰复燃;民族主义、民粹主义、文明冲突等极端思潮的喧嚣不绝于耳;族群对抗、教派纷争、地区冲突、国内战争等事件频现;难民问题、非传统安全问题、环境保护及资源的合理开发利用等问题日渐严重。

全球化遇挫直接导致了世界经济的低迷。2008 年以后,世界主要经济体除印度之外,经济增长速度普遍减缓。世界银行的数据显示,1992—2008 年,美国 GDP 年均增长率为 3. 02%,日本为 0. 99%,欧盟为 2. 21%,俄罗斯为 1. 27%,中国为 10. 64%;而 2009—2015 年,也即全球化明显受挫之后,美国的 GDP 年均增长率为 1. 46%,日本为 0. 32%,欧盟为 0. 42%,俄罗斯为 0. 39%,中国 8. 49%。全球化遇挫对经济的负面影响是显而易见的,而且影响还在持续发酵。

韩愈尝言,“大凡物不得其平则鸣”。全球化之所以屡屡受挫,根本原因是它存在结构性的不公平,这种不公平则源自国际政治、经济的不正义。

没有国际正义,就不会有全球化的合理推进,就会有战争和冲突。而国际正义实现的前提是平等尊重各国人民的公民权、自决权。康德在《永久和平论》中论述道:“人类在他们的私下关系中也正如在他们的公共关系中是同样地不能回避权利概念的,也不能信赖仅凭智虑的手腕就可以公开奠定政治;因而也就决不能废弃任何服从公共权利的概念(这一点在国际权利中特别突出),而是应使它得到全部的尊重。”康德把平等尊重人类权利视为“绝对命令的义务”,他还指出不能借口制度、宗教的差异干预别的民族的自主性。罗尔斯把国内正义的原则扩展到国际正义问题上,认为国际正义理论必须承认“各人民是自由独立的”,“各人民是平等的”,而且“各人民要遵守互不干涉的义务”。他进一步说,“在万民社会中维持人民的彼此尊重,构成了该社会的基本结构和政治氛围的一个核心部分”。康德和罗尔斯实现国际正义的原则和理念是基于对人类历史的现实思考,是一种“现实的乌托邦”。而乌托邦的实现必须有某种基于国际合作的制度安排。这种安排也即康德所说的“权利存在的状态”,或者罗尔斯所言的“万民社会的基本结构”。这种状态或基本结构是国际正义的基础,构成了背景正义。没有背景正义,一切正义都不存在。虽然国际正义理念不倡导通行于主权国家内的分配正义原则,实行财富在各国间平等分配,但它却强调大国责任,强调富裕国家对“负担沉重的国家”的援助义务。不然,国际正义原则只能是唐·吉诃德式的乌托邦。但这些责任、义务的落实不可能借助于某种形式的国家权威,必须借助于基于互惠、合作且对于参与其中的成员有合理约束力的国际机构。康德寄希望于“自由国家的联盟制度”,罗尔斯则求助于联合国等国际组织。

以资本逐利为动力的全球化一开始就存在内在的恶,它与作为公平的正义南辕北辙。如果在全球化推进过程中不对它的原始本性加以规制和约束,它必然像原野里狂奔的怪兽,把野蛮和暴力带往各地。罗尔斯寄予厚望的联合国宣称,“发展国际间以尊重人民平等权利及自决原则为根据之友好关系”,“促成国际合作,以解决国际间属于经济、社会、文化及人类福利性质之国际问题,且不分种族、性别、语言或宗教,增进并激励对于全体人类之人权及基本自由之尊重”。《联合国宪章》的这一宗旨虽然符合国际正义的基本原则,但主导全球化的西方资本主义大国的贪婪性、野蛮本性并没有改变,因而它们不可能真正接受《联合国宪章》的宗旨及国际正义原则。特朗普的“美国优先”、限穆斯令、贸易保护主义等言行,以及英国脱欧行为,都凸显了资本的自私本性。包括联合国在内的国际机构是全球秩序的基础和制度保障,但它们的内在机制最终形成于冷战时期,更多的是意识形态对抗和大国争斗的工具。冷战后作为规制全球化的形式,它一开始就凸显出了不公平性,从而造成了战后国际政治的背景不正义。全球化因而就不可能健康推进。主席在今年 1 月的达沃斯论坛上痛陈全球化过程中出现的不平等问题,指出"全球最富有的1%人口拥有的财富量超过其余99%人口的总和,收入分配不平等、发展空间不平衡令人担忧"。基于公平的正义不存在,全球化就是不可辩护的,也是不可欲的。

全球化的中国叙事及人类命运共同体的建构

亨廷顿在《变动社会中的政治秩序》中说,"人当然可以有秩序而无自由,但不能有自由而无秩序"。秩序则包括现象世界的社会秩序和意义世界的心灵秩序。而当下,全球化之所以陷于困境,是因为人类的社会秩序与心灵秩序遭遇双重颠覆。众所周知,全球化导源于西方,其动力是资本的逐利特性,哲学基础则是启蒙理性。这种启蒙理性带来了人性由天国向现世的回归,使人实现了由上帝所规约的必然性王国向人为自己立法的自由王国的跳跃。启蒙理性也为资本主义的发展提供了合理、有效的规范和制度。基于成本核算的会计制度和理性官僚制度则是其中最重要的制度。而这些基于理性计算的制度的全部诉求,就是效率和利益最大化。作为一种工具理性,它不关涉任何价值、任何意义问题,本质上是去魅的,去中心的。它必然导致价值虚无主义和文化相对主义。当全球化借助于这种工具理性裹挟了各个民族的时候,资本的贪婪所导致的不平等,价值虚无主义所导致的意义丧失便成了全球现象。

人类失序的直接后果,便是各种极端政治思潮的勃兴。为此,必须重构人类秩序,迈向倡导的"命运共同体"。但人类命运共同体的实现绝不能由西方所主导。西方社会因为自身的弱点已无力提供合理的全球化方案。它的科技霸权下的单面度、平面化的社会样态,对这一时代的生命意义问题无能为力;它的主流政治文化,无法合理处理人与人、人与社会及人与自然等方面的关系。而在中国的传统文化里,有着解决这些问题的丰富资源。儒家文化提倡"修身、齐家、治国、平天下"。修身,解决的是道德问题,通过修身实现人的价值的内在超越;通过修齐治平这一道德实践链,建构人与人、个人与国家、个人与天下的和谐关系。西方自由主义以个人为中心,强调人的权利,但个体权利意识的过度张扬,必然导致人类中心主义,造成人与自然的紧张。儒家也讲个人的作用,杜维明先生甚至认为"儒家以个人为中心",但儒家强调的是个人责任、个人担当。这种理念必然导向"天下无外"和"人与天地参"的道德理想。

习近平在博鳌亚洲论坛2015年年会上所阐发的人类命运共同体思想,是解决当下全球问题的根本举措,也是全球化合理推进的有效保障,是全球化的中国叙事。按照康德的进路,这样的共同体的建构是止息纷争、实现永久和平的合理途径。这样的命运共同体在罗尔斯看来,"必须建立在一种关于正当和正义的合乎情理性的观念上,这种观念是各种整全性学说达成的一种重叠共识所认可的"。而中国的优秀传统文化无疑是形成全球重叠共识的重要思想材料。

(原载于《探索与争鸣》2017年第3期)

人类命运共同体:历史、现实与意蕴*

丛占修

自从党的十八大报告提出“倡导人类命运共同体意识”以来,习近平先后在各种国际场合公开提及这个观念近70次。人类命运共同体的观念是基于世界历史经验和时代发展的最新趋势提出的重要国际政治观念,其中蕴涵的价值观念和原则对于改革当前国际政治经济秩序具有重要的理论意义,对于解决诸如恐怖主义、环境危机等全球问题,构建全球治理新模式具有重要实践价值。

本文从三个角度揭示这个观念的意蕴和内涵,首先追溯人类命运共同体观念的思想渊源,指出追求世界大同和永久和平是几千年来人类的共同梦想;其次以当今迅猛发展的全球化为背景,以国际秩序中的全球主义和世界主义等西方模式为参照,揭示人类命运共同体的独特视角;最后从价值、政治和文化三个层面全面展示人类命运共同体的内涵。

一、人类命运共同体的历史渊源:世界城邦和永久和平

在政治理论和实践中,城邦或国家长期以来被认为是一个自足的基本政治单元,每个人的幸福甚至本性都是在城邦中实现的。很少有人从世界的角度思考人类的命运。同时城邦或国家之间的绵延战争又是贯穿人类社会的历史事实,成为威胁个人幸福的重要外部因素。在国内实现优良治理后,如何摆脱国家之间的战争,实现人类永久和平,又成为思想家们面临的严肃问题。

在西方,最早从世界角度关注个体和人类命运的当属古代斯多葛主义者。伯

---

* 作者简介:丛占修(1974—),男(汉),山东菏泽人,哲学博士,中国矿业大学马克思主义学院副教授,硕士生导师,主要研究方向为政治哲学。

本文是作者主持的国家社会科学基金项目“当代西方世界主义思潮及批判研究”(项目批准号:14BZX071)中国矿业大学基本科研业务费项目:“罗尔斯与西方世界主义政治哲学批判研究”(项目号:2013W07)。

罗奔尼撒战争,以及马其顿对希腊各邦的征服证明规模狭小而好斗的城邦无力对希腊世界进行统治,城邦也不是自足的政治共同体,其命运取决于它与希腊世界,甚至东方亚洲等其他地方的相互关系。希腊化时代的政治经济背景与当今的全球化有几分类似之处。如果城邦不能满足人的基本需要,设想一个包容一切的人类共同体似乎是可欲的,斯多葛学派的世界城邦观念就是这一设想的产物。

对于斯多葛学派来讲,城邦就是人类共同生活的一个地方,是由法律规范的有秩序的人类组织。史学家普罗塔克曾把早期斯多葛主义者芝诺勾画的理想城邦总结为:"所有世界上的居民不应根据他们不同城市或共同体各自所区别的正义法则生活,我们应该把所有人看成属于一个共同体或城邦。"①中后期的斯多葛主义者把世界城邦的观念变成具体的法律和政治实践问题。西塞罗指出,那些共享着正义和法律规范的人们就构成一个共同体,获得这个共同体身份的资格就是拥有正确的理性。"既然没有比理性更好的东西,而且它在人心和神心之中都存在,人和神的第一个共有就是理性。但是那些共同拥有理性的还必须共同拥有正确的理性。而且既然正确的理性就是法,我们必须相信人也与神共同拥有法。进一步说,那些分享法的也一定分享正义;而所有分享这些的都应该视为同一共同体的成员。如果他们真的服从同样的一些权威和权力,那么这一点就更加真实;事实是,他们的确服从着这一神圣的制度,神圣的心灵和具有超越一切力量的神。因此,我们此刻就必须将这整个宇宙理解为一个共同体,神和人都是这个共同体的成员。"②西塞罗与早期的斯多葛主义者不同,他看到了世界城邦的乌托邦成分,更多关注于维持世界城邦的正义法则,人们是由于分享了正义的法则而成为共同体的成员,唯有有了共同的权威和制度才能使世界城邦更加真实。西塞罗把罗马的观念融入世界城邦的观念之中,"罗马是被物质化的理想,……这个罗马帝国已经成长为世界城邦,人有两个祖国,他的出生地和世界之城"③随着罗马的衰落,基督教逐渐取代了斯多葛学派的思想,世界城邦变成了上帝之城。

当近代启蒙运动开始时,世界城邦的古老观念又进入思想家的视野。康德是一个代表。伴随着资本主义在世界的扩张,全球化已初见端倪,国家之间、各族人民之间的交往和联系已经不可避免,"既然大地上各个民族之间(或广或狭)普遍

---

① Derek Heater. Origins of Cosmopolitanism ideas [M]. Gerard Delanty, David Inglis. Cosmopolitanism, Routledge, 2011: 28 – 55.

② [古罗马]西塞罗:《国家篇法律篇》,沈叔平、苏力译,商务印书馆 2013 年版,第 160 – 161 页。

③ [美]沃格林:《希腊化、罗马和早期基督教》,谢华育译,华东师范大学出版社 2007 年版,第 171 页。

已占上风的共同性现在已经到了这样的地步,以致在地球上的一个地方侵犯权利就会在所有地方都被感觉到。"①欧洲各国之间绵延不断的战争,凸显了和平和安全的迫切性,启蒙时代的思想家开始用世界的眼光关注人类共同体的命运。康德提出的世界大同主义理想就是为了实现人类的永久和平。

康德把和平分为两种类型,一种是基于霍布斯式的各国力量均势之上的和平,这是暂时的、不稳定的和平;另一种是康德提出的世界永久和平状态,这是基于正义之上的受世界大同主义法律(权利)体系规范的和平状态。一旦实现世界主义的法律体系,永久和平就会随之而来。世界主义法律体系是由国内法、国际法和世界公民法三位一体组成的。实现世界大同主义理想首先在于建构世界公民体制(宪法)。建构世界公民宪法又需要国内法和国际法这两个配套的法律作基础。"民族的、国际的和世界的权利,彼此关系如此密切,以至在这三种可能的法律关系形式中,如果其中任何一种不能通过法律体现那些应该用来调整外在自由的基本原则,那么,由其他两种公共权利来建立的立法结构也将同样被破坏,整个体系最终便将瓦解。"②康德对于未来确保世界公民状态的政治体制是世界政府还是松散的自由联盟颇为犹豫。强大的世界政府终至于坍塌,罗马帝国可为前车之鉴,世界共和国这一德国浪漫主义的理想又可能成为一个国家征服其他国家,建立自己帝国霸业的高尚外衣。松散的自由联盟由于缺少力量的支撑在实现世界正义方面也确实力不从心。

康德所处的时代正是以格劳修斯国际法和威斯特伐利亚体系为基础的国际秩序逐步确立的时期,而康德的世界大同主义秩序新构想无法回避这些现实的考虑。如果像康德那样坚持传统国际法的国家主权观念,在设计保护世界公民权的实现机制上,会陷入强的世界共和国和弱的自由联盟的两难选择之中。更好的制度如何设计需要国际政治实践的磨砺,人类甚至为此付出极大的代价,经过二十世纪的两次世界大战的洗礼,以联合国为中心架构的国际争端解决模式,让人们对世界和平的理想又进了一步。

在中国传统文化中,我们早就有世界大同的思想,古人也试图超越邦、国的视野,从天下的视角看待人类的命运,提出诸如"协和万邦"的观念。人类命运共同体的观念正是对这些中西方文化传统观念批判继承的基础上,站在二十一世纪展望人类未来发展远景而提出的重要命题。

---

① [德]康德:《永久和平论》,《历史理性批判文集》,何兆武译,商务印书馆 1997 年版,第 118 页。

② [德]康德:《法的形而上学原理》,沈叔平译,商务印书馆 1991 年版,第 137 页。

二、人类命运共同体的现实关照:全球化和全球主义

自20世纪70年代以来,全球化的深入发展全面冲击了以民族国家为边界的经济、政治和文化领域,导致在全球层面的利益、权力和文化的分化与整合。世界各地国家与国家之间、民族和民族之间以及个人之间相互影响、相互作用和依赖。在交通、通讯、和信息等技术的推动下,人们的生活空间被压缩,整个世界正在变成一个城市或村落。社会学家吉登斯指出,全球化是一种我们面临的生活时空转变的现实,“发生在遥远地区的种种事件,……都比过去任何时候更为直接、更为迅速地对我们发生着影响。反过来,我们作为个人所做出的种种决定,其后果又往往是全球性的。”①国际政治学家基欧汉和约瑟夫·奈指出“它关涉各大洲之间存在的相互依赖网络,并通过资本、商品、信息、观念、人民、军队、与环境和生物相关的物质(如酸雨和病原体)的流动和影响联结在一起。”②这种相互依赖不同于一般的相互联系,它是一种需要各方付出代价的相互影响。在信息革命时代的全球化,世界各地的相互依赖程度更强、范围更广,某一地方发生的某方面的事件会对其他地方造成重大影响,以致在全球社会出现混沌理论中所讲的“蝴蝶效应”。由阿拉伯世界的动荡可见一斑。由于这些相互作用机制,世界各族人民成为一个命运休戚与共的人类共同体。在面对诸如全球贫困、环境危机和恐怖威胁等全球问题时,需要世界层面上的合作与协调。正是基于全球化迅猛发展的这种态势,习近平在2013年3月的莫斯科国际关系学院演讲中指出:“这个世界,各国相互联系、相互依存的程度空前加深,人类生活在同一个地球村里,生活在历史和现实交汇的同一个时空里,越来越成为你中有我、我中有你的命运共同体。”③

新自由主义者试图借全球化的力量把西方的国内秩序国际化,提出一种全球主义的观念。德国社会学家贝克指出“我把全球主义描述为世界市场,即世界市场统治思想,新自由主义思想,排挤或代替政治行动的思想观点。这种思想强调单一的经济因果关系,把多重领域的全球化简化为单一经济领域的全球化,同时这一领域是单向发展的。如果人们谈到生态、文化、政治以及文明社会等其他领

① [英]吉登斯:《第三条道路:社会民主主义的复兴》,郑戈译,北京大学出版社2000年版,第33页。

② [美]基欧汉、约瑟夫·奈:《权力与相互依赖》第四版,门洪华译,北京大学出版社2012年版,第254页。

③ 习近平:《顺应时代前进潮流促进世界和平发展——在莫斯科国际关系学院的演讲》,《中国青年报》2013年3月24日。

域的全球化,也是把它们放到世界市场体系的总框架中探讨。"①以新自由主义来诠释全球主义,就是相信自由市场产生的自发世界秩序,认为全球化是发生在经济领域的必然的自然历史过程。全球主义者声称每个人都能从全球化中获得好处,并且认为全球化最终能促进自由民主在世界的普及。但是全球化不等于自由市场化,更不等于西方化或美国化。全球化尤其是经济全球化,按照新自由主义者的观点会使世界上所有人都能享受其带来的利益;但是这一承诺至今没有兑现,反而导致全球贫富差距进一步扩大,世界贫困人口有增无减。全球化的后果是多面的,既有积极的一面,也有消极的风险后果,而且消极后果又有极大的不确定性。9·11 和巴黎恐怖袭击事件就是典型的症状。面对诸如世界贫困、全球安全、环境危机等全球问题,新自由主义无力解决。

西方学界在批判新自由主义的全球主义方案的同时,又提出一种世界主义的解决路径。当前对世界主义的理解主要停留在对现实主义国际秩序规范批判的道德立场上,其关注的中心问题是全球正义问题,民族主义和爱国主义是其理论上对立的立场。在世界主义者看来,当今世界的大多数问题,都是由于民族国家奉行国内和国外双重标准带来的。因此世界主义强调"要关注世界共同体成员的道德联系,其中国家边界仅有一种派生的意义。"②博格认为道德世界主义的核心观念是"每一个人都拥有一种作为道德关切基本单元的全球地位。"③世界主义的出发点是规范的个体主义,也即认为个人是一切关切的最终实在单位,家族、部落、种族、文化或宗教共同体、民族国家都是派生的,只具有工具性价值。作为一种道德评价标准,世界主义强调公正无偏、普遍性和一般性,也就是平等地考虑到所有受影响的个体。世界主义虽然声称是一种道德立场,但其关注的重点却是对制度的道德评价。从世界主义的立场看,当今全球主义国际秩序存在严重的道德缺陷,对全球贫困等国际问题负有责任,应该按照世界主义理念改革全球主要的政治经济制度。主要措施是推行世界主义民主治理,转移或消解国家主权。"有效的政治权力的核心不再简单集中在国家政府上面,有效权力被不同的力量和机构,公共的和私人的,跨国的、地区和国际领域的,所分享、竞争和置换。"④

---

① [德]贝克:《什么是全球化? 全球主义的曲解——应对全球化》,常和芳译,华东师范大学出版社 2008 年版,第 11 页。

② [美]贝兹:《政治理论与国际关系》,丛占修译,上海译文出版社 2012 年版,第 163 页。

③ [美]博格:《世界主义和主权》,徐向东:《全球正义》,浙江大学出版社 2011 年版,第 313 - 338 页。

④ David Herd. Cosmopolitanism: globalization tamed [J]. Review of International Studies 2003, (29): 465 - 480.

新自由主义方案，实际上是西方国家为使自己在全球化市场中国家利益最大化而采取的策略，这是以牺牲其他国家尤其是发展中国家利益为代价的。世界主义方案要求各个国家都放弃国家利益至上的现实主义立场，但是由于其对国际社会复杂多元的经验现实，以及对国际政治文化中民族国家所形成的牢固地位估计不足，不免带有较多乌托邦色彩。人类命运共同体观念不仅坚持国家利益至上，同时也具有国际主义情怀。一方面，在参与全球化的进程中，要特别关注祖国和同胞的利益和福祉，但同时在追求本国人民福祉的同时，并不损害其他国家人民的利益，而是尊重和平等对待各国人民。

三、人类命运共同体的意蕴：价值、制度和文化

共同体是由受共同（正义）法则约束的人们组成的，这些人们就一些基本的价值达成共识，由这些基本的法则和价值共识协调共同体成员之间的交往行为，这是设想一个共同体的前提。人类命运共同体从范围上来讲包括了地球上所有的人，这样一个无所不包的共同体，其基本的原则和价值共识是什么呢？在古代是所谓抽象的自然法，在康德那里是世界公民法，在全球主义那里是西方标榜的一套所谓普世价值。习近平在第70届联合国大会一般性辩论时的讲话指出："和平、发展、公平、正义、民主、自由，是全人类的共同价值"。① 这些共同的价值共识，是全人类的共同利益，是构建国际秩序的伦理基础。

和平和发展是自从有人类以来就开始追求的价值目标，人类共同体之下成员多样性和差异性达到了最大值，这样一个多元一体的共同体最高价值就是和平和发展，事关人类自身的生存安危的问题。康德的永久和平的呼吁就是穿越历史时空的最强音。在二十一世纪，和平与发展的问题，不仅事关传统的与战争相关的高政治议题，而且事关越来越多的诸如环境保护、能源危机和全球贫困等低政治议题。② 公平和正义是协调人类共同体成员在分配全球利益和责任时的基本原则，是设计和改革全球治理规则的基础，也是维护世界和平和发展的条件。国际公平和正义的基本内容依然是"互惠性"原则。倡导人类命运共同体意识，就是要求共同体成员在交往过程中要坚持"合作共赢"的原则，在追求本国利益时兼顾他国合理关切，在谋求本国发展中促进各国共同发展，建立更加平等均衡的新型全

① 习近平：《携手构建合作共赢新伙伴，同心打造人类命运共同体》，《人民日报》2015年9月29日。

② 王逸舟：《全球主义视野下的国家安全研究》，《国际政治研究》2015年第4期，第99－105页。

球发展伙伴关系,同舟共济,权责共担,增进人类共同利益。民主与自由既是现代民族国家内部追求的价值和治理手段,也应扩展到国际领域,在解决人类面临的共同问题时,应该由与此问题利害相关的所有成员用民主的方式解决。人类命运共同体的治理本应由所有人为了人类的共同福利而实行民主的治理。全球规则和制度的制定和执行,要以人类共同体的利益为依归;国际权力的运行要摆脱国际利益集团的影响,民主应该成为全球政治权力的分配、运行及其合法性的基础。

这些价值成为构建人类命运共同体秩序的规范基础,而实现人类共同体的理想依赖于设计一种可行的制度实践。纵观人类的历史实践,从世界城邦的观念到世界主义法律,再到联合国等国际组织的出现,人类命运共同体的制度雏形在逐步清晰。人类命运共同体制度的设计一定应该尊重历史实践中形成的规则,对未来新规则的设想也应该建立在现有规则的基础之上。当今时代,以联合国宪章为基础的国际秩序和准则仍然是构建人类命运共同体的起点。

从历史上看,城邦或国家一直是人类命运共同体的最重要的组织单位,也是人类生活的中心。尽管当前全球化在持续冲击着民族国家的边界,但是民族国家在国际社会中的地位,绝没有像世界主义或全球主义者所预想的那样会迅速的衰落。"全球利益、价值和伦理目前仍处于生长发育的阶段,国家仍然是人类赖以生存发展的首要政治、经济和文化空间。"①就如康德指出的,在实现世界大同的理想时,国内法和正义是基础。因此在实现人类命运共同体的过程中,民族命运共同体的建设居于首要地位。若世界上的每个国家都把自己的共同体建设好,就不仅实现了各自人民的福祉,同时也有助于人类命运共同体的建设。当前我们国家实现"中国梦"的民族复兴大业与人类命运共同体的关系亦应如此观。实现人类命运共同体的法律和制度设计或改革应以有助于每个国家建设自己的民族共同体为首要考虑。主权平等和民族自决原则应该贯彻到各级国际组织机构中,体现这一原则的联合国等国际制度也应得到尊重。任何试图侵犯此原则的设计都会落入帝国霸权的思维模式之中。人类命运共同体秩序是去中心的或者是多中心的,每个民族共同体都可以以自己为中心划出各自的同心圆,人类命运共同体就是由这些同心圆复杂交织在一起的网络。比如我们中国—东盟共同体、亚洲命运共同体、人类命运共同体等设计就是如此。

强调民族国家在构建人类命运共同体中的作用,并不是认同奉行利益至上的国际现实主义观念,尊重当前以联合国宪章为基础的国际秩序也不是说这种秩序

---

① 陈志敏:《全球主义、国家路径和中国特色大国外交》,《国际政治研究》2015 年第 4 期,第 106 – 112 页。

不需要改革。体现新自由主义的全球主义实际上在国际上奉行弱肉强食的丛林法则,是强国对弱国的压迫和剥削。国际秩序和制度的改革应该引进一种机制来矫正这种缺陷。在国际政治经济治理和决策时,平等尊重或照顾发展中国家的利益诉求应得到体现,在国际货币基金组织等国际组织中增加发展中国家的代表,重视协商民主等保护弱国的制度设计应有所体现。

人类命运共同体制度的实践要受到相应的文化资源的支持,才能得到世界各国人民的认同。而当前文化多元主义是人类命运共同体建设面临的一个事实,文化的差异和冲突是构建人类命运共同体必须面对的经验要素。随着科技和生产力的发展,由物质利益的匮乏和分配不公等导致的世界贫困会逐渐减缓,由利益之争而引起的冲突和战争也会减少;但是由于文化的冲突而导致的问题开始凸现,宗教和民族问题广义上都是文化问题。如亨廷顿所言:“在这个新的世界里,最普遍的和危险的冲突不是社会阶级之间、富人和穷人之间或其他以经济来划分的集团之间的冲突,而是属于不同文化实体的人民之间的冲突。”①

全球主义试图通过把西方文明普世化,终结文明的多样性及其文明间的冲突,其后果只会带来更加剧烈的文明冲突。全球化时代,文明的自觉意识也觉醒和加剧了。亨廷顿认为在多元文化的世界里,建设性的路径就是放弃普世主义和文化优越论,接受多样性和寻找共同性。人类命运共同体所体现的文化观就是强调各种文化之间和而不同,兼收并蓄,确立世界不同文化间的和谐共存、相互尊重和学习的文化秩序,维护文化多样性,以及培育文化之间交流和文化创新的土壤和机制。文化的冲突反映在个人身上就是身份的冲突,对“我是谁”这个问题的困惑。公民身份是多层次、多维度的,既可以是一个城市或公司的成员,也是某个国家的公民,还是人类共同体的一员,这种身份的交叉性可以有效化解多样性的冲突,寻求文化中的共同性,保证对人类命运共同体的文化认同。对人类命运共同体的认同,最终落脚于对全人类价值的认同,这是超越于民族和宗教等差异之上,存在于所有文化之中的共同性。这些全人类的价值共性最终能成为所有文明的重叠共识,保证了人类命运共同体观念的经验可行性。

人类命运共同体的观念承载了对人类命运的历史思考,也是对当前全球化深入发展的现实回应。人类命运共同体的观念包括价值共识、制度实践和文化认同三个相互联系的层面。与西方全球主义的模式不同,人类命运共同体在价值共识上提倡真正的全人类价值,而不是所谓的普遍化的西方价值;在制度设计上尊重

---

① [美]亨廷顿:《文明的冲突与世界秩序的重建》,周琪等译,新华出版社 2010 年版,第 6 页。

当前以联合国宪章为基础的秩序和规则，强调主权平等，反对帝国霸权；在文化上，主张尊重多样性，各文化间和而不同，包容互鉴，反对文明优越论和普世论。

（原载于《探索与争鸣》2017 年第 3 期。）

人类命运共同体的中国智慧与文明自觉

傅守祥*

2017 年 1 月，国家主席习近平在联合国日内瓦总部发表《共同构建人类命运共同体》的演讲，从历史和哲学的高度阐述人类命运与共的重大主题，以中国方案形式全面系统地阐述了人类命运共同体理念，提出通过对话协商、共建共享、合作共赢、交流互鉴与绿色低碳，建设一个持久和平、普遍安全、共同繁荣、开放包容、清洁美丽的世界，体现了携手同行、造福世界的天下情怀和中国智慧①。

当前，世界格局的不确定性让世界各国人民的心绪“剪不断、理还乱”，各方对人类未来既充满期待又心生迷茫。习近平的演讲，既表明中国对联合国与多边主义的坚定支持，更为全球秩序演进指明了前行方向。大时代需要大格局，大格局需要大智慧。中国在全球化遭遇前所未有的阻力和挑战时发出人类命运共同体共建的倡议，以“世界好，中国才能好”的鲜明态度反对“某国优先”的狭隘与孤傲，符合全球化良性发展的时代潮流，反映了国际社会共识。人类命运共同体思想根本性地展示了自然演进的公平性、生物的多样性、人类社会存在的合理性。

以中国为代表的新兴市场国家，以其强劲的发展势能，重塑世界发展的路径，并日渐担当起引领世界前行方向的职责。2017 年 2 月 10 日，“构建人类命运共同体”理念首次被写入联合国决议中②，体现了这一倡议的文明普适性和价值开创性，彰显了中国对全球治理的引领作用和独特贡献，并将大大助力“各美其美，美

---

* 作者简介：傅守祥，1970 年生。博士后。温州大学特聘教授，学科带头人，博士生导师。主要从事文化哲学与文艺美学研究。在《哲学研究》《文学评论》等刊物发文 200 多篇，被《新华文摘》、人大复印资料等转摘 50 多篇。出版专著《审美化生存》《文化正义》《欢乐诗学》等 8 部，主持国家社科基金项目 5 项、省部级课题 5 项。

① 习近平：《共同构建人类命运共同体——在联合国日内瓦总部的演讲》，《光明日报》2017 年 1 月 20 日第 2 版。

② 《联合国决议首次写入“构建人类命运共同体”理念》，《光明日报》2017 年 2 月 12 日第 8 版。

人之美,美美与共,天下大同”①的世界梦的实现。

和而不同:大同思想的中国智慧与文明互鉴

人类只有一个地球,各国共处一个世界。进入21世纪以来,随着信息科技与经济的发展,人类正全面进入了全球化时代,“地球村”的感觉越来越明显。然而,当今世界的全球化进程却面临重大抉择,如何“化”和向哪个方向“化”都直接涉及世界上各个国家、各个民族甚至每一个人的前途命运。正确认识和发掘中国传统文化中与全球化精神相契合的精华部分,让中国智慧焕发新生机,对于推动全球化的健康发展,具有积极的借鉴作用。纵观中国思想史,同外界其他行为体命运与共的和谐理念,可以说是中华文化的重要基因;而人类命运共同体概念与中国优秀传统文化中的“大同”思想及“和而不同”理念有着千丝万缕的联系。

关于大同思想,儒家典籍《礼记·礼运》有详尽描述:“大道之行也,天下为公。选贤与能,讲信修睦,故人不独亲其亲,不独子其子,使老有所终,壮有所用,少有所长,鳏寡孤独废疾者,皆有所养。男有分,女有归。货恶其弃于地也,不必藏于己;力恶其不出于身也,不必为己。是故谋闭而不兴,盗窃乱贼而不作,故外户而不闭,是谓大同。”儒家“大同”的理想中,人人为社会劳动而不是“为己”;老弱病残受到社会的照顾,儿童由社会教养,一切有劳动能力的人都有机会充分发挥自己的才能;没有特权和世袭,一切担任公职的人员都由群众推选;社会秩序安定,夜不闭户、路不拾遗;内外交往“讲信修睦”等。由此可见,大同思想至少包含六个方面:天下为公的社会制度、选贤与能的管理体制、讲信修睦的人际关系、人得其所的社会保障、人人为公的社会道德、各尽其力的劳动态度。

“大同”可以视为中国古代对“理想社会”的一种称谓,带有鲜明的“天下情怀”,堪比异域文明中的“黄金国”与“乌托邦”。与“大同”类似,中国古代还有对“世外桃源”的普遍憧憬,其寓意为“人间乐土”——那里没有剥削、压迫和战争,人们永远处于和平、宁静和温饱的环境中,过着无忧无虑的田园生活。于今而言,中国典籍中描述的“大同”与“世外桃源”虽美,其文化想象却略显单一乏味而平面化,少了些立体感与多样性。其实,人性的复杂与世事的艰难决定了社会的多面性与文明的异质性。《孟子》有言:“夫物之不齐,物之情也。”《礼记》也有“万物并育而不相害,道并行而不相悖”的说法。倡导人类命运共同体绝对不是要取消差异,推行统一的价值观,相反是要世界不同地区的文化都能够在承认差异的前

① 费孝通:《反思·对话·文化自觉》,《费孝通文集》第14卷,群言出版社1999年版,第166页。

提下各得其所。人类命运共同体的提出符合人类未来发展趋势,是对人类未来发展前途的严肃反思,凸显了不同文化的依存关系,强化了不同文化的公共本性①。

中国人早有"和羹之美,在于合异;上下之益,在能相济"(《三国志·夏侯玄传》)的远见与胸怀,自古就重视"和而不同"的理念,认可人与人、国与国在拥有不同观点和文化的同时彼此间要开放包容、和谐共处;就如同做一道美味的羹汤,需要有各种滋味的调和。显然,不同历史和国情、不同民族和习俗,孕育了不同文明,使世界更加丰富多彩;而每种文明都有其独特魅力和深厚底蕴,都是人类的精神瑰宝。人类文明多样性是世界的基本特征,也是人类进步的源泉。如何在增加人类"文明总量"的同时尽量保持"文化多样性",是全球化时代人类的共同课题②,事关"文化正义"的匡扶与"文化生态"的平衡。文明差异不应该成为世界冲突的根源;不同文明要取长补短、共同进步,让文明互鉴成为推动人类社会进步的动力、维护世界和平的纽带。

宇宙只有一个地球,人类共有一个家园,和平与发展是全人类的共同愿望。让和平的薪火代代相传,让发展的动力源源不断,让文明的光芒熠熠生辉,是各国人民的永恒期盼。融汇了传统的"大同"思想和当代的全球化思潮,中国倡导的人类命运共同体意识超越种族、文化、国家与意识形态的界限,为思考人类未来提供了全新的视角,人类命运共同体日渐成为理性可行的中国方案而走向世界。在当今这个挑战层出不穷、风险日益增多的时代,试图"把自己关入黑屋子"的保护主义、孤立主义与自我中心是行不通的,构建人类命运共同体、实现"共赢共享"的中国方案呼应了世界的脉动,展现了大国的担当。

远在17世纪,英国玄学派诗人约翰·多恩(John Donne,1572-1631)在其诗歌《神学冥想之十七:丧钟为谁而鸣》里写道:"没有谁能像一座孤岛,在大海里独踞,每个人都像一块小小的泥土,连接成整个陆地。……无论谁死了,都得是自己的一部分在死去。因为我包含在人类这个概念里。因此我从不问丧钟为谁而鸣,它为我,也为你。"③今天的世界,每个人彼此都成为促进世界发展的重要主体,更是需要坚守这种你我不分、万有相通、天人合一的大同理念,共同致力于世界的和平、稳定、繁荣与进步。

---

① 戴茂堂:《人类命运共同体:给世界一个美好未来》,《湖北日报》2016年8月29日。

② 傅守祥:《文化正义:消费时代的文化生态与审美伦理研究》,上海人民出版社2013年版,第86页。

③ [美]欧内斯特·海明威:《海明威文集》下,王秀珍译,时代文艺出版社1995年版,第146页。

共赢共享:美丽新世界的中国功夫与文明自觉

无论是“大同”“世外桃源”,还是“乌托邦”“黄金国”,关于理想社会或“美丽新世界”的各种各样的想象与设计,共通之处是“共赢共享”的美好愿景和美妙梦境般的心想事成。殊不知,就像西方谚语“罗马城不是一日建成的”那样,任何的“美丽新世界”都需要特别的细致、勤奋与慎重,都需要在每个事务环节和时间节点上下足“功夫”。历史与现实中,严肃的社会理想奋斗常常因缺少像样的“功夫”和“智慧”而夭折、走样,甚至成为闹剧与笑柄。

在人类面临大变革大调整的非常时期,面对“世界向何处去”的时代之问,中国倡导构建人类命运共同体,既非外界传言的中国要当“带头大哥”和“国际警察”,也非国内担忧的中国要做“冤大头”和“中山狼”,更没任何霸权主义野心和冷战思维,它是一种实实在在的“当仁不让”和“众望所归”。尽管古语有“治大国如烹小鲜”(老子《道德经》第六十章)的说法,但当代中国却没有丝毫的傲慢和怠惰,更多的是“中国功夫”里特有的勤谨和警觉、是“中国智慧”里特有的自觉与淡定。

中国倡导的人类命运共同体理念,以相互依赖、利益交融、休戚相关为依据,以和平发展与合作共赢为支柱,以“对话而非对抗,结伴而非结盟”的哲学思维,扬弃和超越传统国际关系,创造性提出了一系列新的战略思想,其中包含了价值理念、制度设计在内的治理思路。人类命运共同体这一全球价值观包含相互依存的国际权力观、共同利益观、可持续发展观和全球治理观。共商共筑人类命运共同体,是着眼于整个人类的文明进步而不是某一部分人的文明进步,是以和平、发展、合作、共赢的理念来超越不同国家、民族和宗教之间的隔阂、纷争和冲突,强调彼此之间要弘义融利、风雨同舟、命运共担。

曾几何时,“强权即真理”是国际社会的通用法则,国家间的政治无非就是强权政治,争夺权力、增加权力和炫耀权力是国际关系的常态。冷战结束之后,无论是文明冲突论还是历史终结论,都反映了西方根深蒂固的自我—他者的“冲突”思维,国际规则的“文明”标准和“民主国家联盟”隐含着唯我独尊与歧视排他。当今的世界权力结构、制度结构和观念结构发生了前所未有的历史性变化,世界上的事情不是一家说了算,而是商量着办,封闭排他的全球治理规则需要改革。国家主义与物质主义是现代文明两帖可怕的毒药,新文明探求①亟待展开。人类命

① 许纪霖:《从寻求富强到文明自觉——清末民初强国梦的历史嬗变》,《复旦学报》社科版 2010 年第 4 期。

运共同体理念倡导的和平、合作、互利、共赢契合中国一以贯之的观点,体现了中国的世界胸怀,超越了西方的解决世界问题之道,为人类发展开拓了一条新路。倡导共建人类命运共同体,有力回击了“中国威胁论”“国强必霸”“新殖民主义”等错误论调,体现了中国自觉把自身发展与人类发展相统一的大国担当,提升了中国的国际形象,为中华民族的伟大复兴创造了有利的外部条件。

最近的100多年间,中国“经历”了很多,救亡图存以及转型发展的焦虑与阵痛,令国人在习惯了“与狼共舞”的同时放眼世界并见贤思齐,在“上下求索”中运用中国智慧下足“功夫”,以中华民族特有的勤恳务实和辩证思维“去芜存菁”“为我所用”,终于赢得今天的世界第二大经济体和全球经济发展“引擎”的名与实。改革开放的最初20多年间,“决不当头”与“韬光养晦”的国际交往战略为的是“一心一意搞经济”“心无旁骛谋发展”;当今的中国,已然由一个地区性大国成长为世界性大国,无论是从国力变化还是全球利益格局考量,都需要其担负更多的国际责任进而“开创文明”——适应新形势的国际良序与生态文明。

从积贫积弱的“东亚病夫”到社会主义初级阶段的艰难探索,从20年前“与世界接轨”的战战兢兢到今日“和平崛起”的初见成效,当代中国在全面融入世界的同时也让世界读懂了文明中国。在如今的中国,“互联网+”更是让很多过去不敢想、想不到的事情变得触手可及,打开了梦想空间,激荡着前所未有的增长活力。中国发展得益于国际社会,也为全球发展做出了卓越贡献;中国欢迎各国搭乘中国发展的“顺风车”,“一带一路”方略不但体现了中国的文化自信,更引领各国实现共赢共享的发展。在同国际社会风雨与共中,当代中国已悄然成为国际话语的重要引领者和世界规则的主要优化者,更是全球经济增长的可靠引擎。

一个更文明的时代必然是注重人类整体发展的时代,不应该只是将目光局限于自己的国家之内,而应该多元共生、包容共进。习近平表示:“中国将始终做全球发展的贡献者,坚持奉行互利共赢的开放战略,欢迎各国搭乘中国发展的‘顺风车’。”①中国的“一带一路”战略编织的就是互利互惠的合作伙伴网络。人类命运共同体期待人类彼此之间携手共进,谋求共识,共同发展,合作共赢。在发展自己的同时也要积极促成世界其他地区、国家的发展,只有人类整体的发展才是真正的发展,人类命运共同体的中国方案实现了新世纪的“文明自觉”——以思想文化自觉为核心、以文明交往自觉活动为主线的人类创造历史的理论和实践活动。崛起的中国,当以文明展示天下。世界期待于中国未来的,不仅是物美价廉的中国

① 习近平:《共同构建人类命运共同体——在联合国日内瓦总部的演讲》,《光明日报》2017年1月20日第2版。

制造,而且是中国制造的全球价值;不仅是威震四海的富国强兵,而且是符合普遍人性的中华文明①。

中国古人有所谓“善学者尽其理,善行者究其难”(《荀子・大略》)的哲学思想。构建人类命运共同体是一个长期过程,需要各方齐心协力,需要一代代人的接力前行,才能不断推进这一“路曼曼其修远兮”的文明进程。大道至简,实干为要。构建人类命运共同体,呼唤先进理念的引领,更需凝聚行动的力量。要弘扬义利兼顾、德力具足、刚柔并济的“务实王道”,即两手并举、双管齐下、恩威并施,区别对待不同对象、具体问题具体分析。必须顺应我国经济“深度融入”世界经济的趋势,奉行“互利共赢”的开放战略,发展更高层次的开放型经济,积极参与全球经济治理和公共产品供给,提高我国在全球经济治理中的“制度性话语权”,构建广泛的“利益共同体”。同时,还要警惕现行国际体制与机制对共建人类命运共同体的阻滞与掣肘,正视国际交往中的战略博弈和利益差异,防范那种损人利己的霸权行为以及损人不利己的零和思维。可以说,同心打造人类命运共同体,也是对仍在奉行冷战思维、零和博弈、丛林法则、一家独大、赢者通吃的霸权主义和强权政治的正面回应。

不欲勿施:命运共同体的中国底线与交往理性

中国倡导共建的“人类命运共同体”就是要建立平等相待、互商互谅的伙伴关系,营造公道正义、共建共享的安全格局,谋求开放创新、包容互惠的发展前景,促进和而不同、兼收并蓄的文明交流,构筑尊崇自然、绿色发展的生态体系。“人类命运共同体”代表着和平、发展、开放、包容、合作、共赢的新理念,是中国人对当今世界的一种深刻理解,体现着中华文明的独特视角和思维方式,是新时期中国智慧的集中释放,体现了中国人处理对外事务的独特方式,是中国方案的代表,也是对整个人类的重要贡献,本质上是一种顺应世界发展潮流的公共思想产品。

当今世界,各国利益和命运从未像今天这样紧密联系,从自然环境到社会经济再到政治外交,“牵一发而动全身”的立体网状结构已逐渐形成,联动效应无处不在,一荣俱荣、一损俱损已成为现实写照。越来越多的人在越来越多的全球性挑战面前,认清了一个道理:任何国家都不可能独善其身,也没有哪个国家可以包打天下。世界上的事情越来越需要各国共同协商解决,建立国际机

---

① 许纪霖:《从寻求富强到文明自觉——清末民初强国梦的历史嬗变》,《复旦学报》社科版 2010 年第 4 期。

制、遵守国际规则、追求国际正义成为多数国家的共识,而多元化规则的修订与批判性思维的确保同样不可或缺,这是一种全球化时代跨文化交往的成熟表现和理性行为。

毋庸讳言,伴随着全球化进程的日益深入,反全球化的声浪此起彼伏持续不断。全球化导致世界各地的人民担心移民、工作稳定、社会平等及种族和谐等问题,也致使本土主义、单边主义和反精英主义在许多西方国家崛起,这些国家因此变得内视也更为分化。在如此背景下,英国公投脱欧、美国政治素人特朗普入主白宫、欧洲极右势力突起等"黑天鹅事件"在短短的一年间令人瞠目结舌,许多国家逐渐被民粹主义思潮笼罩、缺乏长远战略眼光。对全球化发展方向的争论,关系到我们对人类共同命运的抉择;逆转全球化趋势,人为切断各国经济的资金流、技术流、产品流、人员流,无异于因噎废食、扬汤止沸,最终自损自伤。中国认为,不能把世界乱象归咎于全球化,开放包容、交流互鉴与多边合作仍然是大势所趋;要积极引导经济全球化良性发展,共建开放型世界经济。经济全球化是历史大势,促成了贸易大繁荣、投资大便利、人员大流动、技术大发展,但也存在发展失衡、治理困境、数字鸿沟等问题。我们要正视这些问题并积极予以解决。正如习近平所说:"2008 年爆发的国际金融危机启示我们,引导经济全球化健康发展,需要加强协调、完善治理,推动建设一个开放、包容、普惠、平衡、共赢的经济全球化,既要做大蛋糕,更要分好蛋糕,着力解决公平公正问题。"①

中国倡导的人类命运共同体主要是指在追求本国利益时兼顾他国合理关切,在谋求本国发展中促进各国共同发展,权责共担,建立更加平等均衡的新型全球发展伙伴关系。当今时代,没有一个国家能凭一己之力谋求自身绝对安全,或是牺牲别国安全谋求自身安全,也没有一个国家可以从别国的动荡中收获稳定。唯有"大道之行也,天下为公"(《礼记·礼运》)的胸襟,"穷则变,变则通"(《周易·系辞》下)的眼光,才能把握时代的脉搏,这也是当代中国能够屹立于全球化潮头的深层次原因。对于中国和世界来说,构筑尊崇自然、绿色发展的生态体系,更是迫在眉睫。以五千年的思想智慧为底蕴,以空前的实力为后盾,当代中国努力维护全球化、自由贸易和气候变化的国际合作成果,以一系列中国方案和务实行动引领全球力挽狂澜。

尽管中华传统文化重视道德教化,但不排斥合理的利益诉求。中国哲学提倡"己所不欲,勿施于人"(《论语·卫灵公》),这种思想可以视为对现代西方伦理学

---

① 习近平:《共同构建人类命运共同体——在联合国日内瓦总部的演讲》,《光明日报》2017 年 1 月 20 日第 2 版。

主张的“底线思维”与“合理的利己主义”的遥远呼应与体认。中华文化强调不同国家相互关联、相互影响,需要协调合作、互利共赢,既要维护自己核心利益,也要努力做到“美美与共,天下大同”,与当代西方哲学倡导的“交往理性”①高度契合。全球化时代是一个普遍交往的时代,交往理性蕴含于交往行为之中,而交往理性首先指的是在共同生活世界(common life world)中通过语言媒介达到共同理解②。作为发展中大国,中国秉承“既以为人,己愈有;既以与人,己愈多”(《道德经》第八十一章)的胸怀,将自身利益与世界共同利益有机结合起来。中国坚持义利兼顾与平衡,追求义利兼得与共赢,保持既有理又有礼的大国风度,塑造温良而自信的国际形象。

从历史和现实来看,一系列全球性热点问题的协商和解决都离不开中国的积极参与。中国日益在全球治理中发挥积极作用,体现了大国担当意识。例如,生态危机是世界性问题。工业化创造了前所未有的物质财富,也产生了难以弥补的生态创伤。人类应该遵循天人合一、道法自然的理念,寻求永续发展之路。为了建设一个清洁美丽的世界,中国积极倡导绿色、低碳、循环、可持续的生产生活方式,不断开拓生产发展、生活富裕、生态良好的文明发展道路。再如,中国以日益增长的综合国力为后盾,努力引领经济全球化,支持建立开放、透明、包容、非歧视性的多边贸易体制和公正合理的国际新秩序。这一切务实行动的背后都显示出中国人的大智慧和大气魄。③

丰富的中国实践催生新理念,成功的中国道路贡献新方案。中国倡导的人类命运共同体理论的核心价值是突破人类发展困境的道路创新、理论创新和制度创新,“一带一路”这一倡议的目的就是要建立人类命运共同体。“一带一路”建设是一项具有深厚历史和文化底蕴的国际化倡议,它顺应了经济全球化的潮流,致力于将中国发展融入世界共同发展之中,致力于与沿线国家现有机制实现对接联通,致力于统筹中国与沿线国家的共同利益。中国倡导的“一带一路”建设,不是中国一国的独奏,而是沿线国家的合唱。打造人类命运共同体,着眼寻求各方利益的最大公约数,体现了中国将自身发展同各国共同发展有机结合的高度自觉,向世界传递对于人类文明走向的中国判断。构建人类命运共同体是一个美好的

---

① 德国哲学家哈贝马斯提出的“交往理性”,可以概括为一种语言性的、与主体间性相对应的、程序性的合理性概念;他强调在交往理性基础上的话语共识,通过协商和对话来达到法理的合理性。在哈贝马斯看来,交往合理性不是靠语言哲学而是靠经验建立起来的。

② 参见袁正清《交往行为理论与国际政治研究》(《世界经济与政治》2006 年第 9 期)和周玥晗《沟通与成见:国际关系中的交往理性与话语结构》(《教学与研究》2014 年第 3 期)。

③ 傅守祥:《构建人类命运共同体的中国智慧》,《中国社会科学报》2017 年 3 月 9 日。

目标,中国正以实际行动为构建人类命运共同体注入中国智慧、贡献中国力量,最大可能地实现与世界各国的合作共赢、共同繁荣。人类命运共同体的中国方略,指向人类社会发展的根本出路,必将进一步推动国际关系的民主化、法治化和合理化发展。

(原载于《求索》2017 年第 3 期)

“人类命运共同体”思想研究

董立人*

一、对“人类命运共同体”的吁求

党的十八大报告提出要“尊重和维护各国人民自主选择社会制度和发展道路的权利,相互借鉴,取长补短,推动人类文明进步。合作共赢,就是要倡导人类命运共同体意识,在追求本国利益时兼顾他国合理关切,在谋求本国发展中促进各国共同发展,建立更加平等均衡的新型全球发展伙伴关系,同舟共济,权责共担,增进人类共同利益”①。习近平总书记从全球视野和高度责任感出发科学分析、正确对待本国与他国和谐发展的重要问题,在多个重要场合阐释关于“人类命运共同体”的思想。习近平总书记关于“人类命运共同体”的思想赢得世人的高度认同与积极响应,是一种符合世界进步潮流的重要战略思想,是对马克思共同体思想的继承与创新。

和平与发展仍然是当今时代的主题。国际社会中一方面依然存在冲突和矛盾,另一方面谋求合作的可能和愿望大大增强。由于国家之间的关系比较复杂,各国领导人普遍认识到,如果地缘政治、战略利益、新合作机制等方面的问题处理不好,就可能导致更多的国际冲突。正是在这个时代背景下,以习近平为总书记的党中央,敏锐地认识到经济全球化深度发展和网络科技日新月异给世界带来的巨大变化,号召所有国家应以更加包容和开放的态度展开合作,建设一个休戚与

---

* 作者简介:董立人(1960—),男,河南郑州人,中共河南省委党校公共管理教研部副主任、教授。

① 胡锦涛:《坚定不移沿着中国特色社会主义道路前进 为全面建成小康社会而奋斗——在中国共产党第十八次全国代表大会上的报告》,《人民日报》2012 年 11 月 18 日。

共的"人类命运共同体"。2013 年 3 月 23 日，习近平在莫斯科国际关系学院做题为《顺应时代前进潮流促进世界和平发展》的演讲时提出："这个世界，各国相互联系、相互依存的程度空前加深，人类生活在同一个地球村里，生活在历史和现实交汇的同一个时空里，越来越成为你中有我、我中有你的命运共同体。"①后来，习近平多次提出要积极构建新型和谐的国际关系。从倡导"人类命运共同体"到弘扬"万隆精神"，再到拒绝"零和博弈"等，都在国际舞台上引起强烈反响，获得诸多国家的拥护。2015 年 9 月 28 日，习近平在第七十届联合国大会一般性辩论做题为《携手构建合作共赢新伙伴　同心打造人类命运共同体》的讲话时强调："我们要继承和弘扬联合国宪章的宗旨和原则，构建以合作共赢为核心的新型国际关系，打造人类命运共同体。"②2015 年 11 月 6 日，习近平在越南国会做题为《共同谱写中越友好新篇章》的演讲时指出要竭力打造"……利益相融、目标相同的命运共同体"③。2015 年 11 月 7 日，习近平在新加坡国立大学做题为《深化合作伙伴关系　共建亚洲美好家园》的演讲时指出："致力于构建更为紧密的中国—东盟命运共同体，推动建设亚洲命运共同体。"④2015 年 11 月 3 日，习近平会见"读懂中国"国际会议外方代表时指出："中国将坚持和平发展道路，坚持推动发展相互尊重、互利共赢的新型国际关系，坚持同世界各国建立和谐共生的命运共同体。"⑤2015 年 9 月 3 日，习近平《在纪念中国人民抗日战争暨世界反法西斯战争胜利 70 周年大会上的讲话》中强调："为了和平，我们要牢固树立人类命运共同体意识。偏见和歧视、仇恨和战争，只会带来灾难和痛苦。相互尊重、平等相处、和平发展、共同繁荣，才是人间正道。"⑥2015 年 9 月 22 日，习近平在对美国进行国事访问前夕，接受了美国《华尔街日报》的书面采访，再次阐述了"人类命运共同体"思想："完善全球治理结构，共同构建人类命运共同体。"⑦2015 年 11 月 15 日，习近平在

① 习近平：《顺应时代前进潮流　促进世界和平发展——在莫斯科国际关系学院的演讲》，《人民日报》2013 年 3 月 24 日。

② 习近平：《携手构建合作共赢新伙伴同心打造人类命运共同体——在第七十届联合国大会一般性辩论时的讲话》，《人民日报》2015 年 9 月 29 日。

③ 习近平：《共同谱写中越友好新篇章——在越南国会的演讲》，《人民日报》2015 年 11 月 7 日。

④ 习近平：《深化合作伙伴关系　共建亚洲美好家园——在新加坡国立大学的演讲》，《人民日报》2015 年 11 月 8 日。

⑤ 《习近平会见"读懂中国"国际会议外方代表》，《人民日报》2015 年 11 月 4 日。

⑥ 习近平：《在纪念中国人民抗日战争暨世界反法西斯战争胜利 70 周年大会上的讲话》，《人民日报》2015 年 9 月 4 日。

⑦ 《坚持构建中美新型大国关系正确方向促进亚太地区和世界和平稳定发展》，《人民日报》2015 年 9 月 23 日。

二十国集团领导人第十次峰会第一阶段会议上做题为《创新增长路径　共享发展成果》的发言时指出，要“营造高标准国际营商环境，打造利益共同体”①。从2013年3月23日在莫斯科国际关系学院的演讲到2015年11月15日在二十国集团领导人第十次峰会第一阶段会议上关于世界经济形势做的演讲，习近平多次倡导“人类命运共同体”。这些深刻阐释，有利于在国际关系中找到“最大公约数”。

习近平关于“人类命运共同体”的一系列重要讲话向全世界人民阐明了中国政府履行大国义务和责任的决心，表达了中国愿意与世界各国人民一道维护世界和平、促进共同发展的美好愿景，由此得到了世界诸多国家和国际组织的热切关注与积极响应，表达出世界人民谋求和平发展的共同心声。

二、深刻理解“人类命运共同体”的本质含义及特征

“人类命运共同体”是马克思主义共同体理论的一个极为重要的体现。在马克思和恩格斯看来，“自由人的联合体”是真正的共同体，“人类命运共同体”从维护人类利益和化解社会矛盾的世界视野表达出一种旨在促进人类生存与发展的共同体意识。这说明，“人类命运共同体”不仅具有鲜明的时代特征，而且与马克思所追求的“自由人的联合体”具有契合之处。

在当今世界，人类社会是一个相互依存的共同体。社会学中的共同体是指“人们在共同条件下结成的集体，是人类共处的一种组织化形式”；国际政治领域中的共同体是对国际关系存在方式的表达，即“若干国家在某一方面形成的统一组织”。党的十八大报告指出：“人类只有一个地球，各国共处一个世界。历史昭示我们……要和平不要战争，要发展不要贫穷，要合作不要对抗，推动建设持久和平、共同繁荣的和谐世界，是各国人民共同愿望。要倡导人类命运共同体意识，在追求本国利益时兼顾他国合理关切，在谋求本国发展中促进各国共同发展，建立更加平等均衡的新型全球发展伙伴关系，同舟共济，权责共担，增进人类共同利益。”②在世界多极化、经济全球化、文化多样化等深入发展的今天，合作共赢成为时代主流，国际社会逐渐形成“你中有我、我中有你”的利益交融格局，形成广泛的、和谐共生的命运共同体。

所谓“人类命运共同体”，指包括中国人民在内的全世界范围内所有胸怀美好

① 习近平：《创新增长路径　共享发展成果——在二十国集团领导人第十次峰会第一阶段会议上关于世界经济形势的发言》，《人民日报》2015年11月16日。

② 胡锦涛：《坚定不移沿着中国特色社会主义道路前进　为全面建成小康社会而奋斗——在中国共产党第十八次全国代表大会上的报告》，《人民日报》2012年11月18日。

愿望、期待和平发展、憧憬合作共赢、共谋共治安全的人们。在当今世界,各国相互联系、相互依存的程度空前加深,人类生活在同一个“地球村”里。“人类命运共同体”与马克思和恩格斯所追求的“自由人的联合体”具有内在的共通性。习近平提出的“人类命运共同体”思想与实现中华民族伟大复兴的中国梦相融合,中国梦是和平、发展、合作、共赢的梦,我们追求的既是中国人民的福祉,也是世界各国人民共同的福祉。“人类命运共同体”思想既包含当今人类追求共同发展、和平发展的价值目的,也包含世界各国应该遵循的交往准则。

“人类命运共同体”的本质特征非常丰富,包括互信、尊重、分享、合作、共治、共生、共赢等。迈向“人类命运共同体”,共同建设一个更加美好的地球家园,需要世界各国的共同努力。因此,我们需要将“人类命运共同体”意识内化到心灵深处,并将责任共担、利益共享、合作共赢、相互包容、学习借鉴等理念转化为各自的自觉行动。

三、坚持“人类命运共同体”的价值取向

(一)坚持相互尊重、平等相待的发展观

相互尊重是人类生存与发展的最基本条件,更是“人类命运共同体”本质特征的重要体现。习近平指出,相互尊重、平等相处、和平发展、共同繁荣,才是人间正道。习近平在莫斯科国际关系学院演讲时指出:“各国和各国人民应该共同享受尊严。要坚持国家不分大小、强弱、贫富一律平等,尊重各国人民自主选择发展道路的权利,反对干涉别国内政,维护国际公平正义。‘鞋子合不合脚,自己穿了才知道’。一个国家的发展道路合不合适,只有这个国家的人民才最有发言权。”① 为此,在迈向“人类命运共同体”的过程中,各国应相互尊重、平等相待。各国体量有大小、国力有强弱、发展有先后,但它们都是国际社会中的一员,都有平等参与地区和国际事务的权利。要尊重各国自主选择的社会制度和发展道路,努力求同存异。

(二)坚持合作共赢的利益观

世界各国都应真正认清“一荣俱荣、一损俱损”的连带效应,秉持合作共赢的利益观,做到相互合作、优势互补、共谋发展、共享成果,在寻求自身发展时兼顾别国发展,努力使自身发展为世界发展带来“正面外溢效应”。2015 年 9 月 10 日,在 2015 中国—阿拉伯国家博览会开幕式上,习近平在贺信中指出:“中国愿秉持和平

---

① 习近平:《顺应时代前进潮流 促进世界和平发展——在莫斯科国际关系学院的演讲》,《人民日报》2013 年 3 月 24 日。

合作、开放包容、互学互鉴、互利共赢的丝路精神，同包括阿拉伯国家在内的世界各国一道，为促进共同发展、增加各国人民福祉而努力。”①2015 年 11 月 30 日，习近平在气候变化巴黎大会开幕式上做题为《携手构建合作共赢、公平合理的气候变化治理机制》的讲话时指出：“作为全球治理的一个重要领域，应对气候变化的全球努力是一面镜子，给我们思考和探索未来全球治理模式、推动建设人类命运共同体带来宝贵启示。我们应该创造一个各尽所能、合作共赢的未来。对气候变化等全球性问题，如果抱着功利主义的思维，希望多占点便宜、少承担点责任，最终将是损人不利己。巴黎大会应该摈弃‘零和博弈’狭隘思维，推动各国尤其是发达国家多一点共享、多一点担当，实现互惠共赢。”②在经济全球化时代，没有哪一个国家可以独善其身，因此合作是必然的选择，各国应在共同发展中寻求各方利益的“交融点”，形成“国际正能量”以共同应对世界经济中的风险和挑战。

（三）坚持共治的安全观

习近平指出，我们要摈弃一切形式的冷战思维，树立共同、综合、合作、可持续安全的新观念③。在当今世界，安全与稳定是各国人民的共同愿望。习近平在接受美国《华尔街日报》的书面采访时强调指出，全球治理体系是由全球共建共享的，不可能由哪一个国家独自掌握④。维护世界和平与促进共同发展，不仅需要各国间的通力合作，而且需要切实有效的国际制度体系。国际制度体系为约束国家行为、提供透明信息、降低合作成本、促进世界繁荣与稳定提供重要保障。

（四）坚持包容互鉴的文明观

多样性是人类文明的基本特征。文明的多样性之于人类社会，就如同生物的多样性之于自然界一样，是一种客观现实。“人类命运共同体”理念倡导包容互鉴的文明观。习近平指出：“文明相处需要和而不同的精神。……不同文明凝聚着不同民族的智慧和贡献，没有高低之别，更无优劣之分。文明之间要对话，不要排斥；要交流，不要取代。人类历史就是一幅不同文明相互交流、互鉴、融合的宏伟画卷。我们要尊重各种文明，平等相待，互学互鉴，兼收并蓄，推动人类文明实现

---

① 《2015 中国—阿拉伯国家博览会开幕》，《人民日报》2015 年 9 月 11 日。

② 习近平：《携手构建合作共赢、公平合理的气候变化治理机制——在气候变化巴黎大会开幕式上的讲话》，《人民日报》2015 年 12 月 1 日。

③ 习近平：《携手构建合作共赢新伙伴同心打造人类命运共同体——在第七十届联合国大会一般性辩论时的讲话》，《人民日报》2015 年 9 月 29 日。

④ 《坚持构建中美新型大国关系正确方向促进亚太地区和世界和平稳定发展》，《人民日报》2015 年 9 月 23 日。

创造性发展。"①

正是世界上不同文明的相互依存、相互交流、相互借鉴,才构成今天这个丰富多彩的世界。对这一人类社会的基本现实采取什么态度,考验的不仅是一个国家的政治智慧,而且是这个国家的胸襟和气度。正如习近平所指出的,只有在多样中相互尊重、彼此借鉴、和谐共存,这个世界才能丰富多彩、欣欣向荣。我们应该从不同文明中寻求智慧,汲取营养,为人们提供精神支撑和心灵慰藉,携手解决人类共同面临的各种挑战②。面对全球性挑战,各国应该加强对话,取长补短,在相互借鉴中实现共同发展。同时,要倡导和而不同,鼓励各国寻找最适合本国国情的应对之策。

马克思主义认为,人类最终要走向联合并通过这种联合实现各民族之间的团结友爱与共同繁荣。相互尊重与平等相待的发展观、合作共赢的利益观、共治的安全观、包容互鉴的文明观等,为建设"人类命运共同体"提供了基本的价值观基础。中国一贯坚持走和平发展道路,坚持互利共赢的开放战略,坚持与各国一道共创人类美好未来。

(原载于《学习论坛》2016 年第 3 期)

① 习近平:《携手构建合作共赢新伙伴同心打造人类命运共同体——在第七十届联合国大会一般性辩论时的讲话》,《人民日报》2015 年 9 月 29 日。

② 邵发军:《马克思的共同体思想研究》,知识产权出版社 2014 年版,第 168 页。

人类命运共同体:中国的"世界梦"

阮宗泽*

中国国家主席习近平在2016年新年贺词中指出:"世界那么大,问题那么多,国际社会期待听到中国声音、看到中国方案,中国不能缺席。"①习主席洞察世界格局深刻演变和人类社会发展进步大势,全面阐述新型国际关系理念,即"构建以合作共赢为核心的新型国际关系,打造人类命运共同体",全面推进中国特色大国外交。这是中国在问鼎世界强国之际的政策宣示,旨在回答"中国到底想要一个什么样的世界",或"什么是中国的世界梦"。这一思想立意高远,大气磅礴,既是超越"零和博弈"的中国国际秩序观,又是对《联合国宪章》宗旨的继承和弘扬,为21世纪国际关系发展提供了中国方案,具有时代的先进性。本文将主要分析习近平主席倡议构建"共有共享的人类命运共同体"主张的内涵、生成的背景和蕴含的意义。

一、习近平外交理论和实践的核心

习近平主席在新年贺词中表示,希望"国际社会共同努力,多一份平和,多一份合作,变对抗为合作,化干戈为玉帛,共同构建各国人民共有共享的人类命运共同体"。② 这既是中国的世界观,也是中国的"世界梦"。

十八大以来,以习近平为总书记的党中央站在新的历史起点上,观大势、谋大事,不认同"国强必霸"逻辑,积极倡导构建以合作共赢为核心价值观的"人类命运共同体"。习主席走到哪儿,就把"命运共同体"带到哪儿。2013年3月,习近平

---

* 作者简介:阮宗泽,中国国际问题研究院常务副院长、研究员。

① 《国家主席习近平发表2016年新年贺词》,新华网,http://news.xinhuanet.com/politics/2015-12/31/c_1117643074.htm,2015年12月31日。

② 《国家主席习近平发表2016年新年贺词》。

在俄罗斯演讲时表示:“这个世界,各国相互联系、相互依存的程度空前加深,人类生活在同一个地球村里,生活在历史和现实交汇的同一个时空里,越来越成为你中有我、我中有你的命运共同体。”①同年4月,习近平在博鳌亚洲论坛2015年年会上发表演讲时强调:“人类只有一个地球,各国共处一个世界。共同发展是持续发展的重要基础,符合各国人民长远利益和根本利益。我们生活在同一个地球村,应该牢固树立命运共同体意识,顺应时代潮流,把握正确方向,坚持同舟共济,推动亚洲和世界发展不断迈上新台阶。”②2015年12月,习近平在第二届世界互联网大会上阐释了“共同构建网络空间命运共同体”的中国互联网观。③ 习近平还表示自己最近很喜欢“命运共同体”这个词。

2015年9月,习近平在第70届联合国大会上发表讲话指出,当今世界各国相互依存、休戚与共,要继承和弘扬《联合国宪章》宗旨和原则,构建以合作共赢为核心的新型国际关系,打造人类命运共同体,并强调建立平等相待、互商互谅的伙伴关系,营造公道正义、共建共享的安全格局,谋求开放创新、包容互惠的发展前景,促进和而不同、兼收并蓄的文明交流,构筑尊崇自然、绿色发展的生态体系。④ 在博鳌亚洲论坛2015年年会上,习近平对“通过迈向亚洲命运共同体,推动建设人类命运共同体”进行了系统论述,提出迈向“命运共同体”必须坚持的四项原则:各国相互尊重、平等相待;坚持合作共赢、共同发展;坚持实现共同、综合、合作、可持续的安全;坚持不同文明兼容并蓄、交流互鉴。⑤ 从双边命运共同体,到地区命运共同体,再到人类命运共同体,习近平从时代潮流的大视野审视中国、亚洲和世界,全面阐述了“人类命运共同体”的具体内涵,并勾画出了如何建设这一共同体的路线图。

近年来,中国与阿拉伯国家、拉美国家、非洲国家、东盟国家等都结成了命运共同体,并提出“迈向亚洲命运共同体”“打造周边命运共同体”“同心打造人类命

① 《习近平在莫斯科国际关系学院的演讲(全文)》,新华网,http://news.xinhuanet.com/2013-03/24/c_124495576.htm,2013年3月24日。

② 习近平:《共同创造亚洲和世界的美好未来——在博鳌亚洲论坛2013年年会上的主旨演讲》,http://news.xinhuanet.com/politics/2013-04/07/c_115296408.htm,2013年4月7日。

③ 《习近平在第二届世界互联网大会开幕式上的讲话(全文)》,新华网,http://news.xinhuanet.com/politics/2015-12/16/c_1117481089.htm,2015年12月16日。

④ 《习近平出席第70届联合国大会一般性辩论并发表重要讲话》,新华网,http://news.xinhuanet.com/ttgg/2015-09/29/c_1116703634.htm,2015年9月29日。

⑤ 《博鳌亚洲论坛举行开幕式 习近平发表主旨演讲(全文)》,中新网,http://www.chinanews.com/gn/2015/03-28/7166267.shtml,2015年3月28日。

运共同体”。针对不同听众,习近平主席巧妙借用颇富哲理的民间谚语,以别人听得懂的话来讲述和传播“人类命运共同体”。比如:“不能这边搭台、那边拆台,而应该相互补台、好戏连台”,这是“对话而不对抗,结伴而不结盟”的政治新道路;“水涨荷花高”,“独行快,众行远”,“一棵树挡不住寒风”,这是“大河有水小河满,小河有水大河满”的经济新前景;“吹灭别人的灯,会烧掉自己的胡子”,这是“命运与共、唇齿相依”的安全新局面;“夫物之不齐,物之情也”,“一花独放不是春,百花齐放春满园”,这是“并育而不相害”的文明新气象。① 以上种种表述非常接地气,将抽象的概念具体化、形象化,容易入脑入心。

由此可见,“人类命运共同体”已成为习近平外交理论与实践的内核。外交部部长王毅指出:“新型国际关系侧重回答中国主张构建一种什么样的国家关系;命运共同体则进一步回答中国追求建设一个什么样的世界,具有更加丰富的政治、经济、安全、文明、生态等多方面内涵。这个重要理念一经提出,就引起了国际社会尤其是广大发展中国家的普遍肯定和欢迎,正在成为中国外交在国际舞台上的又一面重要旗帜。”②

二、“中国梦”与“人类命运共同体”互为机遇

首先,中国的命运与世界的命运紧密相连,“中国梦”与“人类命运共同体”之梦相互依存,相得益彰,承载着中国对建设美好世界的崇高理想和不懈追求。中国有两个梦想,一个是“中国梦”,一个就是构建“共有共享的人类命运共同体”的“世界梦”。“中国梦”的实现离不开“人类命运共同体”建设,而“中国梦”的实现将为世界带来红利,对人类发展具有世界意义。

今天的中国日益接近世界舞台的中央。十八大以来,实现中华民族伟大复兴的“中国梦”,已凝聚为中国人民的共同期盼。“中国梦”的实现与世界的和平与发展紧密相联、互为机遇。2012 年 12 月 5 日,习近平同在华的外国专家代表座谈时就谈到中国的发展与命运共同体的相互关系,指出“我们的事业是同世界各国合作共赢的事业。国际社会日益成为一个你中有我、我中有你的命运共同体”。③ 在各国相互依存、休戚与共的“地球村”时代,只有牢固树立命运共同体意识,坚持

---

① 《习近平 62 次谈到‘人类命运共同体’人民日报深入阐述该理念》,中新网,http://www.chinanews.com/gn/2015/05-18/7284327.shtml,2015 年 5 月 18 日。

② 王毅:《2015 年是中国特色大国外交的全面推进之年》,新华网,http://news.xinhuanet.com/world/2015-12/12/c_128523606.htm,2015 年 12 月 12 日。

③ 《习近平同外国专家代表座谈》,新华网,http://news.xinhuanet.com/politics/2012-12/05/c_113922453.htm,2012 年 12 月 5 日。

同舟共济，才能顺应时代潮流，把握正确方向，实现互惠共赢。

基于这样的认识，面对大变革、大调整的世界形势，新时期的中国外交更具全球视野和天下情怀。习近平夙夜在公，对外交的投入前所未有，旨在为“中国梦”的实现创造有利的国际环境。中国“首脑外交”全球布局、精耕细作，深化并拓展了与各国的关系。习近平充分利用各个国际场合或国际讲坛，讲“中国故事”，向世界说明中国是一个什么样的国家，讲中国的和平发展道路，唱响“中国经济光明论”，生动讲述“中国梦”对世界的意义。习近平指出，要“着眼于新形势新任务，积极推动对外工作理论和实践创新，注重阐述中国梦的世界意义，丰富和平发展战略思想，强调建立以合作共赢为核心的新型国际关系，提出和贯彻正确义利观，倡导共同、综合、合作、可持续的安全观，推动构建新型大国关系，提出和践行亲诚惠容的周边外交理念、真实亲诚的对非工作方针”。①

2015 年，中国外交持续发力，对外工作取得显著成绩。这一年，习近平进行了 8 次出访，包括四大洲 14 个国家，参加 9 次国际会议，成果丰硕：亚洲基础设施投资银行（亚投行）正式挂牌，“一带一路”取得早期收获，中国出资 600 亿美元援助非洲，人民币成功加入特别提款权（SDR）货币篮子，中国加入欧洲复兴开发银行等。美国国会批准国际货币基金组织（IMF）改革方案，中国份额占比将从 3.996% 升至 6.394%，排名从第 6 位跃升至第 3 位，在全球经济中的权重上升。中国与韩国、澳大利亚自贸协定于 2015 年 12 月 20 日生效。这些成绩的红利不仅惠及“中国梦”，亦将惠及人类命运共同体之梦。习近平表示：“中国将永远向世界敞开怀抱，也将尽己所能向面临困境的人们伸出援手，让我们的‘朋友圈’越来越大。”②

其次，世界期待中国发挥更大作用。习近平倡导构建“人类命运共同体”展现了中国的历史担当。习近平指出，中国人是讲爱国主义的，同时也是具有国际视野和国际胸怀的。随着国力不断增强，中国将在力所能及的范围内，承担更多国际责任和义务，为人类和平与发展做出更大贡献。③ 今天的中国是世界的中国，中国与世界同喜，与世界同悲。作为国际秩序的建设者和贡献者，中国积极参与全球治理，拓展中国在全球公域中的地位与作用。中国在制定“2030 年可持续发展目标”与“2020 年后气候变化安排”两大全球议程上发挥了关键作用，并积极应

---

① 《习近平出席中央外事工作会议并发表重要讲话》，新华网，http://news.xinhuanet.com/tt-gg/2014-11/29/c_1113457723.htm，2014 年 11 月 29 日。

② 《国家主席习近平发表 2016 年新年贺词》。

③ 习近平：《坚定不移走和平发展道路坚定不移促进世界和平与发展》，新华网，http://news.xinhuanet.com/world/2013-03/19/c_115083820_2.htm，2013 年 3 月 19 日。

对包括恐怖主义在内的各类全球性挑战。2015 年 9 月,习近平在第 70 届联合国大会上深刻阐述了“五位一体”的国际秩序观,第一次将生态体系引入国际秩序语境。

2015 年是联合国成立 70 周年,作为联合国创始成员国,中国以实际行动支持联合国发挥更大作用。习近平宣布中国将加入新的联合国维和能力待命机制,决定率先组建常备成建制维和警队,并建设 8000 人规模的维和待命部队。今后 5 年,中国将为各国培训 2000 名维和人员,开展 10 个扫雷援助项目;将向非盟提供总额为 1 亿美元的无偿军事援助,支持非洲常备军和危机应对快速反应部队建设;将向联合国在非洲的维和行动部署首支直升机分队;中国—联合国和平与发展基金的部分资金将用于支持联合国维和行动。① 习近平在联合国发展峰会上强调,要推进公平、开放、全面、创新的发展。面向未来,中国将继续秉持“义利相间,以义为先”的原则,同各国一道为实现 2015 年后发展议程做出努力;将设立南南合作援助基金,首期提供 20 亿美元,支持发展中国家落实 2015 年后发展议程;将增加对最不发达国家投资,力争 2030 年达到 120 亿美元;将免除对有关最不发达国家、内陆发展中国家、小岛屿发展中国家的截至 2015 年底到期未还的政府间无息贷款债务。② 中国虽然还是发展中国家,但愿意尽最大努力为其他发展中国家经济增长和民生改善贡献力量。

2015 年 11 月底至 12 月初,习近平在巴黎气候变化大会开幕式上呼吁发达国家多一点共享、多一点担当,实现互惠共赢;要确保国际规则的有效遵守和实施,坚持民主、平等、正义,建设国际法治,遵守“共同但有区别的责任”原则,同时要允许各国寻找最适合本国国情的应对之策。在谈判的关键时刻,习近平同奥巴马通电话,为推动联合国气候变化大会取得实质成果发挥了引领作用。《巴黎协定》落槌后,习近平再次应约同奥巴马通电话,强调中方愿同包括美方在内有关各方保持协调合作,确保协定有效实施,拓展应对气候变化领域双边务实合作,更多更好惠及中美两国人民和世界各国人民。联合国秘书长潘基文表示,中国为达成巴黎气候协议发挥了“强有力的领导作用”。

着眼于构建“人类命运共同体”,习近平对当今世界最重要的议题都充分阐述了中国看法,发出了中国声音,涵盖政治、经济、安全、人文、全球治理、环境、发展、

① 《习近平出席联合国维和峰会并发表讲话》,新华网,http://news.xinhuanet.com/world/2015-09/29/c_1116705308.htm,2015 年 9 月 29 日。

② 《习近平在联合国发展峰会上的讲话(全文)》,新华网,http://news.xinhuanet.com/2015-09/27/c_1116687809.htm,2015 年 9 月 27 日。

反恐、防扩散、维和、妇女、应对自然灾害等议题。这提升了中国的国际议事能力与参与塑造国际规则的能力，增强了中国政策的透明度和可预见性，赢得了国际赞誉。

三、“人类命运共同体”助力中国特色大国外交

“人类命运共同体”是对中国和平发展战略思想的丰富。十八大报告指出，中国将继续高举和平、发展、合作、共赢的旗帜，坚定不移致力于维护世界和平、促进共同发展，并强调中国将始终不渝走和平发展道路，坚定奉行独立自主的和平外交政策，奉行互利共赢的开放战略。2013 年 1 月，习近平在主持中共中央政治局集体学习时指出，中国坚持走和平发展道路，但决不能牺牲国家核心利益，第一次鲜明地阐述了中国和平发展的辩证法，亮明了底线。习近平强调必须树立新的大局观，要善于观大势、谋大事，要“善于把握和平、发展、合作、共赢的国际大势，善于把握富强、民主、文明、和谐的国内大势”。①

面对日新月异的国际形势变化，中国外交思想与实践不断开拓创新，呈现了鲜明的中国特色：在大国关系上，建立“不冲突、不对抗、相互尊重、合作共赢”的新型大国关系；在国与国相交上，要走出一条“对话而不对抗，结伴而不结盟”的新路，与各国广结善缘，打造覆盖全球的多姿多彩的伙伴关系网和越来越大的朋友圈（见下表）；在地区争端上，中国倡导以对话解决争端、以协商化解分歧。中国推进人类命运共同体建设，必须处理好与其他大国、周边和发展中国家的关系。

中国与 74 个国家或组织的多种伙伴关系种类

序号	名称	数目	国家或组织
1	全天候战略合作伙伴关系	1	巴基斯坦
2	全面战略协作伙伴关系	1	俄罗斯
3	全面战略合作伙伴关系	6	越南、泰国、缅甸、柬埔寨、老挝、非盟
4	面向 21 世纪全球全面战略伙伴关系	1	英国

① 《习近平主持召开中共中央政治局专门会议并发表重要讲话》，新华网，http://news.xinhuanet.com/politics/2013-06/25/c_116286091.htm，2013 年 6 月 25 日。

续表

序号	名称	数目	国家或组织
5	全面战略伙伴关系	22	意大利、秘鲁、马来西亚、西班牙、丹麦、南非、葡萄牙、印度尼西亚、墨西哥、蒙古、阿根廷、委内瑞拉、巴西、法国、阿尔及利亚、白俄罗斯、哈萨克斯坦、希腊、澳大利亚、新西兰、埃及、欧盟
6	全方位战略伙伴关系	1	德国
7	战略合作伙伴关系	5	韩国、印度、斯里兰卡、阿富汗、土耳其
8	战略伙伴关系	17	土库曼斯坦、尼日利亚、加拿大、乌兹别克斯坦、塔吉克斯坦、吉尔吉斯斯坦、爱尔兰、波兰、乌克兰、塞尔维亚、安哥拉、智利、阿联酋、卡塔尔、厄瓜多尔、哥斯达黎加、东盟、伊拉克
9	全方位合作伙伴关系	1	比利时
10	更加紧密的全面合作伙伴关系	1	孟加拉国
11	全面友好合作伙伴关系	2	罗马尼亚、保加利亚
12	全面合作伙伴关系	9	克罗地亚、尼泊尔、荷兰、东帝汶、埃塞俄比亚、坦桑尼亚、刚果(布)、马尔代夫、赤道几内亚
13	友好合作伙伴关系	2	匈牙利、塞内加尔
14	重要合作伙伴关系	2	斐济、特立尼达和多巴哥
15	传统合作伙伴关系	1	阿尔巴尼亚
16	友好伙伴关系	1	牙买加
17	互惠战略伙伴关系	1	爱尔兰

资料来源于外交部网站、新华网、人民网,截至2015年。

中俄关系保持高水平运行。俄罗斯是习近平迄今为止出访次数最多的国家。2013年和2014年,习近平接连访俄,2015年5月和7月两次出访俄罗斯,出席俄罗斯纪念卫国战争胜利70周年庆典及赴乌法出席金砖峰会和上海合作组织峰会。普京也于2015年9月初访华,出席中国庆祝抗日战争暨世界反法西斯战争胜利70周年活动,两国领导人密切交往,频繁会晤。12月中,李克强总理在北京同俄罗斯总理梅德韦杰夫共同主持中俄总理第20次定期会晤,签署了30余项双边合作文件,丰富和充实了中俄互利合作关系。中俄两国在联合国、20国集团、金砖国家层面密切合作,在国际和地区事务上保持协调与沟通,充实和深化了中俄全面战略协作伙伴关系。

中美新型大国关系具有开创性。作为世界第一和第二经济体的中美两国能否和平相处,将决定21世纪中美关系以及世界的未来。2012年2月,时任国家副主席的习近平访美时提出要构建“前无古人,后启来者”的新型大国关系倡议。同年11月,十八大报告指出要“推动建立长期稳定健康发展的新型大国关系”。2015年9月,习近平第一次对美国进行国事访问,增信释疑、聚焦合作、面向人民、开创未来。在美国进入大选以及推进亚太“再平衡”战略的复杂背景下,中美领导人均强调要继续扩大合作,有效管控分歧。王毅部长说,此访“将为今后更长时期中美关系发展奠定坚实基础,为实现国内发展目标创造更多机遇,对构建新型国际关系起到示范作用。”①构建“不冲突、不对抗,相互尊重,合作共赢”的新型大国关系,已成为指导中美关系的基本原则。庄园会晤、瀛台夜话和白宫秋叙这些别具一格的会晤方式,是推动中美新型大国关系的重要载体。尽管通向新型大国关系之路将蜿蜒曲折,但“青山遮不住,毕竟东流去”。

中欧全方位对话合作既深且广。2014年3月,习近平对欧盟总部进行了历史性访问,倡导同欧洲建设和平、增长、改革、文明四大伙伴关系。2015年是中国同欧盟建交40周年。9月下旬,习主席成功对英国进行了国事访问,签署约400亿英镑大单。英国表示要成为中国“在西方最好的伙伴”,中英关系进入“黄金时代”。随后,德国总理默克尔和法国总统奥朗德接踵访问中国。中国奉行与邻为善、以邻为伴的周边外交方针和睦邻、富邻、安邻的周边外交政策,贯彻亲、诚、惠、容的周边外交理念,绝不做损人利己、以邻为壑的事情。中国与英、德、法三国领导人密集会晤,探讨合作,保持了中欧关系热度。6月底至7月初,李克强总理赴欧盟总部出席第17次中国欧盟领导人会晤并访问比利时、法国。中欧着力打造“一带一路”建设与欧洲发展规划、国际产能合作与欧洲投资计划、“16+1”合作与中欧合作“三个对接”。欧盟连续11年成为中国第一大贸易伙伴,中国连续12年成为欧盟第二大贸易伙伴,2014年中欧双边贸易额突破6000亿美元。欧盟累计在华投资已接近1000亿美元,2014年中国对欧投资首次超过欧洲对华投资。

“人类命运共同体”推动中国周边外交从经略走向塑造,更好地维护亚太和平稳定。中国周边总体稳定,经济保持快速发展,但并非风平浪静,近来一些域内外国家勾连,在南海兴风作浪。一些域外国家插手南海,醉翁之意不在酒,而在挑拨中国与邻国关系,以便从中渔利。2013年10月,中央召开周边外交工作座谈会,

---

① 《奏响和平发展、合作共赢的时代最强音——外交部部长王毅谈习近平主席对美国进行国事访问并出席联合国成立70周年系列峰会》,新华网,http://news.xinhuanet.com/world/2015-09/29/c_1116709877.htm,2015年9月29日。

对中国周边外交进行了全面梳理,并加强顶层设计。2015 年 4 月,习近平赴印度尼西亚出席亚非领导人会议和万隆会议 60 周年纪念活动时,提出加强亚非合作,推动建设人类命运共同体,更好造福亚非人民及其他地区人民。中国与东盟互为发展机遇,是利益和命运共同体,双方致力于打造"钻石十年",推进中国—东盟自贸区升级版,商签"睦邻友好合作条约",为双方世代和平共处提供制度框架和法律保障。中方坚持"双轨思路"处理南海问题,避免对中国与东盟关系造成干扰。同年 11 月,习近平分别访问越南和新加坡这两个"21 世纪海上丝绸之路"沿线的关键国家,进一步撬动中国与东盟国家的友好合作。

2015 年 10 月,李克强访问韩国,并出席在首尔举行的第六次中日韩领导人会议。中日韩三国国内生产总值(GDP)合计超过 16 万亿美元,占世界 20% 以上;三国对外贸易额近 7 万亿美元,占全球贸易额的 20% 以上。中日韩领导人会议机制是推动东北亚合作的重要平台,然而在 2012 年 5 月第五次会议之后,日本政府右倾化导致中日、韩日关系恶化。时隔 3 年,中日韩领导人会议重启,有利于改善关系、管控分歧,促进东北亚和平稳定。2014 年 11 月,李克强在东亚峰会上曾表示愿与地区国家建设亚洲利益共同体、责任共同体和命运共同体。2015 年 11 月,李克强出席在马来西亚举行的第 18 次中国—东盟"10 + 1"领导人会议、第 18 次东盟与中日韩"10 + 3"领导人会议和第 10 届东亚峰会,并访问马来西亚。总之,从中亚到东南亚、从东北亚到南亚,中国领导人的足迹遍布周边地区,走亲访友拉家常,"从周边先行起步"推动建设"人类命运共同体",所提出的"一带一路"、命运共同体、亚投行、亚太自贸区等新倡议无不让人耳目一新。

作为最大的发展中国家,中国与发展中国家有着同呼吸、共命运的独特关系,因此中国必须大力拓展与发展中国家的关系,分享发展机遇,用脚踏实地的行动实践"人类命运共同体"的世界观。2015 年,中国外交的布局谋篇均以发展中国家为重点,年初以中拉论坛为开篇,年末以中非合作论坛作收官。中拉论坛、中非合作论坛与中阿合作论坛,成为中国与发展中国家构建命运共同体的三大板块,与"一带一路"倡议两翼齐飞,覆盖了大部分发展中国家。

2015 年 12 月初,习近平对津巴布韦和南非进行国事访问,并在约翰内斯堡和南非总统祖马共同主持中非合作论坛峰会,发表了题为《开启中非合作共赢、共同发展的新时代》的讲话,表示中方愿在未来 3 年内同非方重点实施"十大合作计划"。习近平主持通过《中非合作论坛约翰内斯堡峰会宣言》和《中非合作论坛—约翰内斯堡行动计划(2016—2018)》并作总结发言,强调将本着真、实、亲、诚对非政策理念和正确义利观,继续同非洲国家一道开拓进取,为实现中非共同发展而不懈努力。任凭国际格局调整演变,中非平等互信、相互支持的兄弟情谊不会改变;任凭经济形势跌宕起伏,中非合作共赢、共同发展的根本宗旨不会改变;任凭时代社会发展变迁,中非相互理解、共同进步的协作精神不会改变;任凭出现各种威胁挑战,中非风雨同舟、患难与共的坚定意志不会改变。① 2015 年 12 月,中国政府发表第二份对非洲政策文件,全面阐述了中国对非政策新理念、新主张、新举措。② 经过 15 年的努力,中非贸易额由 100 亿美元跃升至 2200 亿美元,中国对非投资存量也从 5 亿美元跃升至近 300 亿美元,在非投资兴业的中国企业超过 3000 家。③ 中国过去从未殖民非洲,现在以真诚合作赢得了非洲国家的信任,中非互利合作成果斐然,有力地回击了一些西方舆论对中国的抹黑。

四、结语

在以习近平为总书记的党中央坚强领导下,中国大力推进"四个全面"的战略部署,向 2020 年全面建成小康社会、实现第一个百年奋斗目标冲刺。中国特色大国外交在传承基础上开拓创新、锐意进取、抓铁有痕。习近平倡议的"人类命运共同体"生动地呈现了中国的"世界梦",是继"新型国际关系"后推出的又一重大国际关系理念,超越了历史上大国争霸的"零和博弈"窠臼。中国在国际和地区热点问题上积极劝和促谈、勇于担责、主持公道、伸张正义。对违反国际关系准则和《联合国宪章》精神的错误行径,中国敢于说"不"同样是负责任的表现。世界千差万别,未来的世界不仅应当建立在"求同"之上,而且应建立在"存异"之上。同在一个"地球村",人类面临的共同挑战日益增多,需要从全球层面来思考人类的共同命运。

2016 年是中国"十三五"规划的开局之年。中国正从大国走向强国,作为崛起的超大型国家,中国面对着"为山九仞"的考验。随着中国的利益全球化,挑战也在全球化。中国的强国之路将崎岖不平,明枪暗箭、险滩暗礁将无处不在、无时不有。有鉴于此,中国必须善于并巧于创造机遇、讲信修睦、突出重点、稳扎稳打。在共同构建"共有共享的人类命运共同体"的旗帜指引下,中国特色大国外交将更精致、更生动、更出彩。

(原载于《国际问题研究》2016 年第 1 期)

① 《习近平同南非总统祖马共同主持中非合作论坛约翰内斯堡峰会全体会》,新华网,http://news.xinhuanet.com/world/2015-12/06/c_1117367224.htm,2015 年 12 月 6 日。

② 《中国对非洲政策文件(全文)》,外交部网站,http://www.fmprc.gov.cn/web/zyxw/t1321556.shtml,2015 年 12 月 5 日。

③ 《习近平开启 2015 外交收官之旅开辟中非合作新机遇》,人民网,http://opinion.huanqiu.com/1152/2015-11/8076951.html,2015 年 11 月 30 日。

以马克思世界历史理论审视人类命运共同体

曹　绿*

当今,人类社会真正全面进入马克思世界历史理论意义上的世界历史时代,这一时代的核心命题就是构建人类命运共同体。习近平总书记强调:“这个世界,各国相互联系、相互依存的程度空前加深,人类生活在同一个地球村里,生活在历史和现实交汇的同一个时空里,越来越成为你中有我、我中有你的命运共同体。”①在构建人类命运共同体的历史进程中,如何辩证看待当前的经济全球化和“逆全球化”现象、如何深刻理解新科技革命和全球性危机、如何全面认识中国与世界的双向互动及其历史走向,不仅事关中国的兴衰与成败,而且影响到人类社会的和平与发展,既是重大的理论课题,又是紧迫的现实问题。站在这一历史的关口,马克思主义直面时代、切中现实,挖掘和开拓出以世界历史理论为代表的诸多理论研究成果。依据马克思世界历史理论思考并构建人类命运共同体,既是世界历史理论本身的逻辑使然,又是时代认知的迫切要求。马克思世界历史理论探究了历史向世界历史转变的历史发展进程,揭示出人类社会发展的基本规律,为理解中国与世界互动的重大命题提供了思想启迪和理论指导,也为全面认识当今的时代变革提供了解释框架和哲学范式。本文借助历史向世界历史转变这一马克思世界历史理论的核心观点,从世界历史的双重逻辑及其演变发展出发,重点分析人类命运共同体的时代命题、内在规定和现实动因。当前,在中国特色社会主义历史进程之中,构建人类命运共同体不仅是中国道路的世界历史性事业,而且是人类社会发展的时代命题。

* 作者简介:曹绿,河西学院马克思主义学院;复旦大学马克思主义学院。

① 《习近平谈治国理政》,外文出版社 2014 年版,第 272 页。

一、历史真正转向世界历史:人类命运共同体的时代命题

世界历史思想具有悠远而丰厚的历史渊源和文化传统。在古今中外的历史中,无数圣哲先贤表达了"大同世界""世界主义""四海之内皆兄弟"等思想,设想人类社会走向一体化,最终实现所有人的自由和平等。世界历史思想最初源于古希腊罗马时期的世界主义思想,后来经过维柯、伏尔泰、康德等人的继承和发展,到黑格尔时期形成了完整的世界历史思想。黑格尔在《历史哲学》中反复论证和阐释自己的世界历史思想,"如果说世界历史哲学要在哲学的视角下去考察历史问题的话,那也就是说理性统治世界,世界历史因此就是一个合乎理性的进程"。① 黑格尔认为,世界历史的发展变化绝不是偶然的,而是必然的,有着自己的内在规律和终极目的,这就是世界精神借助于民族精神来实现自己的自由本质。黑格尔断言,世界历史的走向同太阳的形成是一致的,从东方向西方发展,在亚洲起源,在欧洲终结。由此可见,黑格尔通过"精神"的辩证运动来把握世界历史的原则和本质,系统论证了世界历史的核心观点和基本走向,"但他又把世界历史归结为绝对精神的外化,这就使他最终没有跳出唯心主义史学观的窠臼,给崭新的世界历史思想披上了陈腐的旧装"。②

马克思终其一生都致力于探索人类社会的发展规律,旨在建立"自由人的联合体",实现"人的自由而全面的发展"。马克思认为,只有在生产方式变革的历史发展过程之中,人类才能从动物世界进入真正人的世界,从必然王国进入自由王国,从现实的此岸进入理想的彼岸。这个过程就其本质和内涵而言,就是从封闭的、地域的、民族的历史走向开放的、全球性的、全人类的世界历史。马克思的世界历史理论,是对人类社会发展的历史趋势和一般规律进行的探究,从时空角度展现人类社会从资本主义向共产主义发展演变的历史进程。

19 世纪中叶,马克思批判性地继承和改造了黑格尔的世界历史思想遗产。在扬弃黑格尔唯心主义思辨形式后,马克思将世界历史理论大厦建立在其哲学革命后创立的唯物主义历史观之上,并注入崭新的时代精神,赋予全新的思想内涵,成为理解人类社会历史发展的理论指南和哲学范式。在早期的理论实践中,马克思通过研究法国资产阶级大革命等历史事件具有的世界历史意义,探讨世界历史理论存在和发展的客观条件与现实基础。1845 年之后,在马克思通过批判黑格尔唯心主义哲学,清算"从前的哲学信仰",实现自己哲学革命的同时,马克思的世界历

① [德]黑格尔:《黑格尔历史哲学》,潘高峰译,九州出版社 2011 年版,第 23 页。

② 张奎良:《马克思的世界历史思想及其在当代的实践格局》,《学习与探索》1991 年第 2 期。

史理论也趋于成熟。1846 年的《德意志意识形态》和 1848 年的《共产党宣言》,标志着马克思世界历史理论的诞生。在创作《资本论》的漫长时期,尤其是到了晚年,马克思在《人类学笔记》和《历史学笔记》中进一步完善和发展了世界历史理论。总之,在新的世界观、历史观和方法论的指导下,马克思从现实的人的物质生产实践活动出发来研究人类社会尤其是资本主义社会的历史发展、运行机制、内在规律和未来走向等,破解人类社会发展的谜团,揭示未来社会发展的规律,由此形成了马克思的世界历史理论。马克思深刻地指出:"历史向世界历史的转变,不是'自我意识'、世界精神或者某个形而上学幽灵的某种纯粹的抽象行动,而是完全物质的、可以通过经验证明的行动,每一个过着实际生活的,需要吃、喝、穿的个人都可以证明这种行动。"①马克思的世界历史理论将崭新的哲学理念同人类的具体历史实践活动相结合,探究生产方式的发展变革和人类的普遍交往在世界历史发展中的基础作用,分析了资本主义和社会主义在世界历史中的作用、地位、矛盾和趋势,揭示了世界历史理论的根源、动力、内涵和指向,为我们认识世界和改造世界提供了锐利的思想武器。确切而言,马克思世界历史理论的核心内容是指人类社会从地域性历史向共同体的世界历史转变,人类社会走向一体化和整体化。简言之,就是历史向世界历史转变。

17 至 18 世纪的英国、法国、美国等资产阶级革命为世界历史的形成构建了政治制度体系,工业革命则迅速推动人类社会加速进入资本主义社会的世界历史时代。马克思强调,资本主义的大工业"首次开创了世界历史,因为它使每个文明国家以及这些国家中的每一个人的需要的满足都依赖于整个世界,因为它消灭了各国以往自然形成的闭关自守的状态"。② 由此可见,资本主义生产方式,特别是资本的扩张性和增殖性,推动和创造了世界市场,强迫世界各国打开国门,开放发展,互动交流,从而使人类社会呈现出全球一体化的历史走向。在此意义上,资本主义真正开创了人类历史发展的新时期——资本主义世界历史时代。1917 年,十月革命真正开创了人类历史发展的新纪元。以苏联为代表的社会主义国家跨越资本主义"卡夫丁峡谷",开启了社会主义的世界历史时代。自此,资本主义与社会主义两种制度相互对峙,在激烈的斗争和角逐中走向世界历史新阶段。在整个 20 世纪以及今后很长的一段时期内,最显著的历史特征就是资本主义的世界历史和社会主义的世界历史在相互竞争中共同发展。

总之,经过工业化、电气化、信息化的发展,人类社会的生产力和人与人的交

---

① 《马克思恩格斯文集》第 1 卷,人民出版社 2009 年版,第 541 页。
② 《马克思恩格斯文集》第 1 卷,人民出版社 2009 年版,第 546 页。

往都实现了普遍化和全球化,人类社会的隔离状态加速瓦解,整个世界加速缩小,以至于变成了一个“地球村”,历史真正形成了世界历史。正如有学者所认为的那样,“随着工业革命的完成和发展,引起了交通工具和通信手段的革命,完全改变了人们的活动的方式和环境,也引起了各个国家整个生存形式的改变,任何产品和发明在极短的时间内就成为世界历史性的事实,具有了世界历史的意义”。① 上述这些时代新质,无疑正在改变着人类的思维方式和生存方式。在这历史变革的关口,拨开历史和现实的层层迷雾,就会发现人类社会进入了深层次、全方位的世界历史新时期,形成了相互依存、相互依赖和一损俱损、一荣俱荣的人类命运共同体的时代命题。

在此背景下,唯有积极倡导和加快构建休戚与共的人类命运共同体,才能有效应对和解决人类面临的各项紧迫而严峻的挑战。人类命运共同体的时代命题是人类生产方式和思维方式变革的体现,是人类应对全球危机和实现自身解放的要求,更是当今时代变革和人类历史发展的产物。当今,世界历史进入新的历史发展阶段,历史真正转向世界历史,因而构建人类命运共同体就演变成了最重大的时代命题。由此可见,构建人类命运共同体既是世界历史理论的本质要求,也是当今时代发展的实践要求,不仅反映了历史加速向世界历史转变这一时代特征,而且代表了人类社会发展的历史趋势。

二、世界历史理论的双重逻辑:人类命运共同体的内在规定

世界历史理论通过探究历史向世界历史转变的本质特性,进而揭示人类社会发展的规律和趋势,为我们认识历史演变和时代发展提供历史的视野和哲学的方法。当前,新科技革命迅猛发展和全球问题纷至沓来,前者正向推动和后者反向倒逼,双重发力,推动人类社会全面步入世界历史新时期,形成相互依赖的人类命运共同体。因而,构建人类命运共同体是世界历史理论的理论逻辑和人类社会发展的实践逻辑辩证统一的内在规定,是植根于人类社会的历史实践、适应时代发展的现实之路,是走出现代性困境、解决全球性危机、建设人类美好家园的必由之路。总之,世界历史理论从理论和实践两个维度为人类命运共同体奠定了坚实的理论基石和深厚的实践土壤。

1. 理论逻辑的规定

从马克思学说的内在逻辑特性来论证,世界历史理论对人类命运共同体具有的内在规定性体现在以下三个方面:

---

① 李士坤:《论世界历史理论与全球化》,《北京大学学报》哲学社会科学版 2001 年第 2 期。

一是世界历史理论的基本范畴。世界历史理论的范畴是指马克思在研究人类社会物质生产活动的历史实践中,系统论证的有关世界历史理论的核心概念、基本问题、理论特性等,具体包括世界历史问题、世界历史时间、世界历史结构、世界历史民族、世界历史事件等。世界历史理论的基本范畴主要是依据生产力和生产关系、经济基础和上层建筑的矛盾运动规律,揭示资本主义世界历史向共产主义世界历史发展演变的历史趋势,探究人类社会从封闭走向开放、从地域性历史走向全球性历史的发展趋势,展现出人类走向全球一体化的历史图景。在准确理解和把握这些范畴体系及其本质属性的基础之上,世界历史理论所必然要研究的"基本问题"才会凸显出来。世界历史理论研究专家叶险明教授反复强调,马克思世界历史理论是具有自己特定基本问题的科学理论。"因此,世界历史理论一经产生,就必定以作为整体的世界历史及其演变发展与世界历史各个构成部分及其演变发展之间的关系,为其基本问题。随着人类社会的发展,随着历史在越来越大的程度上向世界历史的转变,不断解决世界历史理论基本问题,将在人类认识和实践中占有越来越重要的地位。"①厘清世界历史理论探究的基本问题及其意义之后,才能够更深入理解和更全面把握马克思世界历史理论的核心范畴及其基本问题的科学性,进而更好地认识构建人类命运共同体的逻辑规定性。

二是世界历史理论的逻辑机理。在世界历史理论探究的过程中,马克思透过杂乱无序的各种社会历史现象,揭示出世界历史发展演变的内在逻辑机理。世界历史理论就是探究和认识历史向世界历史转变的根源、动力、过程、本质和趋势。只有理解和把握世界历史理论形成和发展的这种逻辑机理,才能认识历史向世界历史转变的内在规律和发展趋势。在《德意志意识形态》《共产党宣言》《资本论》等文本中,马克思综合运用矛盾分析法、历史分析法、系统分析法等方法论原则,坚持从抽象上升到具体的辩证逻辑思维方法,指出了历史转变为世界历史的逻辑机理,即"只有随着生产力的这种普遍发展,人们的普遍交往才能建立起来;普遍交往,一方面,可以产生一切民族中同时都存在着'没有财产的'群众这一现象(普遍竞争),使每一民族都依赖于其他民族的变革;最后,地域性的个人为世界历史性的、经验上普遍的个人所代替"。② 换言之,生产力的发展和普遍交往的建立,二者相辅相成,推动着人类历史从封闭的地域性的历史走向开放的全球性的世界历史。在此意义上,世界历史理论的逻辑规定性方能在理论层面和实践层面证明人类命运共同体的历史性、整体性、客观性、必然性。总之,马克思的哲学革命、唯

① 叶险明:《世界历史理论的当代建构》,中国社会科学出版社 2014 年版,第 301 页。

② 《马克思恩格斯文集》第 1 卷,人民出版社 2009 年版,第 538 页。

物史观以及世界历史理论,在一定意义上表明人类历史发展的逻辑机理就是社会基本矛盾的辩证运动,揭示人类社会从地域性历史向世界历史转变的历史趋势,为构建人类命运共同体提供了思想武器和理论指南。

三是世界历史理论的根本指向。世界历史理论蕴含着一种新的哲学思维方式与社会发展理念,反映在它的哲学旨趣上,就是实现"人的自由而全面的发展"与人类的彻底解放和自由,建立"自由人的联合体"和"世界历史性"事业的共产主义。在哲学革命前夜,马克思就对世界历史理论的根本指向——人的解放和共产主义——进行了精彩的理论阐述:"共产主义是对私有财产即人的自我异化的积极的扬弃,因而是通过人并且为了人而对人的本质的真正占有……它是人和自然界之间、人和人之间的矛盾的真正解决,是存在和本质、对象化和自我确证、自由和必然、个体和类之间的斗争的真正解决。它是历史之谜的解答,而且知道自己就是这种解答。"①面对当今"人的异化"和"拜物教",面对人和自然的冲突,面对全球问题和全球挑战,马克思世界历史理论所具有的根本指向更能显示出其深邃的思想。在展望共产主义的自由王国时,只有大力倡导人类命运共同体意识,积极构建人类命运共同体,才能更好应对和解决当前日趋严重的"人和自然之间、人和人之间的矛盾"。由此可见,世界历史理论以实现个体的人和全人类的彻底解放与自由,实现共产主义社会为其理论的根本指向。在当下人类历史变革的关口,这无疑成了构建人类命运共同体的最根本的哲学指向。

2. 历史逻辑的规定

马克思世界历史理论的历史逻辑,不仅阐释了越来越凸显的全球一体化的历史趋势,而且指明了人类社会发展规律的普遍性、独特性和同一性、非同一性。"人类历史的发展表现在纵横两个相互联系的方面。从纵的方面来看,人类历史的发展表现为社会结构由低一级阶段向较高一级阶段的演变发展;从横的方面来看,人类历史的发展表现为世界整体化的发展状况和趋势的越来越凸显(即实现的程度越来越高)。"②当然,人类社会的这两个联系是相互制约和相互促进的辩证关系。16世纪以来,"历史向世界历史转变"的人类实践活动蕴含的历史逻辑机理,有力地证明了马克思世界历史理论的科学性,显示出这一理论思想具有的历史穿透力。

在《政治经济学批判》序言中,马克思强调了历史发展的一般规定性,"大体说来,亚细亚的、古希腊罗马的、封建的和现代资产阶级的生产方式可以看作是经济

---

① 《马克思恩格斯文集》第1卷,人民出版社2009年版,第185-186页。

② 叶险明:《世界历史理论的当代建构》,中国社会科学出版社2014年版,第298页。

的社会形态演进的几个时代。资产阶级的生产关系是社会生产过程的最后一个对抗形式……因此,人类社会的史前时期就以这种社会形态而告终"。① 从世界历史理论关于发展演变的历史逻辑来看,资本主义这种社会形态的终结也就是资本主义世界历史的终结,从而开启共产主义的世界历史新阶段。这里需要指出,在世界历史理论表征的迄今为止的历史中的经验事实,即个人与社会是统一的,个人的发展和解放与人类社会的发展和解放也是统一的。马克思说道:"每一个单个人的解放的程度是与历史完全转变为世界历史的程度一致的。"②伴随着历史向世界历史的转变,个人将从狭隘的地域性的孤立的个人向世界历史性个人转变。换言之,每个人的自由发展是一切人自由发展的条件。因而,只有到了资本主义的世界历史被共产主义的世界历史所代替的时代,才能说个体的人和人类实现了真正的解放和自由。

如果说世界历史理论的历史逻辑论证了人类命运共同体的必然性和规律性,那么,世界历史理论的现实认知和经验分析则强调人类命运共同体的客观性和紧迫性。在马克思看来,资本主义确立的生产方式推动人类社会走向全球化和现代化,开创了资本主义的世界历史时代,为共产主义的实现奠定了坚实的物质基础。"但是由于世界历史本身被包容在资本的形式之中而成为一个难产的婴儿,人们能够看到的只是黑格尔所谓的'历史终结',而看不到马克思所指认的作为'史前史'高点的意义。"③当今时代,资本主义文明引发的现代性困境和全球性危机,恰恰是资本"理性"和科技万能奴役和压迫人类社会的铁证。在看到资本主义的工业文明和科学技术、发展方式和价值理念在推动人类文明发展的同时,必须高度关注它带来的全球性生态危机、全球性恐怖主义、全球性金融危机等。资本主义社会客观存在的抽象统治淹没了人的主体性,让人臣服于物的统治而无所作为,因此资本主义的世界历史只能作为人的史前史而存在。在此背景下,人类命运共同体意识空前觉醒,旨在扭转资本主义主宰的世界历史进程,全面开启社会主义的世界历史进程,而这恰恰印证了马克思世界历史理论所反映的人类命运共同体的历史逻辑规定性。

三、世界历史理论的演变:人类命运共同体的现实动因

马克思主义哲学旨在直面现实、解决问题、引领潮流。对马克思世界历史理

① 《马克思恩格斯文集》第2卷,人民出版社2009年版,第592页。

② 《马克思恩格斯文集》第1卷,人民出版社2009年版,第541页。

③ 孙伯鍨,张一兵:《走进马克思》,江苏人民出版社2012年版,第66页。

论的任何阐释和论证,都必须放到其历史发展和时代背景中加以探究。马克思说道:“不是人们的意识决定人们的存在,相反,是人们的社会存在决定人们的意识。”①当前,以信息化、智能化、大数据等为核心的新科技革命,史无前例地推动着人类社会的生产方式变革,前所未有地改变着人类社会的认知方式和思维方式。在此背景下,尤其需要以一种全新的世界历史视野来审视时代的变化,重新认识民族国家和社会制度的发展演变,冲破狭隘的各种中心主义历史观。有了对民族国家和社会制度的未来发展方向的正确判断和观念变革,有了对“西方中心主义”逻辑的深层解构和理性批判,就会跳出固有的思维定式和认知框架,深入探究构建人类命运共同体的现实动因。

1. 民族国家发展的特征与趋势

民族国家有着久远的历史渊源和深厚的思想传统,是人类社会在漫长的历史发展演变中形成的最基本的政治共同体。在近代早期,格老修斯、马基雅维里、布丹、霍布斯等人的思想理论奠定了近代民族国家观念的思想基础。17 世纪中叶,随着威斯特伐利亚体系(Westphalia System)的形成,确立了民族国家主权平等的基本原则,标志着民族国家的正式诞生。民族国家最基本的构成要素是人口、领土和人民,其主权原则具有对内的至高无上性和对外的神圣不可侵犯性的双重属性。然而,进入 21 世纪后,面对人类社会加快走向一体化和日益严重的全球性危机,人们突然发现,民族国家的相关理论和思想已经渐趋式微,并陷入了前所未有的理论困境和现实矛盾之中。从世界历史理论的发展趋势来审视,民族国家所坚守的权力政治、主权原则、利益至上、无政府特性等理论内核所折射出来的对抗和冲突思维,不仅无助于化解当前各种危机和挑战,反而将会贻误时机,加剧冲突,甚至会导致人类生存环境和人类文明的灾难。德国思想家贝克对民族国家进行了尖锐批判,他说道:“直到今天为止,大多数人仍然顽固地维护着这种把社会与民族国家等同起来,将社会想象为有限的领土空间的本体论观念。日益扩张的全球化,使国家的职能大大超越了它有限的能力,动摇了它行使这些职能的认识论基础。”②由此可见,现实的民族国家在解决全球问题时已经力不从心,必须对民族国家给予学理意义上的批判和重构。当然,这种批判和重构并不是要全盘否定和彻底推翻民族国家政治共同体,而是进行辩证分析、批判扬弃。在世界历史的发展过程中,尤其是资本主义的世界历史阶段,民族国家无疑是它的核心组成部

---

① 《马克思恩格斯文集》第 2 卷,人民出版社 2009 年版,第 591 页。

② [德]乌尔里希·贝克,埃德加·格兰德:《世界主义的欧洲:第二次现代性社会与政治》,章国锋译,华东师范大学出版社 2008 年版,第 15 - 16 页。

分。但是,当世界历史真正发展到共产主义阶段,民族就只具有情感化的符号,国家将会变成空心化的外壳,民族国家最终必将走向消亡。总之,从民族国家发展演变的历史来观察,人类必将超越威斯特伐利亚体系,走出民族国家的思维框架,而这体现在当下,就是要求冲破民族国家的阻力,直面全球性危机,加快构建人类命运共同体。

2. 社会制度发展的特征与趋势

世界历史理论重点阐释人类社会形态和社会制度发展演变的总趋势,探究地域性历史向世界历史转变的内在规律,旨在破除关于历史的一切神话,破解人类社会发展之谜。“正如人体解剖是猴体解剖的钥匙一样”,马克思对资本主义社会的解剖打开了认识人类社会自身历史和未来发展的大门。基于新的哲学变革和唯物史观,通过分析资本主义生产方式及其剩余价值等,马克思科学地分析了资本主义在世界历史中的地位和作用。马克思指出,资本主义在推动生产力发展,解除生产关系制约方面显示出巨大的历史进步性,但是由于资本主义自身的矛盾以及对人的剥削和压迫而呈现出历史的阶段性。马克思针对资本主义的资本逻辑一针见血地指出:“资本不可遏止地追求的普遍性,在资本本身的性质上遇到了界限,这些界限在资本发展到一定阶段时,会使人们认识到资本本身就是这种趋势的最大限制,因而驱使人们利用资本本身来消灭资本。”①当然,随着资本的消灭,资本主义的世界历史阶段也将会随之终结,继而开启社会主义的世界历史阶段。

21 世纪初期,令人意想不到的是,在享受科技革命推动生产力变革带来的高效、便捷、舒适的生产生活的同时,全球生态危机、全球恐怖主义、全球网络安全等各类全球性挑战层出不穷,将主导历史发展的资本主义生产方式全面推向历史的风口浪尖。以德里达、詹姆逊为代表的一些西方左翼学者,以依附理论、生态社会主义等为代表的思想流派,无不对当代资本主义进行了全方位、深层次的现实拷问和理论批判。他们对资本主义的市场经济、三权分立、民主法治等进行全面分析后,指出资本主义的悖论就是“资本主义反对资本主义”,强调资本主义已经变成了“新帝国主义”、“反市场的资本主义”等,认为资本主义进入了全球化的“疯狂逻辑”,甚至还发表了“反对资本主义宣言”,等等。② 历史和现实无不说明,世界范围内的资本主义遭遇严重危机。邓小平指出:“它(指马克思主义,笔者注)运

① 《马克思恩格斯全集》第 46 卷上,人民出版社 1979 年版,第 393 - 394 页。

② 陈学明,俞可平:《用另一只眼睛观察当代资本主义》,重庆出版社 2009 年版,第8 - 37,309 - 444 页。

用历史唯物主义揭示了人类社会发展的规律。封建社会代替奴隶社会,资本主义代替封建主义,社会主义经历一个长过程发展后必然代替资本主义。这是社会历史发展不可逆转的总趋势,但道路是曲折的。"①无论从现实观察还是从理论探究,资本主义的世界历史终将走出历史的舞台,而社会主义的世界历史发展已经驶入快车道。客观而言,人类社会正处于资本主义和社会主义两种社会制度相互影响、相互竞争的矛盾多发期和秩序混乱期。当前,面对资本主义的各种混乱,面对全球性的各种危机,从马克思的世界历史理论的角度看,加快构建人类命运共同体,既是解决当前各种全球问题的根本举措,又是符合人类未来发展的必然抉择。

3. 历史文化价值观发展的特征与趋势

在世界历史理论的范畴中,各种中心主义思想或"中心论",就是以民族、国家、地域在特定历史条件下形成的历史文化价值观作为认识和评价人类历史活动的唯一标准和尺度。比如,黑格尔的世界历史哲学就体现了典型的"欧洲中心论"和"日耳曼中心论"的历史文化价值观。马克思通过批判和改造黑格尔的历史文化价值观,经过唯物史观的哲学变革实现了对黑格尔思想的彻底超越和理论重构。这体现在马克思的《关于费尔巴哈的提纲》中,"旧唯物主义的立脚点是市民社会,新唯物主义的立脚点则是人类社会或社会的人类"。② 由此可见,对于世界历史思想的认知和审视,黑格尔基于狭隘的日耳曼中心主义,而马克思则基于全人类。唯有基于全人类的认知和思维,马克思才深刻地阐发了世界历史理论必然超越传统历史文化价值观,为破除中心主义思想的羁绊,为当前人类命运共同体的构建提供理论参照和思想启发。以马克思世界历史理论来审视,当代西方资本主义世界的各种思想流派,其蕴含的中心主义历史文化观,无不建立于自身现实利益,深深嵌入资本主义的思想牢笼之中,因而,它们根本无法科学认识构建人类命运共同体这一时代命题。

当前,人类面对的各种全球性危机,无不预示着西方中心主义所奉行的这种价值观正在走向穷途末路。为构建人类命运共同体,就必须扫清西方中心主义的思想障碍,就必须扬弃"中心主义"历史文化价值观,同时发起一场破除中心主义的思想运动,力争破除"个体中心主义""民族国家中心主义""地区中心主义""人类中心主义"等历史文化价值观。一旦当人们打破了这种习以为常的"中心主义"思维模式,无论是"欧洲中心主义"还是"华夏中心主义",无论是"西方中心主义"

① 《邓小平文选》第3卷,人民出版社1993年版,第382-383页。

② 《马克思恩格斯文集》第1卷,人民出版社2009年版,第506页。

还是“东方中心主义”，都将失去立足之地。在此基础上，强调全人类的整体性，强调全人类利益的一致性，强调全人类利益的优先性，才能更好地培育人类命运共同体意识，加快构建人类命运共同体。

构建人类命运共同体的时代命题是世界历史理论内在规律的必然反映，也是人类社会实践逻辑的必然要求。习近平总书记倡导建立平等相待、互商互谅的伙伴关系，营造公道正义、共建共享的安全格局，谋求开放创新、包容互惠的发展前景，促进和而不同、兼收并蓄的文明交流，构筑尊崇自然、绿色发展的生态体系，形成了打造人类命运共同体五位一体的总路径和总布局。① 总之，构建人类命运共同体已是历史发展的大趋势和大方向，这不仅反映了社会主义中国勇于面对全球重大现实问题，敢于开创人类文明新形态，而且也展现出了中国马克思主义者所具有的深邃的世界眼光与高尚的时代情怀。

最后，必须强调，以马克思世界历史理论阐释和思考人类命运共同体的同时，必须防止陷入乌托邦的想象。人类命运共同体不是自由王国和理想彼岸，而是必然王国和生活世界。因而，面对当前世界经济发展放缓、地缘政治纷争激烈、全球恐怖主义猖獗等各种矛盾和挑战，在坚持马克思世界历史理论指导下，社会主义中国在积极构建人类命运共同体的同时，必须维护好我国的主权、安全和发展利益，维护好世界的和平与发展。

（原载于《思想理论研究》2017 年第 3 期）

---

① 习近平：《携手构建合作共赢新伙伴　同心打造人类命运共同体——在第七十届联合国大会一般性辩论时的讲话》，《人民日报》2015 年 9 月 29 日。